四川集中连片特困地区
稳定脱贫机制和模式回顾

张 果 著

科学出版社

北 京

内容简介

本书的调研截止于2020年12月，以"四川集中连片特困地区稳定脱贫机制和模式的研究"（教育部规划基金项目19YJA840023）成果为主要内容。令人振奋的是，在中国共产党成立一百周年的重要时刻，我国脱贫攻坚战取得了全面胜利。如今，绝对贫困在我国已经成为过去式，已经成为历史。对历史的探究总有意义和价值，本书分7个章节对四川集中连片特困地区稳定脱贫机制和模式进行回顾。

本书可供社会学、经济学、管理学、地理学等专业的本科生和研究生作参考读物，也可供从事经济管理相关工作的人员使用。

图书在版编目(CIP)数据

四川集中连片特困地区稳定脱贫机制和模式回顾 / 张果著. —北京：科学出版社，2023.8
ISBN 978-7-03-072136-5

Ⅰ.①四… Ⅱ.①张… Ⅲ.①贫困区-扶贫-研究-四川 Ⅳ.①F127.71

中国版本图书馆CIP数据核字(2022)第065333号

责任编辑：张　展　雷　蕾 / 责任校对：彭　映
责任印制：罗　科 / 封面设计：墨创文化

科学出版社出版
北京东黄城根北街16号
邮政编码：100717
http://www.sciencep.com

成都锦瑞印刷有限责任公司印刷
科学出版社发行　各地新华书店经销

*

2023年8月第 一 版　　开本：787×1092 1/16
2023年8月第一次印刷　印张：12
字数：285 000

定价：129.00元
（如有印装质量问题，我社负责调换）

前 言

2015年6月习近平总书记指出，扶贫开发工作已进入啃硬骨头、攻坚拔寨的冲刺期。精准扶贫作为补齐农村发展短板、缩小城乡差距、助推全面建成小康社会的重要举措，是指导贫困地区尤其是集中连片特困地区脱贫攻坚实践的重要战略思想。

本书以2020年12月以前的四川省集中连片特困地区为研究对象，在调研总结贫困地区精准扶贫、稳定脱贫的基础上，首先从理论层面，深入探讨"集中连片特困地区稳定脱贫机制创新体系""集中连片特困地区稳定脱贫模式创新实践体系"，同时对集中连片特困地区稳定脱贫路径进行探索与总结，形成可借鉴、可复制、可推广的经验范式。本书结合了前人的研究成果，系统地融入了作者的认识和见解。本书内容的研究截止时间为2020年12月，个别提法如果出现与中央现行提法相冲突的地方，以中央现行提法为准。

本书分为7章。第1章四川曾经的集中连片特困地区状况回顾。梳理集中连片特困地区精准扶贫、稳定脱贫的政策背景、时间背景以及实践背景，重点介绍秦巴山区、乌蒙片区、高原藏族聚居区以及大小凉山彝族聚居区的贫困状况、脱贫状况等。第2~3章分别对集中连片特困地区的脱贫机制和模式进行研究。第2章着重于区域脱贫"外在力量和内生动力"共同作用的机制创新研究。第3章结合四川"三大典型"的地形地貌区（同时也是三种类型的集中连片特困地区），研究区域脱贫模式创新实践体系。第4章以达州市达川区、甘孜藏族自治州理塘县、凉山彝族自治州普格县为实证调研案例。第5章以恩阳区万寿村为例，从乡村发展旅游产业的角度论述了乡村旅游促进贫困村可持续发展的推进路径。第6章以达川区成都村为例，研究了产业发展在精准扶贫与乡村振兴衔接中的发展路径。第7章基于乡村振兴背景，探讨了四川集中连片特困地区脱贫攻坚与乡村振兴的衔接机制。

本书由张果负责拟题、统筹协调，编写主要分工如下：任平、吴贵蜀、彭滔负责第1章，曾永明、杨锦负责第2章，冯庆、罗岚、陈玉琴负责第3、4章，张果、黎郡英、张韵、陈玉琴负责第5~7章。本书得到四川乡村振兴局、达州市达川区乡村振兴局、巴中市恩阳区乡村振兴局、甘孜藏族自治州理塘县乡村振兴局、凉山彝族自治州普格县乡村振兴局及多个调研区域有关单位的极大支持，也得到了调研区域所在社区、村委的理解和支持，在此对上述单位及人员表示诚挚的感谢。同时感谢教育部规划基金项目"四川集中连片特困地区稳定脱贫机制和模式的研究"（19YJA840023）对本书出版的支持。

值得强调的是，本书参考了大量文献著作，因篇幅有限，并未一一列出，在此向原作者表示歉意和感谢。尽管本书凝聚了全体参与人员的心血，但由于作者能力和学术视角的限制，书中难免有不足，恳请读者批评指正。

目　录

第1章　四川曾经的集中连片特困地区状况回顾 ·· 1
　1.1　四川集中连片特困地区稳定脱贫背景 ··· 1
　　1.1.1　政策背景 ··· 1
　　1.1.2　时间背景 ··· 2
　　1.1.3　实践背景 ··· 4
　1.2　四川集中连片特困地区贫困特征 ·· 4
　　1.2.1　区域分布特征 ··· 5
　　1.2.2　区位自然、经济、社会文化特征 ·· 5
　1.3　四川集中连片特困地区贫困情况 ·· 8
　　1.3.1　秦巴山区贫困情况 ·· 8
　　1.3.2　乌蒙山片区贫困情况 ··· 8
　　1.3.3　高原藏族聚居区贫困情况 ··· 9
　　1.3.4　大小凉山彝族聚居区贫困情况 ·· 9
　1.4　集中连片特困地区稳定脱贫状况回顾 ··· 10
　　1.4.1　秦巴山区稳定脱贫状况回顾 ·· 10
　　1.4.2　乌蒙片山区稳定脱贫状况回顾 ·· 10
　　1.4.3　高原藏族聚居区稳定脱贫状况回顾 ··· 11
　　1.4.4　大小凉山彝族聚居区稳定脱贫状况回顾 ···································· 12

第2章　四川集中连片特困地区稳定脱贫机制创新体系回溯 ···················· 14
　2.1　集中连片特困地区稳定脱贫基础条件分析 ·· 14
　　2.1.1　政策条件分析 ··· 14
　　2.1.2　资金条件分析 ··· 18
　　2.1.3　资源条件分析 ··· 20
　2.2　集中连片特困地区扶贫保障支撑机制分析 ·· 27
　　2.2.1　基础设施建设支撑机制分析 ·· 27
　　2.2.2　社会保障支持机制分析 ··· 29
　　2.2.3　财政补助帮扶机制分析 ··· 30
　　2.2.4　政策支持机制分析 ·· 31
　2.3　集中连片特困地区扶贫协同支持机制分析 ·· 31
　　2.3.1　省内对口帮扶机制分析 ··· 31
　　2.3.2　企业帮扶机制分析 ·· 33
　　2.3.3　社会扶贫机制分析 ·· 35

2.4 精准扶贫"识别、激励、退出"三步化工作机制分析 ················ 37
  2.4.1 精准扶贫识别机制分析 ·· 37
  2.4.2 精准扶贫激励机制分析 ·· 38
  2.4.3 精准扶贫退出机制分析 ·· 38
2.5 外在力量和内生动力互动机制分析 ·· 39
  2.5.1 扶贫开发问题梳理 ·· 39
  2.5.2 扶贫开发可持续性发展——外在力量和内生动力互动机制分析 ······ 40

第3章 四川曾经的集中连片特困地区稳定脱贫模式创新实践体系研究 ······ 42
3.1 以达州市达川区为例的秦巴山区稳定脱贫模式——丘陵山区模式 ······ 42
  3.1.1 实施"农业+电商+金融"产业带动扶贫模式 ······················ 42
  3.1.2 扶持就业拉动扶贫模式 ·· 43
  3.1.3 激励创业促动扶贫模式 ·· 45
  3.1.4 深化改革撬动扶贫模式 ·· 45
  3.1.5 案例分析——马家镇肖家村主导产业带动下的稳定脱贫模式 ········ 46
3.2 以甘孜藏族自治州理塘县为例的高寒地区稳定脱贫模式——高寒藏族聚居区模式 ·· 47
  3.2.1 "基建+藏族聚居区新居建设"扶贫模式 ··························· 48
  3.2.2 "特色农牧业+旅游产业"扶贫模式 ································· 49
  3.2.3 "教育+健康"扶贫模式 ·· 51
  3.2.4 案例分析——君坝乡若西村的高寒藏族聚居区稳定脱贫模式 ········ 52
3.3 以凉山彝族自治州普格县为例的大小凉山彝族聚居区稳定脱贫模式——山地彝族聚居区模式 ·· 54
  3.3.1 "旅游+彝家新寨安居"扶贫模式 ··································· 54
  3.3.2 "1+X"生态产业扶贫模式 ··· 55
  3.3.3 "彝汉双语+教育"扶贫模式 ··· 56
  3.3.4 禁毒防艾综合扶贫模式 ·· 57
  3.3.5 巩固脱贫成果，推动乡村振兴 ··· 58
  3.3.6 案例分析——夹铁乡阿木村的山地彝族聚居区稳定脱贫模式 ········ 58

第4章 四川集中连片特困地区稳定脱贫实证调研回顾 ······················ 62
4.1 脱贫实证调研情况 ·· 62
  4.1.1 调研背景 ·· 62
  4.1.2 调研区域与调研方法 ··· 63
  4.1.3 调研成果 ·· 63
4.2 区域脱贫调查访谈案例 ·· 71
  4.2.1 达州市达川区 ·· 71
  4.2.2 甘孜藏族自治州理塘县 ·· 75
  4.2.3 凉山彝族自治州普格县 ·· 79

第5章 乡村旅游促进可持续发展的路径研究——以恩阳区万寿村为例 … 82
5.1 研究区概况 … 82
5.1.1 万寿村概况 … 82
5.1.2 万寿村乡村旅游发展状况 … 83
5.2 研究设计与数据来源 … 85
5.2.1 客观效应评价项目量表 … 85
5.2.2 主观效应评价项目问卷 … 86
5.2.3 不同类型居民对乡村旅游效应感知的研究假设 … 88
5.3 万寿村乡村旅游对可持续发展的影响效应分析 … 88
5.3.1 乡村旅游对万寿村可持续发展客观效应分析 … 88
5.3.2 乡村旅游对万寿村可持续发展的主观感知效应分析 … 90
5.3.3 同类型居民与乡村旅游效应感知差异分析 … 99
5.4 万寿村乡村旅游促进可持续发展感知评价结果 … 105
5.4.1 万寿村客观效应评价结果 … 105
5.4.2 万寿村主观感知效应评价结果 … 106
5.4.3 万寿村不同类型居民对乡村旅游效应感知差异分析结果 … 106
5.5 乡村旅游促进可持续发展的推进路径 … 107
5.5.1 培育农业产业化联合体，促进旅游与多产业融合发展 … 107
5.5.2 加强多路径利益联结，推进乡村旅游成果共享 … 108
5.5.3 提高乡村旅游发展水平，培养主客共享的休闲理念 … 110

第6章 产业发展在精准扶贫与乡村振兴衔接中的路径研究——以达川区成都村为例 111
6.1 研究区概况 … 111
6.1.1 成都村概况 … 111
6.1.2 社会经济环境概况 … 112
6.2 数据来源和处理 … 113
6.2.1 调研对象 … 113
6.2.2 问卷设计 … 113
6.2.3 调研方法及问卷回收情况 … 113
6.3 成都村发展情况 … 114
6.3.1 成都村精准扶贫和乡村振兴衔接情况好 … 114
6.3.2 成都村农户收入稳定 … 115
6.3.3 成都村发展可持续 … 115
6.4 产业主导精准脱贫 … 117
6.4.1 产业帮扶认可度高 … 117
6.4.2 产业收入在总收入中占据主导 … 119
6.4.3 产业功能性变化 … 120
6.4.4 产业主导精准扶贫与乡村振兴的衔接 … 121
6.5 产业发展在精准扶贫与乡村振兴衔接中的作用机制实证分析 … 121

  6.5.1 产业在精准扶贫与乡村振兴衔接中的主导作用机制分析 ················ 121

  6.5.2 产业发展在精准扶贫与乡村振兴中有机衔接作用机制分析的研究设计 ····· 125

  6.5.3 产业发展在精准扶贫与乡村振兴中的持续衔接作用机制分析 ············ 131

 6.6 产业发展在精准扶贫与乡村振兴衔接中的路径研究 ······························· 132

  6.6.1 通过产业模式路径变化衔接精准扶贫与乡村振兴 ······················· 132

  6.6.2 通过现代农业产业的发展运营模式路径保障农户收益衔接精准扶贫与乡村振兴 ·· 134

  6.6.3 通过国家政策、横向帮扶及本地资源多方联动发展模式路径衔接精准扶贫与乡村振兴 ·· 135

 6.7 产业发展在精准扶贫与乡村振兴衔接中的路径研究总结 ···························· 136

  6.7.1 成都村实现产业主导脱贫和产业主导精准扶贫与乡村振兴的衔接,产业发展成为成都村精准扶贫与乡村振兴衔接中的主导 ·························· 136

  6.7.2 成都村形成多条独特的产业发展路径 ································· 136

第 7 章 四川集中连片特困地区脱贫攻坚与乡村振兴衔接机制回顾 ··············· 138

 7.1 四川集中连片特困地区脱贫攻坚与乡村振兴衔接实证研究 ························· 138

  7.1.1 研究区概况 ··· 138

  7.1.2 数据来源 ··· 142

  7.1.3 研究方法 ··· 142

  7.1.4 指标选取与权重计算 ··· 144

 7.2 实证研究结果 ·· 149

  7.2.1 脱贫攻坚成效与乡村振兴水平测度结果 ······························ 149

  7.2.2 脱贫攻坚与乡村振兴耦合度结果 ··································· 150

  7.2.3 脱贫攻坚与乡村振兴耦合协调度结果 ································ 150

 7.3 四川集中连片特困地区脱贫攻坚与乡村振兴有效衔接机制回顾 ····················· 152

  7.3.1 主体共融机制 ··· 153

  7.3.2 内容共通机制 ··· 153

  7.3.3 不同区域的重心发展机制 ··· 158

 7.4 政策建议 ·· 159

  7.4.1 持续巩固脱贫成果,建立健全防止返贫和农户收入不增长的动态监测和帮扶机制 ·· 160

  7.4.2 落实相关政策,确保衔接机制稳定运行 ······························· 160

  7.4.3 因地制宜,补齐地区发展短板 ····································· 161

参考文献 ·· 165

附录 1 ·· 169

附录 2 ·· 181

后记 ··· 183

第1章 四川曾经的集中连片特困地区状况回顾

1.1 四川集中连片特困地区稳定脱贫背景

四川集中连片特困地区地域辽阔、地质复杂、交通闭塞、城镇化发展缓慢、经济相对落后。党的十八大以来,四川省委省政府坚决有力推进精准扶贫精准脱贫,并取得显著成效。高原藏族聚居区、大小凉山彝族聚居区、秦巴山区、乌蒙山区四大集中连片特困地区88个贫困县(市、区)党委政府以脱贫攻坚为统领,加大投入力度,大力推动县域经济发展。脱贫攻坚以来,集中连片特困地区县域经济实力明显增强,产业结构持续优化,人民生活水平不断提高,经济发展后劲和活力增强。通过聚焦"两不愁三保障"目标,围绕解决好扶持谁、谁来扶、怎么扶、如何退等问题,落实"六个精准""五个一批",因村因户因人施策,因贫困类型施策,因致贫原因施策,把精准扶贫贯穿到了脱贫攻坚工作的全过程。

1.1.1 政策背景

四川农村贫困问题曾经十分突出,1978年全省农村没有解决温饱的绝对贫困人口有2600万人,绝对贫困发生率为39.9%。为解决贫困问题,四川省从改革开放以来就一直高度重视扶贫工作,在不同时期出台相应的扶贫政策,扶贫脱贫事业取得显著成就。1979~1985年,四川省率先推行土地"大包干"的农村改革,农民生活水平显著提高,普遍性贫困状况得以彻底改变[1]。全省农村没有解决温饱的绝对贫困人口减至1509万人[2],绝对贫困发生率降至22.8%。1986~1993年,四川省委、省政府在全省范围开展大规模扶贫开发工作,确立了开发式扶贫方针。全省农村没有解决温饱的绝对贫困人口减至877万人,绝对贫困发生率降至12.7%。1994~2000年,四川省制定并实施《四川省七一一八扶贫攻坚计划》,连续7年大打脱贫攻坚战,到2000年底,农村没有解决温饱的绝对贫困人口减至308.2万人,绝对贫困发生率降至4.4%。2001~2013年,扶贫开发进入新阶段,国家提出了低收入贫困人口新概念,四川印发10年扶贫开发规划,即《四川省农村扶贫开发规划(2001—2010年)》,实施系列扶贫工程,把"四大片区"作为主战场,要求贫困地区与全省同步实现全面小康。2012年,为进一步加快贫困地区发展,促进共同富裕,实现到2020年与全国同步全面建成小康社会的奋斗目标,四川省制定《四川省农村扶贫开发纲要(2011—2020年)》[3]。截至2013年底,全省有贫困县88个、贫困村11501个、贫困人口625万人,贫困发生率为9.6%。2014年以来,四川省扶贫工作进入精准扶贫精准脱贫新阶段,省委做出坚决打赢脱贫攻坚战的决定,全省上下把脱贫攻坚作为最大政治责任，狠下"绣花"功夫，脱贫攻坚取得决定性进展。2015年，四川省召开省委十届六次全会，会议研究打出了"3+10"政策组合拳，明确了新阶段四川省推进脱贫攻坚的总体设计、制度安排、政策措施和工作要求，掀起了全省脱贫攻坚新高潮。到2017年底，全省贫困人口减少到171万人，贫困发生率下降到2.7%；2016~2017年实现20个贫困县摘帽、6206个贫困村退出[①]。2020年底，通过全省上下的艰苦努力，四川省脱贫攻坚战取得全面胜利。全省现行标准下625万农村贫困人口全部脱贫，88个贫困县全部摘帽，11501个贫困村全部出列，区域性整体贫困得到解决，绝对贫困全面消除[②]，为四川全面建成小康社会打下了坚实的基础。

1.1.2 时间背景

集中连片特困地区全称为集中连片特殊困难地区。查阅有关文献发现，在1984年，就有了"连片贫困地区"的提法，甚至早于公认的中国扶贫元年——1986年。1984年，中共中央、国务院发布的《关于帮助贫困地区尽快改变面貌的通知》中，就指出"解决贫困地区的问题要突出重点，目前应集中力量解决十几个连片贫困地区的问题"。1986年，我国开始了大规模、有组织的扶贫开发活动。起始，明确了14个"连片贫困地区"，1988年，国开发2号文件在落实"七五"扶贫贴息贷款的同时，对原有14个连片贫困地区做了调整，划分为18个贫困县相对集中的区域：沂蒙山区，闽西南、闽东北地区，努鲁儿虎山地区，太行山区，吕梁山区，秦岭大巴山区，武陵山区，大别山区，井冈山和赣南地区，定西干旱地区，西海固地区，陕北地区，西藏地区，滇东南地区，横断山区，九万大山区，乌蒙山区和桂西北地区（表1-1）。

"集中连片特殊困难地区"（以下简称"集中连片特困地区"）正式出现于2010年3月26日，国务院西部地区开发领导小组第二次全体会议提出的"开展集中连片特殊困难地区开发攻坚的前期研究"。随后，在2007~2009年，以县域农民人均纯收入、县域人均财政一般预算收入和县域人均国内生产总值三项指标为基础，倒序排名，初选了600个县，再排除其中88个没有集中连片的县，确定了592个集中连片特困县，最终在全国划分出六盘山区、秦巴山区、武陵山区、乌蒙山区、滇桂黔石漠化区、滇西边境山区、大兴安岭南麓山区、燕山-太行山区、吕梁山区、大别山区、罗霄山区11个集中连片特困地区，加上西藏、四川藏族聚居区和新疆南疆三地州3个实施特殊扶持政策的片区，共确定了14个集中连片特困地区（表1-2）。自此，随着《中国农村扶贫开发纲要（2011—2020年）》的颁布，集中连片特困地区正式成了脱贫攻坚的主战场，一些特殊政策开始向14个片区倾斜。

集中连片特困地区由一个战术名词上升为国家重要的宏观战略，有一个历史过程，恰恰也见证了我国的扶贫实践。2011年以来，集中连片特困地区脱贫攻坚取得了显著的成果[4]。党的十八届五中全会明确了"到2020年我国现行标准下农村贫困人口实现脱贫，贫困县全部摘帽，解决区域性整体贫困"，也从侧面证明了集中连片特困地区脱贫攻坚的重要意义。

---

① 四川省人民政府网，四川农村改革40年回眸，2018年10月30日。
② 四川省人民政府网，四川省脱贫攻坚总结表彰大会隆重举行，2021年4月22日。

表 1-1　我国 20 世纪 80~90 年代 18 个集中连片贫困地区

经济地带	连片贫困地区/个	贫困地区名称	涉及的省份	贫困县/个
东部地区	2	沂蒙山区	鲁	9
		闽西南、闽东北地区	闽、浙、粤	23
中部地区	7	努鲁儿虎山地区	辽、蒙、冀	18
		太行山区	晋、冀	23
		吕梁山区	晋	21
		秦岭大巴山区	川、陕、鄂、豫	68
		武陵山区	渝、陕、鄂、豫	40
		大别山区	鄂、豫、皖	27
		井冈山和赣南地区	赣、湘	34
西部地区	9	定西干旱地区	甘	27
		西海固地区	宁	8
		陕北地区	陕、甘	27
		西藏地区	藏	77
		滇东南地区	滇	19
		横断山区	滇	13
		九万大山区	桂、黔	17
		乌蒙山区	川、滇、黔	32
		桂西北地区	桂	29
全国	18			512

资料来源：国务院领导开发小组办公室. 贫困地区经济开发十粹[M]. 北京：中国科学技术出版社，1993。

表 1-2　全国 14 个集中连片特殊困难地区

序号	名称	涉及的省份	贫困县数/个
1	六盘山区	陕、甘、青、宁	61
2	秦巴山区	豫、鄂、渝、川、陕、甘	75
3	武陵山区	鄂、湘、渝、黔	64
4	乌蒙山区	川、黔、云	38
5	滇桂黔石漠化区	桂、黔、云	80
6	滇西边境山区	云	56
7	大兴安岭南麓山区	蒙、吉、黑	19
8	燕山-太行山区	冀、晋、蒙	33
9	吕梁山区	晋、陕	20
10	大别山区	皖、豫、鄂	36
11	罗霄山区	赣、湘	23
12	西藏	藏	74
13	四川藏族聚居区	云、川、甘、青	77
14	新疆南疆三地州	新	24
	合计		592

1.1.3 实践背景

理论来源于实践，反映了事物的本质和规律，科学的理论对实践具有积极的指导作用，能推动更高水平的实践[5]。新中国成立以来，中国共产党带领人民持续向贫困宣战。经过改革开放以来的努力，成功走出了一条中国特色的减贫道路，使现行标准下9899万农村贫困人口成功脱贫，为全面建成小康社会打下了坚实基础。中国成为世界上减贫人口最多的国家，也是世界上率先完成联合国千年发展目标的国家[6]，创造了彪炳史册的人间奇迹。

直到2014年，秦巴山区、乌蒙山区、川西北高原地区、大小凉山彝族聚居区四大集中连片特困地区的深度贫困问题，深深困扰着四川。党的十八大以来，四川省委、省政府高度重视脱贫攻坚工作，坚决贯彻习近平总书记关于扶贫工作的重要论述，坚持把脱贫攻坚作为最大的政治责任，先后召开80余次省委常委会会议和省政府常务会议、11次全省脱贫攻坚大会、34次省脱贫攻坚领导小组会议[7]，从上到下形成了一个强有力的保障组织。2015年7月，四川率先在全国做出《中共四川省委关于集中力量打赢扶贫开发攻坚战确保同步全面建成小康社会的决定》与实施《四川省农村扶贫开发条例》（以下简称《条例》）、《四川省农村扶贫开发纲要(2011—2020年)》（以下简称《扶贫开发纲要》），共同组成四川省打赢脱贫攻坚战的"总路线图"。同时，制定了基础设施、产业扶贫等10个扶贫专项方案，并每年制定若干实施方案，打出"3+10+N"政策组合拳，完善了脱贫攻坚总体设计。创新构建"两不愁、三保障"和"四个好"相统一的工作目标体系，基本形成"制度设计完备"与"政策举措精准"相统一的总体推进思路，探索形成帮扶工作"先难后易"和脱贫摘帽"先易后难"相统一的工作推进路径，成为有力、有序、有效推进脱贫攻坚的重要保证[8]。

党中央精准扶贫、精准脱贫基本方略在四川得到了实践深化[9]，取得了较大的实践成果，在摆脱贫困的过程中，四川既是实际参与者也是实践者，同时也在为全人类反贫困斗争贡献经验与智慧。

1.2 四川集中连片特困地区贫困特征

由于历史和现实的因素，四川集中连片特困地区普遍地处偏远、土地贫瘠、自然灾害频繁、交通不便、信息闭塞、教育水平低、科技落后、文化卫生事业不发达、经济基础薄弱，社会保障水平十分低下。四川集中连片特困地区普遍人口超载且受教育程度不高，其生产方式传统，生产手段落后，产业结构单一，仍以自给自足和第一产业为主。特困地区第一产业内部以种植业和牧业为主，农业是主要就业渠道和收入来源，非农产业普遍不发达，失业和半失业人口大量存在，市场规模狭小，市场发育程度低，生产经营分散，空间集聚性较弱。贫困地区投资环境较差，资本形成能力严重不足，投资效益低，生态严重失调。其贫困特征主要具有如下几点[9]。

1.2.1 区域分布特征

四川是高原藏族聚居区、大小凉山彝族聚居区、秦巴山区、乌蒙山区四大集中连片特困地区的分布区(表1-3),共有88个贫困县(市、区)(以下统称为贫困县),分布在12个市(州)。其中,高原藏族聚居区有32个贫困县,占总数的36.4%;大小凉山彝族聚居区有13个贫困县,占总数的14.8%;秦巴山区有34个贫困县,占总数的38.6%;乌蒙山区有9个贫困县,占总数的10.2%。同时,全省深度贫困县45个(包括高原藏族聚居区和大小凉山彝族聚居区的全部贫困县),占贫困县总数的51.1%。四川集中连片特困地区和人口呈"大分散,小集中"的特点,分布极广,地域几乎涵盖全省,集中分布于川西北高寒藏羌区(甘孜州、阿坝州)、攀西老凉山地区(凉山州、攀枝花市、乐山市)、川北秦巴山区(绵阳市、广元市、巴中市、达州市、南充市、广安市)、川南乌蒙山区(宜宾市、泸州市)和川中丘陵区纳入十年扶贫规划的重点贫困村[10]。

表1-3 四川集中连片特困地区贫困县

序号	集中连片特困地区名称	贫困县(区、市)	贫困县(区、市)数量/个
1	高原藏族聚居区	汶川县、理县、茂县、松潘县、九寨沟县、金川县、小金县、黑水县、马尔康市、壤塘县、阿坝县、若尔盖县、红原县、康定市、泸定县、丹巴县、九龙县、雅江县、道孚县、炉霍县、甘孜县、新龙县、德格县、白玉县、石渠县、色达县、理塘县、巴塘县、乡城县、稻城县、得荣县、木里藏族自治县	32
2	大小凉山彝族聚居区	盐源县、普格县、布拖县、金阳县、昭觉县、喜德县、越西县、甘洛县、美姑县、雷波县、金口河区、峨边彝族自治县、马边彝族自治县	13
3	秦巴山区	北川羌族自治县、平武县、利州区、昭化区、朝天区、旺苍县、青川县、剑阁县、苍溪县、高坪区、嘉陵区、南部县、营山县、蓬安县、仪陇县、阆中市、前锋区、广安区、岳池县、武胜县、邻水县、华蓥市、通川区、达川区、宣汉县、开江县、大竹县、渠县、万源市、恩阳区、巴州区、通江县、南江县、平昌县	34
4	乌蒙山区	沐川县、高县、珙县、筠连县、兴文县、屏山县、合江县、叙永县、古蔺县	9
	合计		88

1.2.2 区位自然、经济、社会文化特征

1. 自然特征

四川集中连片特困地区大都位于深山区、石山区和高原区,这些地区地形地貌复杂,自然地理条件恶劣,生态环境脆弱,气候复杂,自然灾害频繁。具体表现为以下几个方面。

(1)地理环境恶劣,耕地资源少。贫困人口居住的山区、高原及部分丘陵和高原地区,土地资源总量少,土地贫瘠,大多土层薄,土质差,不宜农耕。耕地多以陡坡地为主,且质量不高,产出量低。近年来,土地沙漠化和水土流失日渐严重,致使农村耕地面积逐年减少,土地的人均占有量低且呈下降趋势,人多地少的矛盾非常突出。水资源短缺,在时间、地域和人口占有量上分布不平衡[11]。贫困地区土地资源中,水源充足、排灌设施齐

全的优质耕地面积少,环境被污染,植被被破坏,水土流失严重,增大了农业风险和贫困地区脱贫的难度。

(2)生态环境脆弱甚至恶劣,自然灾害频繁。四川集中连片特困地区大多数处于生态敏感地带。所谓生态敏感地带是指介于两种或两种以上具有明显差异的生态环境的过渡带和交错带,其最典型的特征是对环境因子变动的敏感性强,因其环境或景观的变化,会导致土地生产力的明显下降乃至消失。许多特困地区的旱灾情况非常严重,降雨少且主要集中在夏季,或是地表水源不能利用,喀斯特地形致使地表水渗透严重;有些地区十年九旱,人畜饮水都十分困难;有些贫困区高寒阴冷,日照稀少,无霜期短,有效积温严重不足,不适合农业耕作;还有一些地区山高坡陡,水土流失严重,灾害频繁。这些恶劣的生态环境给当地农户的生存带来困难,加上过度开垦,毁林开荒,特困地区的生态环境进一步恶化。植被被破坏,蓄水、地下水、河水水位逐年下降,严重的水土流失使土层瘠薄,养分流失,生产能力下降,形成特困地区"愈穷愈垦,愈垦愈穷"的恶性循环[12]。由于这些地区除了自然资源外缺少其他可以替代的资源,森林过伐、土地过垦、草场过牧的现象严重,粗放式的经济增长方式主宰着当地经济。

(3)拥有较丰富的自然资源,但开发利用程度低。四川大部分集中连片特困地区都处于自然资源相对富集的地区,能源资源、矿产资源、生物资源、旅游资源等都比较丰富,具有较大的开发潜力。但受资金、技术等因素的制约,特困地区的自然资源利用程度非常低,大部分自然资源被闲置。已经利用的自然资源,则由于掠夺式的开发而几近耗竭,再生能力差。生态建设由于政策、资金、技术、文化等的限制,效果不够理想,没有形成社会、经济、生态的良性循环,生态重建的压力依然沉重。

2. 经济特征

四川集中连片特困地区第一产业比重过高,生产方式落后。农业生产以低层次平面垦殖方式为主要特征,即生产经营者凭借传统简单的农耕技术和经营方式,以人口数量的增加和体力劳动为主,直观表现为以锄头、犁耙和畜力为主的生产技术手段同自然界进行简单的能力交换,甚至刀耕火种生产方式在某些少数民族贫困地区中还比较普遍。生产技术长期落后,耕作粗放,往往只能维持简单再生产,生产后劲严重不足。

(1)产业结构单一,传统农业在贫困地区产业中占主导地位。农业产值和就业人数分别占了生产总值和就业总人数的一半以上,农业以种植业和养殖业为主体,种植业又以粮食生产为主体,第二、三产业和第一产业中的其他产业发展滞后,大量农村富余劳动力不能转移。农业在县域中占有特殊的重要地位,是县域人口主要的就业渠道和收入来源,而其他部门的经济活动都或多或少与农业生产有联系。

(2)经济呈自给半自给状态,商品化程度低,市场竞争力弱。贫困地区由于商品经济发育程度低,产业结构不合理,农产品多、工业产品少;技术含量低的产品多,技术含量高的产品少,没有把资源优势转化为商品优势,缺乏市场竞争力,经济发展以向内型为主,缺乏吸引外资、引进先进技术、开拓市场的竞争意识和能力。

(3)居民收入水平低。一个地区的居民生活水平达不到一种社会可以接受的最低标准,生活质量处于满足生存需求线以下，收入水平低，生活质量自然就低，如住房短缺、健康状况不佳、受教育水平不高、婴儿死亡率高、预期寿命及劳动年限短等均与收入水平低直接相关。改革开放以来，虽然贫困地区经济有了较快发展，居民收入水平不断提高，但与发达地区之间的差距仍呈扩大之势。

(4) 资本形成能力严重不足。贫困地区经济基础薄弱，乡镇企业落后，财政入不敷出，集体积累空虚；农户拥有的可用资本少，农业扩大再生产难，缺少自我发展和自我改造的能力。一方面，由于财政长期赤字，造成公共投入严重不足。财政长期拮据，这些地区无力增加投入以改善公共基础设施、公共社会服务，形成恶性循环。另一方面，农户家庭经济收入来源单一。由于收入水平低，积累能力有限，公共积累难以提取，造成集体经济的组织能力弱化，有效的社会服务体系不能建立起来，严重阻碍商品经济的发展。集体经济、私营经济和个体经济等非国有经济以及乡镇企业的发展相对于发达地区十分落后，不能对县域经济的发展给予应有的推动作用。

(5) 基础设施建设落后。基础设施建设起点低、底子薄、欠账多，人畜饮水、灌溉、交通、能源、通信条件无法满足生产发展和经济开发的需要，原有的基础设施大多老化失修，抵御自然灾害的能力不足。基础设施薄弱是贫困地区长期落后的重要原因，加强基础设施建设，是贫困地区长期发展的保障。

(6) 经济功能不完善，构成要素发育程度低。经济功能是指作为一个相对独立的系统能保持正常运行与发展而必须具有的吸纳功能、增生功能和优化功能。显然，对于贫困地区来说，这些功能是不健全的。集中连片特困地区一般偏离经济中心，不是从自然地理距离上远离经济中心，便是水利、电力、交通、通信等基础设施落后，信息不通，从而在经济地理上拉开与经济中心的距离，导致经济发展功能的弱化。随着国民经济资源配置机制的转换，集中连片特困地区的经济社会发展将面临更加严峻的挑战，尤其是经济发展过程中回流效应的冲击更为强烈。市场机制的利益导向，将导致集中连片特困地区的资金、人才等生产要素向能够获得较高回报的经济发达地区流动，而且这种流动速度日益加快。如果说经济发展水平低的地区在资源配置市场化条件下将面临自身积累能力弱、资源转换率低、对外开放程度低、回流效应冲击大的严峻挑战，那么，在经济技术发展程度更低的集中连片特困地区其所面临的冲击将会更大，所遇到的矛盾将更加尖锐。

3. 社会文化特征

四川集中连片特困地区不仅在地理和经济上有典型特征，在社会文化上，由于受制于特殊地貌地形、复杂生态环境以及较为落后的基础设施建设与经济发展水平，其所表现出的知识型贫困和精神型贫困呈现出本地区鲜明特点，由此引发的相关社会问题也引人深思。

(1) 人口基数大，人口增长过快。从现有的资料看，四川集中连片特困地区人口增长速度普遍高于全国平均水平。过大的人口基数使得人均资源占有量少，特别是人均占有耕地面积少，人均收入低。过快的人口增长使得这一矛盾愈加突出，导致脱贫成效降低，返贫率高，成为贫困地区经济状况难以改变、人民生活水平难以提高的重要原因，形成"越穷越生，越生越穷"的恶性循环。

(2) 地方病人口比例高，医疗卫生条件十分落后。集中连片特困地区由于人地矛盾突出，基本生存条件恶化，无法保证正常的营养供给，群众的身体素质不断下降，加上一些地区水土条件造成的地方病，群众的身体健康受到严重损害。这是导致农户难以脱贫、容易返贫的一个重要原因。另外，来自政府的基本医疗卫生服务非常有限，医疗机构缺乏，设施陈旧，药品匮乏，医务人员业务能力有限，农民负担不起医疗费用，看病、就医、用药十分困难，这使得集中连片特困地区地方病高发现象十分突出，并且常见病也难以得到及时治疗。

(3) 科技水平低，农民文化素质不高。集中连片特困地区人口大多居住分散、偏僻，办学条件差，许多村寨没有学校。贫困户生活困难，无力支持子女上学，适龄儿童失学率、辍学率高，入学率、巩固率、升学率低。农民缺乏现代农业科技知识，工副业生产技术人员和管理人才更是奇缺。现有的人才严重流失，从外部引进人才十分艰难，并且也远未形成引进机制，真正懂经营会管理、大公无私、具有组织号召力、敢闯市场的发展农村经济的带头人更是十分缺乏。

(4) 观念陈旧落后。四川集中连片特困地区由于经济文化不发达、产业结构单一、环境封闭、活动范围狭小、人口极少流动、生产方式和生活方式变化缓慢等，使得科学文化和现代经济信息在当地的传播受到制约，由此决定了当地人民需求层次较低，无暇顾及更多、更高层次的需要，文明、健康向上的精神文化生活十分匮乏，社会发育程度较低。与此相应，当地农民的思想文化受传统观念的束缚较大，思想观念落后，不自觉地形成一种自我封闭意识，如狭隘的小农经济意识、迷信观念等。他们既抵制商品经济，缺乏市场意识、竞争意识，抵制经济文化交流，又表现出悲观无奈、消极坐等以及"小富即安"的自满自足观念。更严重的是一部分干部形成了一种自甘落后、以穷为荣、不愿苦干、不思进取、依赖国家救济的惰性。

1.3 四川集中连片特困地区贫困情况

1.3.1 秦巴山区贫困情况

秦巴山区是我国 14 个集中连片特困地区之一，集革命老区、大型水库库区和自然灾害易发多发区于一体，内部差异大、贫困因素复杂。其中，四川秦巴山区位于秦巴山区腹地，四川省东北部，是秦巴山集中连片特困地区的重要组成部分[13]，包括广元、绵阳、南充、达州、巴中、广安 6 个市 34 个贫困县(市、区)，贫困村 4432 个，截至 2015 年底贫困人口共计 167.5 万人[14]。

1.3.2 乌蒙山片区贫困情况

乌蒙山片区属国家 14 大脱贫攻坚片区之一，包括四川省的 13 个县、贵州省的 10 个县和云南省的 15 个县[15]。学术领域通常把国家确定的乌蒙山片区叫作"大乌蒙山片区"，而把四川省确定的乌蒙山片区叫作"小乌蒙山片区"。四川省乌蒙山片区位于四川省东南部，地处四川盆地边缘山区，自然条件差，基础设施落后，贫困面大、贫困程度深、贫困现象复杂、贫困类型综合，涉及泸州、宜宾、乐山3市9县，2013年共精准识别出贫困村620个、贫困户17万户、贫困人口54.5万，贫困发生率12.9%，是四川省脱贫攻坚要啃的又一个"硬骨头"[16]。

1.3.3 高原藏族聚居区贫困情况

高原藏族聚居区位于四川省西北部，贫困面广、程度深。四川藏族聚居区海拔大多在3500米以上，95%以上属于高寒地区，地质灾害和自然灾害频发，地震灾害危险性高，交通、通信极其闭塞，人畜饮水和取暖困难，大多数地区群众需要实施易地扶贫搬迁。大骨节病、棘球蚴病等地方病发病率较高，藏族聚居区因灾因病致贫返贫现象突出。四川藏族聚居区包括甘孜、阿坝、凉山3州32县，2015年末，四川藏族聚居区总人口为217万，其中藏族人口150万，占全国藏族人口的24%，占全国十个藏族自治州的42%[17]，有藏、羌、回、彝等少数民族，是全国第二大藏族聚居区，也是唯一的羌族聚居区，集民族地区、汶川地震灾区、革命老区、贫困地区、生态敏感区于一体，是四川省面积最大的集中连片特殊困难地区，也是国家和四川省脱贫攻坚的主战场之一。

2012年，四川藏族聚居区贫困发生率为38%，比西藏高3.6个百分点，比四川省平均水平高21.6个百分点。尤其是甘孜州北部石渠县等高寒地区，贫困发生率达40%以上，部分群众仍处于不稳定的温饱状态。四川藏族聚居区人均地区生产总值低。2012年，四川藏族聚居区、西藏、四川省、全国人均地区生产总值分别为18711元、22772元、29579元、38449元。四川藏族聚居区人均地区生产总值比西藏低4061元，比四川省低10868元，比全国低19738元；只占四川省人均地区生产总值的63.3%，占全国人均地区生产总值的48.7%。

农牧民人均纯收入少且横向差距扩大。纵向看，藏族聚居区农牧民人均纯收入保持快速增长。2001年，四川藏族聚居区、西藏、四川省、全国农牧民人均纯收入分别为1013元、1404元、1987元、2366元；2012年，四川藏族聚居区、西藏、四川省、全国农牧民人均纯收入分别为5077元、5719元、7001元、7917元。横向看，四川藏族聚居区农牧民人均纯收入少且横向差距有扩大趋势。2012年，四川藏族聚居区农牧民人均纯收入比西藏低642元[18]，比四川省低1924元，比全国低2840元，仅为全国的64.1%[19]。截至2016年底，四川藏族聚居区贫困村剩余1639个，贫困人口剩余21万人。

1.3.4 大小凉山彝族聚居区贫困情况

大小凉山彝族聚居区位于四川省西南部，包括乐山、凉山2市(州)13县(区)，大小凉山10个彝族聚居县和木里藏族自治县均为深度贫困县，是从奴隶社会"一步跨千年"直接进入社会主义社会的"直过民族地区"，是中国区域性整体深度贫困的典型样本，也是四川省脱贫攻坚的重点地区。据统计，截至2010年底，大小凉山彝族聚居区有81.35万贫困人口，约占四川省1/9的贫困人口[20]，是全国最贫困的区域之一。四川省委书记彭清华曾说："四川是中国的一个缩影，而凉山也是四川的一个缩影"。

1.4 集中连片特困地区稳定脱贫状况回顾

1.4.1 秦巴山区稳定脱贫状况回顾

秦巴山区的四川部分是革命老区,也是四川省集中连片特殊困难地区。2010年,中央制定了《中共中央 国务院关于深入实施西部大开发战略的若干意见》,要求把秦巴山区等集中连片特殊困难地区作为西部大开发规划和未来十年扶贫开发的重点。同时,四川省级层面也做出了打一场秦巴山区扶贫开发总体战、攻坚战的部署。2011年,四川省制定《秦巴山区(四川部分)扶贫开发规划纲要》,指出要通过扶贫开发的实施,尽快解决扶贫对象的温饱问题并实现脱贫致富,千方百计使规划区贫困农民人均纯收入增幅达到或超过全省平均水平,努力缩小发展差距,提高贫困人口生活质量和自我发展能力,使基础设施、人居环境、特色产业、公共服务、社会保障、生态环境得到显著加强[21],并通过新村建设、基础设施、特色产业、能力提升、生态保护、社会保障、开放合作扶贫开发七大工程,推动贫困村向新农村、小康村转变,贫困户向宽裕户、小康户转变,为到2020年与全省同步实现全面建成小康社会目标奠定坚实基础。2016年12月,四川出台了《四川省"十三五"脱贫攻坚规划》,为秦巴山区规划了脱贫进程;2018年8月,四川省出台《关于打赢脱贫攻坚战三年行动的实施意见》,提出了"到2020年,现行标准下全省农村贫困人口全部实现脱贫,消除绝对贫困;贫困县全部摘帽,解决区域性整体贫困"的目标任务,为秦巴山区未来3年打赢脱贫攻坚战提供了强有力的政策支持和明确的脱贫目标。

脱贫攻坚战略实施以来,四川秦巴山区始终坚持把提高脱贫质量放在首位,聚焦"两不愁三保障",全面落实"六个精准"要求。通过因地制宜发展特色产业,带动和实现秦巴山区贫困群众增收致富;通过精准搬迁、精确施策和精细管理,确保搬迁群众"搬得出、稳得住、有就业、逐步能致富",解决了"一方水土养不起一方人"的难题;通过提升基础设施建设与公共服务质量,补齐交通、医疗、教育等方面的短板,突破持续困扰秦巴山区发展的瓶颈;通过坚持扶贫与扶志、扶智相结合,调动贫困地区和贫困人口的积极性,确保贫困地区和贫困群众的脱贫质量,有力解决了贫困群众的困难。截至2020年,四川秦巴山区34个贫困县全部摘帽,4432个贫困村退出贫困序列,167.5万贫困人口全部脱贫。

1.4.2 乌蒙片山区稳定脱贫状况回顾

国务院批准实施的《乌蒙山片区区域发展与扶贫攻坚规划(2011—2020年)》明确了乌蒙山片区的战略定位:"扶贫、生态与人口统筹发展创新区""国家重要能源基地""面向西南开放的重要通道""民族团结进步示范区"和"长江上游重要生态安全屏障"。这尽管是对"大乌蒙山片区"的定位,但也适宜四川省乌蒙山片区3市9县。

从省级层面看,四川省已编制了《乌蒙山片区(四川部分)区域发展与脱贫攻坚规划

(2011—2015年)》[①]。特别是经四川省委、省政府同意，以"两办"名义印发的《关于完善矛盾纠纷多元化解机制的实施意见》（以下简称《实施意见》），是四川省委、省政府对四川省农村扶贫开发做出的新部署。根据《实施意见》，省扶贫移民局牵头制定相关的改革措施，如"国家扶贫开发工作重点县退出机制""农村贫困户建档立卡""金融扶贫创新""建立扶贫资金投入稳定增长机制"等。

从县级层面看，乌蒙山区各县也落实了具体的实施举措。这些举措主要有精准扶贫、资金管理、项目审批、干部驻村、社会参与、群众主体等。根据上述措施，乌蒙山区提出脱贫攻坚的目标是：力争到2015年，基本稳定解决扶贫对象温饱问题，贫困居民显著减少；到2020年，稳定实现扶贫对象不愁吃、不愁穿，保障其义务教育、基本医疗和住房安全，贫困对象人均纯收入增长高于全省平均水平，基本公共服务主要领域指标基本达到全省平均水平，扭转发展差距扩大趋势；实现贫困村向新农村、小康村转变，贫困户向宽裕户、小康户转变，与全省同步达到全面建成小康社会目标。乌蒙山（四川）片区集革命老区、民族地区和贫困地区于一体[22]，党的十八大以来，四川省在乌蒙山区大力实施区域发展与脱贫攻坚行动，统筹推进乡村建设、产业发展、基础设施建设和公共服务配套。

2012年初，乌蒙山片区区域发展与脱贫攻坚启动，累计完成投资9400多亿元，片区农村贫困人口由2013年的66.5万减少到2015年的56万，贫困发生率由2010年的29.2%降至10.9%。农村居民人均可支配收入达到6992元，增长14.4%，增幅在14个集中连片特困地区中居于前列[23]。据统计，2016年，四川乌蒙山片区13个县实现精准减贫11万人，388个贫困村达到退出标准。四川省乌蒙山片区的沐川县、合江县于2017年脱贫摘帽；高县、筠连县、珙县、兴文县于2018年脱贫摘帽；叙永县、古蔺县、屏山县于2019年脱贫摘帽。至此，四川乌蒙山片区9个县全部退出贫困县序列，实现了全域脱贫摘帽。

1.4.3 高原藏族聚居区稳定脱贫状况回顾

四川藏族聚居区集民族地区、革命老区、地方病高发区和生态脆弱区于一体，32个县全部为深度贫困县，贫困发生率高，贫困程度深，致贫原因复杂，是典型的"贫中之贫"[24]。

四川省委、省政府把促进藏族聚居区的发展摆在更加突出的位置，针对该地区普遍存在的贫困问题加大了脱贫攻坚力度，取得了很大的成效。通过不断强化政策支持和产业扶持，出台全方位加强藏族聚居区工作意见，集中优势兵力攻克藏族聚居区贫困堡垒。2013年重点实施"六项民生工程计划"，资金项目精准聚焦藏族聚居区贫困县，教育、健康、交通、水利等行业政策优先支持。2017年制定加强脱贫帮扶、加快飞地园区建设、实施人才振兴工程4个配套意见，进一步加大对深度贫困地区的帮扶力度。全省累计投入财政专项扶贫资金107.6亿元、统筹整合财政涉农资金286.94亿元。与此同时，四川省高度重视藏族聚居区民生工作，严格落实"控辍保学"责任制，创新建立户籍与学籍系统定期比对、义务教育学生身份证学校集中托管、超龄生学业补偿等5项制度，贫困家庭适龄儿童少年全部接受义务教育；持续推进民族地区15年免费教育和藏族聚居区"9+3"免费职业

---

① 四川省人民政府网. 乌蒙山（四川）片区探索脱贫攻坚新出路. https://www.sc.gov.cn/10462/10464/10797/2016/4/19/10376672.shtml.

教育，推动免费教育扩面提质。加快医疗卫生机构标准化建设，贫困县乡镇卫生院、村卫生室全部达标；贫困人口参加城乡居民基本医疗保险个人缴费由财政全额代缴，贫困户县域内就医自费比例控制在5%以内[25]。

2012年，四川藏族聚居区实现地区生产总值401.4亿元，较2011年增长13.2%；城镇居民人均可支配收入为20345元，同比增长14.4%；农牧民人均纯收入达5077元，同比增长25.6%，增幅均高于四川省平均水平，初步显现了中央和四川支持藏族聚居区的政策推动效应。2013年底，四川高原藏族聚居区有2063个贫困村、36万贫困人口，贫困发生率为20.1%。2016年底，贫困村已退出424个，贫困人口已摘帽16万，贫困发生率降至12.8%。2017年，贫困县摘帽6个，汶川、理县、茂县、九寨沟、马尔康、泸定6个县市贫困村退出621个，脱贫人口8.3万。截至2018年底，四川藏族聚居区已实现16个贫困县摘帽，仅2018年就实现702个贫困村退出、7.6万贫困人口脱贫，藏族聚居区贫困发生率从2017年的6.7%下降到2018年底的2.6%。2019年底，32个贫困县全部摘帽、2063个贫困村退出，贫困人口减少到0.24万，贫困发生率降至0.1%。2020年2月18日，四川省政府批准并宣布阿坝藏族羌族自治州黑水县、壤塘县、阿坝县、甘孜藏族自治州雅江县、炉霍县、色达县等16个藏族聚居区退出贫困县序列，加上此前已经退出贫困序列的16个藏族聚居区，四川高原藏族聚居区实现了全域脱贫摘帽。

1.4.4 大小凉山彝族聚居区稳定脱贫状况回顾

四川大小凉山彝族聚居区贫困面宽、量大、程度深。作为全省脱贫攻坚最艰巨的战场之一，党中央、国务院始终牵挂，2016年国家出台了支持凉山州加快建设小康社会进程的若干意见。四川省委、省政府制定彝族聚居区"十项扶贫工程"方案，出台了17条政策予以特殊支持，以非常之策强力推进大小凉山彝族聚居区脱贫攻坚。"没有彝区的小康，就没有全省同步的全面小康""要让彝区群众'住上好房子、过上好日子、养成好习惯、形成好风气'"。四川省委、省政府的庄严承诺响彻蜀中大地，凝聚起打赢大小凉山彝族聚居区脱贫攻坚战的强大合力。大小凉山彝族聚居区脱贫攻坚战是一场集全社会之力的攻坚战。四川省委、省政府决定将先啃"硬骨头"与先拔"最穷根"相结合，制定出台各项扶贫政策与措施，让扶贫资金、项目、资源向大小凉山聚集。2015年以来，四川省委组织部选派500余名干部（含专业技术人才）下派彝族聚居区；全省教育系统组织10个内地市对口援助凉山彝族聚居区学前教育，支持凉山州在9年义务教育基础上发展15年免费教育；四川省财政从2016年起每年安排3亿元，专项用于1930个贫困村；交通运输厅明确农村公路将比照藏族聚居区标准安排补助。同时，大小凉山的脱贫攻坚也得到了中央国家机关和社会各界的关注支持。中央纪委监察部机关对口帮扶马边县、雷波县；国家档案局在喜德启动"授渔计划精准扶贫一帮一助学行动"；全国人大代表、全国政协委员分别通过提交议案和提案争取支持；全省统一战线实施教育扶贫凉山行动，各民主党派均对口一个县；一大批社会组织、慈善机构也在凉山开展各类帮扶……脱贫攻坚路上，倾注着全国各省市的关切之情。例如，在对口凉山州扶贫协作中，广东省珠海市把凉山的事当自己的事，实施开展"五个一百"和"五个一批"工程，为脱贫攻坚写下了精彩之笔。一个多方参与、协同推进的彝族聚居区脱贫攻坚工作格局就这样形成，在大小凉山彝族聚居区汇聚成强大的力量[26]。

"十二五"期间，大小凉山彝族聚居区以"十项扶贫工程"项目为载体，强力推进脱贫攻坚，"十项扶贫工程"和综合扶贫开发累计完成投资361.66亿元，占计划投入的115.14%，其中省级以上资金238.23亿元，占计划投入的114.11%。累计实施彝家新寨建设1454个、住房建设12.16万户，惠及群众60余万人；建成雅安—西昌、丽江—攀枝花等高速公路，完成国省干线16条34段，新修农村公路7800公里，建成渠道580公里，新增有效灌面13.68万亩（1亩≈666.67米^2），解决了84.72万人饮水不安全问题，完成11.83万户农户入户用电建设；建设马铃薯种植基地县13个，建成高标准农田35万亩，发展花椒、核桃基地、竹产业、工业原料林共68.67万亩，建成畜禽标准化养殖示范基地及小区108个、家庭农牧场90个等。通过"十项扶贫工程"和综合扶贫开发，有效解决了彝族聚居区群众面临的突出民生问题，贫困人口由2010年的81.35万减少到2015年的35万，贫困发生率由28.8%下降到12.58%；农民人均纯收入从2010年的2942元增长到2015年的6385.5元，让彝族群众住上好房子、过上好日子的目标稳步推进。

截至2016年，大小凉山彝族聚居区432个贫困村摘帽、8.8万贫困人口脱贫[27]。2020年11月17日，四川省人民政府批准凉山州普格县、布拖县、金阳县、昭觉县、喜德县、越西县、美姑县7县退出贫困县序列，大小凉山彝族聚居区所有贫困县全部摘帽，四川88个贫困县全部清零。这标志着四川省基本攻克深度贫困堡垒，离实现全面小康千年梦想，又迈出了关键一步。

第 2 章 四川集中连片特困地区稳定脱贫机制创新体系回溯

本书通过资料收集与实地调研,总结四川集中连片特困地区在脱贫攻坚上取得的重大成果,本章从脱贫背景、扶贫协同支持机制、三步化工作机制、外在力量和内生动力互动机制四大板块入手,全面分析概述,探索集中连片特困地区稳定脱贫机制创新体系。

2.1 集中连片特困地区稳定脱贫基础条件分析

2.1.1 政策条件分析

1. 财税政策条件分析

2015 年,中共中央、国务院颁布《中共中央 国务院关于打赢脱贫攻坚战的决定》(以下简称《决定》)。在财税政策层面,《决定》指出,加大财政扶贫投入力度。发挥政府投入在扶贫开发中的主体和主导作用,积极开辟扶贫开发新的资金渠道,确保政府扶贫投入力度与脱贫攻坚任务相适应。中央财政继续加大对贫困地区的转移支付力度,中央财政专项扶贫资金规模实现较大幅度增长,一般性转移支付资金、各类涉及民生的专项转移支付资金和中央预算内投资进一步向贫困地区和贫困人口倾斜。加大中央集中彩票公益金对扶贫的支持力度。农业综合开发、农村综合改革转移支付等涉农资金要明确一定比例用于贫困村。各部门安排的各项惠民政策、项目和工程,要最大限度地向贫困地区、贫困村、贫困人口倾斜。各省(自治区、直辖市)要根据本地脱贫攻坚需要,积极调整省级财政支出结构,切实加大扶贫资金投入。从 2016 年起通过扩大中央和地方财政支出规模,增加对贫困地区水电路气网等基础设施建设和提高基本公共服务水平的投入。建立健全脱贫攻坚多规划衔接、多部门协调长效机制,整合目标相近、方向类同的涉农资金。按照权责一致原则,支持连片特困地区县和国家扶贫开发工作重点县围绕本县突出问题,以扶贫规划为引领,以重点扶贫项目为平台,把专项扶贫资金、相关涉农资金和社会帮扶资金捆绑集中使用。严格落实国家在贫困地区安排的公益性建设项目取消县级和西部连片特困地区地市级配套资金的政策,并加大中央和省级财政投资补助比重。在扶贫开发中推广政府与社会资本合作、政府购买服务等模式。加强财政监督检查和审计、稽查等工作,建立扶贫资金违规使用责任追究制度。纪检监察机关对扶贫领域虚报冒领、截留私分、贪污挪用、挥霍浪费等违法违规问题,坚决从严惩处。推进扶贫开发领域反腐倡廉建设,集中整治和加强预防扶贫领域职务犯罪工作。贫困地区要建立扶贫公告公示制度,强化社会监督,保障资金在阳光下运行[28]。2020 年,国家税务总局颁布《支持脱贫攻坚税收优惠政策指引》,

税收从支持贫困地区基础设施建设、推动涉农产业发展、激发贫困地区创业就业活力、推动普惠金融发展、促进"老少边穷"地区加快发展、鼓励扶贫捐赠六个方面，实施了110项推动脱贫攻坚的优惠政策。2021年，《中共中央 国务院关于全面推进乡村振兴加快农业农村现代化的意见》（以下简称《意见》）颁布。《意见》指出，强化农业农村优先发展投入保障，继续把农业农村作为一般公共预算优先保障领域。中央预算内投资进一步向农业农村倾斜。制定落实提高土地出让收益用于农业农村比例考核办法，确保按规定提高用于农业农村的比例。各地区各部门要进一步完善涉农资金统筹整合长效机制。支持地方政府发行一般债券和专项债券用于现代农业设施建设和乡村建设行动，制定出台操作指引，做好高质量项目储备工作。发挥财政投入引领作用，支持以市场化方式设立乡村振兴基金，撬动金融资本、社会力量参与，重点支持乡村产业发展。坚持为农服务宗旨，持续深化农村金融改革[29]。

2. 金融政策条件分析

2014年3月，中国人民银行、财政部、银监会、证监会、保监会、扶贫办、共青团中央联合印发了《关于全面做好扶贫开发金融服务工作的指导意见》（以下简称《指导意见》），《指导意见》充分吸纳以往扶贫开发金融服务工作的经验，结合新时期扶贫开发的新形势、新特点，针对14个连片特困地区680个县和片区外的152个国家扶贫开发工作重点县，提出了做好扶贫开发金融服务工作的总体要求、重点支持领域、重点工作、保障政策措施和加强组织领导五方面的内容。《指导意见》强调要合理配置金融资源，创新金融产品和服务，完善金融基础设施，优化金融生态环境，积极发展农村普惠金融，支持贫困地区经济社会持续健康发展和贫困人口脱贫致富，针对贫困地区经济社会发展的薄弱环节[30]，确定贫困地区基础设施建设、经济发展和产业结构升级、就业创业和贫困户脱贫致富、生态建设和环境保护四个方面作为金融支持的重点领域。《指导意见》根据《中国农村扶贫开发纲要（2011—2020年）》和《关于创新机制扎实推进农村扶贫开发工作的意见》要求，从健全金融组织体系、创新金融产品和服务、夯实金融基础设施、优化金融生态环境等方面确定了扶贫开发金融服务的十项重点工作。具体包括：①进一步发挥政策性、商业性和合作性金融的互补优势；②完善扶贫贴息贷款政策，加大扶贫贴息贷款投放；③优化金融机构网点布局，提高金融服务覆盖面；④继续改善农村支付环境，提升金融服务便利度；⑤加快推进农村信用体系建设，推广农村小额贷款；⑥创新金融产品和服务方式，支持贫困地区发展现代农业；⑦大力发展多层次资本市场，拓宽贫困地区多元化融资渠道；⑧积极发展农村保险市场，构建贫困地区风险保障网络；⑨加大贫困地区金融知识宣传培训力度；⑩加强贫困地区金融消费权益保护工作。《指导意见》结合确立的主要目标和重点工作，认真梳理各部门提出的相关政策措施，提出加大货币政策支持力度、实施倾斜的信贷政策、完善差异化监管政策、加大财税政策扶持力度四个方面的政策保障措施。同时，《指导意见》还从加强部门协调和完善监测考核两个层面提出要求，确保金融服务的各项政策落到实处、见到实效。

四川省根据党中央、国务院政策，提出以金融精准扶贫贷款为首要，截至2020年三季度末，四川金融机构累计投放金融精准扶贫贷款551亿元，全省金融精准扶贫贷款余额

4034亿元，较2015年末增长80%，其中产业精准扶贫贷款余额1195亿元，是2015年末的3.9倍，保持年均30%的增长速度。扶贫小额信贷方面，全省累计投放扶贫小额信贷266.33亿元，覆盖7.35万建档立卡贫困户，贫困户家庭获得贷款占比从最初不到1%提升到38.84%。易地扶贫搬迁贷款方面，针对四川136万易地扶贫搬迁贫困人口，国家开发银行、农业发展银行四川省分行建立易地扶贫搬迁项目审批绿色通道，累计投放易地扶贫搬迁贷款234亿元。四川省加大扶贫产业支持力度，建立产业扶贫带动精准脱贫经营主体名录库，定期向金融机构推送新型农业经营主体的融资需求。四川省还积极探索创新金融扶贫模式，多项工作走在全国前列。2018年，全国首单旅游扶贫专项债落地四川，助力旅游扶贫增收致富；部分连片特困地区探索的"互联网+精准扶贫代理记账"模式获财政部点赞，脱贫攻坚项目、资金流向，群众通过手机就能看得明明白白；全省161个有脱贫攻坚任务的县，全部设立扶贫小额信贷风险基金，充分调动金融机构参与脱贫攻坚积极性。

3. 产业政策条件分析

在2015年中共中央、国务院颁布的《决定》中指出，发展特色产业脱贫，制定贫困地区特色产业发展规划。出台专项政策，统筹使用涉农资金，重点支持贫困村、贫困户因地制宜发展种养业和传统手工业等。实施贫困村"一村一品"产业推进行动，扶持建设一批贫困人口参与度高的特色农业基地。加强贫困地区农民合作社和龙头企业培育，发挥其对贫困人口的组织和带动作用，强化其与贫困户的利益联结机制。支持贫困地区发展农产品加工业，加快一二三产业融合发展，让贫困户更多分享农业全产业链和价值链增值收益。加大对贫困地区农产品品牌推介营销支持力度。依托贫困地区特有的自然人文资源，深入实施乡村旅游扶贫工程。科学合理有序开发贫困地区水电、煤炭、油气等资源，调整完善资源开发收益分配政策。探索水电利益共享机制，将从发电中提取的资金优先用于水库移民和库区后续发展。引导中央企业、民营企业分别设立贫困地区产业投资基金，采取市场化运作方式，主要用于吸引企业到贫困地区从事资源开发、产业园区建设、新型城镇化发展等。在2021年中共中央、国务院颁布的《中共中央 国务院关于全面推进乡村振兴加快农业农村现代化的意见》（以下简称《意见》）中指出：构建现代乡村产业体系，依托乡村特色优势资源，打造农业全产业链，把产业链主体留在县域，让农民更多分享产业增值收益。加快健全现代农业全产业链标准体系，推动新型农业经营主体按标生产，培育农业龙头企业标准"领跑者"。立足县域布局特色农产品产地初加工和精深加工，建设现代农业产业园、农业产业强镇、优势特色产业集群。推进公益性农产品市场和农产品流通骨干网络建设。开发休闲农业和乡村旅游精品线路，完善配套设施。推进农村一二三产业融合发展示范园和科技示范园区建设。把农业现代化示范区作为推进农业现代化的重要抓手，围绕提高农业产业体系、生产体系、经营体系现代化水平，建立指标体系，加强资源整合、政策集成，以县（市、区）为单位开展创建，到2025年创建500个左右示范区，形成梯次推进农业现代化的格局。创建现代林业产业示范区。组织开展"万企兴万村"行动。稳步推进反映全产业链价值的农业及相关产业统计核算[31]。同年，农业农村部、国家发展和改革委员会、财政部、商务部、文化和旅游部、中国人民银行、中国银行保险监督管理委员会、国家林业和草原局、国家乡村振兴局、中华全国供销合作总社联合颁布的《关于推动脱贫地区特色产业可持续发展的指导意见》强调，发展产业是实现脱贫的根本之策，产业兴旺是乡村振兴的物质基础。实现巩固拓展脱贫攻坚成果同乡村振兴有效衔接，发展壮大特色产业至关重要。

四川省根据党中央、国务院政策，结合省情实际，从多维度、多角度、多方面、全领域提出切实有效的产业政策，有力推动四川脱贫攻坚进程中产业事业的全面升级发展，为构建高效长效现代化扶贫产业体系奠定了坚实的基础。

(1) 四川省工业系统统筹推进工业产业扶贫及精准扶贫各项工作。四川省连片特困地区产业基础不断夯实、产业扶贫模式不断创新，已经超额完成任务。2018 年以来，四川省工业系统深入推进中国制造 2025 "四川行动计划"，大力实施万千百亿工程和产业园区提质增效工程，不断增强产业核心竞争力，狠抓优势产业、龙头企业、特色产品培育发展，着力提升贫困地区"造血"功能。四川注重产业扶贫统筹谋划，以 3.49 亿元产业扶贫资金推动 255 个省级工业产业扶贫项目。四川省经信委制定四川省工业产业扶贫专项实施方案，结合农业供给侧结构性改革契机，成立了农业供给侧结构性改革助力产业扶贫工作领导小组，指导推动 1000 余个地方工业产业扶贫项目组织实施，促进连片特困地区产业基础不断夯实，同时，集中连片特困地区瞄准薄弱环节精准施策，发展优势产业，积极主动壮大龙头企业，大力培育新型经营主体，因地制宜促进三产融合。在工业企业方面，四川省新增解决贫困户就业人数 1.79 万余人，新增小微企业 1290 余户，均超额完成年度目标任务，带动深度贫困户就业 2020 人、新增中小微企业 269 户，推动贫困地区人才培训 1 万余人次；组建益农社 2.6 万余个，其中按照"六有"标准完成 6000 余个农社升级改造，覆盖全省 180 多个县、3000 多个乡镇；创建了 122 个省级中小微企业创新创业示范基地；纳入国家电信普遍服务第一、二、三批试点的行政村 9563 个；推动三大电信基础企业完成 5489 个行政村通光纤任务，实现光纤通达的行政村超 41000 个，行政村光纤通达率达 89%，全省农村地区 4G 覆盖率超 91%。在工业产业扶贫的引领带动下，全省 12 个市(州)的 63 个贫困县组织实施了 159 个重点项目，总投资 153.6 亿元，项目全部投产达效后，预计每年可带动贫困地区群众增收 52.8 亿元，预计新增就业人数 16000 余人。

(2) 产业扶贫模式不断创新。在推进工业产业扶贫中，四川省提炼总结全省工业产业扶贫典型模式，聚力推进深度贫困地区产业脱贫攻坚。全面落实工业产业扶贫资金、项目、举措等向深度贫困地区倾斜，四川省不断加强成阿、德阿、甘眉、成甘飞地园区建设，支持深度贫困县在条件适宜的市或贫困地区区域内建设新的飞地园区；鼓励全省 45 个深度贫困县因地制宜发展特色产业；鼓励深度贫困县传统劳动密集型企业扩大生产规模、提高生产水平、增加用工需求[32]；进一步加快实施一批传统产业技术改造项目，并通过媒体宣传推广，其中"共建飞地园区助推藏族聚居区脱贫——成阿工业园探索藏族聚居区产业扶贫新模式"作为工业产业扶贫典型案例，被四川省委组织部收录推广。四川省精心组织、大胆创新，创造性地探索出一批可供学习推广的产业扶贫典型模式。如通江县创新"政府+企业+银行+保险+养殖专业合作社(精准贫困户)"五方联动机制、乐山市的"企业+村"和"企业+农户"对口帮扶模式、眉山市青神县的"研发机构+龙头企业+专合组织+千家万户+互联网+金融"竹编产业发展模式等。

4. 人才政策条件分析

2011年，为进一步加快贫困地区发展，促进共同富裕，实现到2020年全面建成小康社会奋斗目标，中共中央、国务院印发了《全国扶贫开发人才发展规划(2011—2020年)》，统筹推进扶贫开发人才队伍建设和能力建设。2015年中共中央、国务院颁布的《决定》中指出，发挥科技、人才支撑作用，加大科技扶贫力度，解决贫困地区特色产业发展和生态建设中的关键技术问题。2016年4月，中共中央组织部、人力资源和社会保障部等九部门颁布《关于实施第三轮高校毕业生"三支一扶"计划的通知》明确，全国每年选拔招募2.5万名、五年共12.5万名高校毕业生到基层从事"三支一扶"服务。2017年，中共中央办公厅、国务院办公厅印发《关于加强贫困村驻村工作队选派管理工作的指导意见》指出，着力解决驻村帮扶中选人不优、管理不严、作风不实、保障不力等问题，更好发挥驻村工作队脱贫攻坚生力军作用。2020年，中华人民共和国财政部下发《关于下达2020年"三区"科技人才支持计划预算的通知》，要求进一步加快边远贫困地区、边疆民族地区和革命老区科技人才队伍建设，组织开展科技工作者选派和培养工作。2021年中共中央、国务院颁布的《意见》中指出：加强党的农村基层组织建设和乡村治理，充分发挥农村基层党组织领导作用，持续抓党建促乡村振兴。

四川省委办公厅、省政府办公厅于2017年印发了《关于实施深度贫困县人才振兴工程的意见》，启动深度贫困县人才振兴工程，突出加强人才引进、培养、使用和激励，打造一支规模宏大、留得住能战斗带不走的人才队伍，确保深度贫困县与全国全省同步建成小康社会[33]。2018年，四川省连片特困地区各县各类基层单位补足空岗，基本实现满编运行；2020年，四川省委组织部印发《关于进一步落实省委关心激励脱贫攻坚帮扶干部政策措施的通知》，提出兑现落实省委省政府关心激励政策、优先提拔重点对象、分线推进晋级晋升、持续落实待遇保障、组织开展表彰宣传、制作发放纪念物品6条举措，以加强对脱贫攻坚帮扶干部的关心关爱，激励引导更多优秀干部人才投身巩固拓展脱贫攻坚成果和有效衔接乡村振兴帮扶工作，人才引不进、留不住的问题得到根本改善，全域人才数量和质量大幅提升；到2025年，将建立一支数量充足、结构合理、基本适应地区经济社会发展需要的人才队伍。

2.1.2 资金条件分析

1. 四川省集中连片特困地区扶贫开发投资状况

四川省委办公厅、省政府办公厅印发22个扶贫专项2018年实施方案(以下简称"方案")，总投资达到1273亿元，这是四川省连续三年印发扶贫专项年度实施方案。"方案"聚焦30个贫困县、3500个贫困村、100万贫困人口脱贫摘帽年度任务，助力打好脱贫攻坚战。其中，22个方案包括农业产业扶贫、工业产业扶贫、旅游扶贫、商务扶贫、农村土地整治扶贫、科技扶贫、文化扶贫、生态建设扶贫、贫困家庭技能培训和就业促进扶贫、社会保障扶贫、新村建设扶贫、易地扶贫搬迁、教育扶贫、健康扶贫、交通建设扶贫、水利建设扶贫、电力建设扶贫、信息通信建设扶贫、农村能源建设扶贫、社扶贫、财政扶贫、金融扶贫。每个方案包括年度目标、重点工作、资金筹措等内容。而基础设施建设是重头戏，资金投入占比过半。交通领域投入最多，达535.2亿元。而根据2020年9月国务院新闻办公室四川省政府新闻发布会上的统计，近年来四川在中央支持下加大了脱贫攻坚的资金投入力度，累计投入财政专项扶贫资金735亿元；累计整合使用的财政涉农资金超1000亿元；累计投入行业扶贫资金7900多亿元。此外，2016年以来四川通过中央单位定点扶贫、东西部扶贫协作和省内对口支援等，直接投入和帮助引进资金230多亿元。几大块资金投入加起来接近1万亿元，这些资金投入不限于贫困户，还包括教育、卫生、交通、水利、住房建设、产业发展、生态保护、就业支持、社会保障等基础性、区域性投入。

2. 集中连片特困地区扶贫资金管理

2020年，为贯彻落实党中央、国务院脱贫攻坚决策部署，根据《财政部、国务院扶贫办关于做好2020年财政专项扶贫资金、贫困县涉农资金整合试点及资产收益扶贫等工作的通知》，四川省在财政专项扶贫资金管理方面做了以下几点工作。

(1) 深入推进贫困县涉农资金统筹整合。四川省的分配重点向45个深度贫困县和挂牌督战地区倾斜，兼顾人口较多的易地扶贫搬迁集中安置区和片区外贫困人口较多的"插花"贫困地区，加大贫困县统筹整合使用财政涉农资金支持力度，相关涉农资金重点向贫困县倾斜，确保分配到贫困县的资金增幅不低于该项资金平均增幅。同时强化整合方案编制和审查，严格预算调整审批，提高整合质量。提高实质性整合比例，尽可能"大类间打通""跨类别使用"。聚焦农业生产发展和农村基础设施建设领域精准使用整合资金，着力补"短板"填"漏洞"，严禁用于"负面清单"事项，坚决防止乱整合。

(2) 规范资金使用管理。四川省强化资金使用者主体责任，做实前期工作，加快项目实施和资金支出进度，尽快形成实物工作量。深入推进扶贫项目资金绩效管理，科学设立绩效目标、加强绩效目标审核、落实绩效运行监控、强化绩效评价和结果应用[34]。继续实施财政扶贫资金专项库款保障，定期监测和通报财政扶贫资金支出账户归集、拨付和支出情况。对各级各类财政扶贫资金预算分配下达、资金支付、扶贫项目资金绩效目标执行等情况进行动态监控、实时预警。聚焦脱贫"短板"，紧盯贫困群众持续增收、稳定脱贫和巩固提升重点，精准安排使用资金。

(3) 强化扶贫项目实施管理。四川各个地区按照《四川省进一步规范完善县级脱贫攻坚项目库建设操作指南》要求，强化项目论证，严格入库审查，做好项目库动态管理和规范化建设，确保安排使用财政专项扶贫资金、彩票公益金、贫困县纳入涉农资金整合方案的各类涉农资金时，一律从项目库中选择项目。加快项目录入，2020年3月底前总体完成了2018～2020年度项目录入工作，4月底前完成2014～2017年度项目补录工作，5月底前完成了2014～2020年度项目录入信息修正完善工作，保证项目库建设与质量。优化设计、评审、采购、招投标流程，完成项目前期准备工作。加强施工力量组织、建材供应等要素保障，倒排工期，定期调度，加快项目开工复工。压实项目实施主体责任，各地积极研究制定了扶贫资产管理办法，在项目实施前明确项目后续运行管护机制，加强扶贫项目后续管理，落实管护责任，构建起产权清晰、责任明确、运行规范的扶贫资产长效管理制度。严格执行资金项目公告公示制度,落实"三紧盯"(紧紧盯住县里的权、盯住乡里的情、盯住村里的点)、"三公开"(重大事项、项目资金使用在县级四套班子内部公开、在乡镇一级党委政府人大公开、在村里公开)要求,确保扶贫资金使用效益和项目规范实施。

(4) 实事求是,合理调整。疫情防控期间,根据四川财政专项扶贫资金项目管理有关要求,在就业扶贫、消费扶贫、产业扶贫、扶贫项目开工复工等方面加大支持力度,优先支持有助于贫困人口持续增收的产业发展项目,提高用于产业发展的财政专项扶贫资金和其他整合资金的占比。加强了农村基础设施建设,补齐饮水安全运行维护等必要的农村公益性基础设施短板需要。加大对易地扶贫搬迁集中安置区的支持力度,统筹考虑后续扶持工作。大力支持贫困劳动力就业,对吸纳贫困劳动力就业规模大的,各地通过财政专项扶贫资金给予一次性奖励。原则上计划整合资金规模不低于纳入整合资金规模的80%,已整合资金规模不低于计划整合资金规模的80%,已完成支出资金规模不低于计划整合资金规模的80%。全省抓紧编制涉农资金统筹整合使用方案。纳入方案的资金要落到具体项目,项目一律从脱贫攻坚项目库中选择。同时各地因地制宜择优选择对贫困群众带动作用明显、可持续性较好、抵御市场风险能力强的项目稳妥开展资产收益扶贫。坚守发展特色产业、壮大县域经济的初心,坚决防止一分了之、一股了之问题,切实纠正简单入股分红、明股实债、扶贫小额信贷"户贷企用"等借资产收益扶贫名义实施的违规行为。进一步规范项目收益分配,完善减贫带贫机制,带动贫困户参与产业发展并通过劳动获得报酬,防止"养懒汉"。强化资产收益扶贫项目后续扶持和监管,确保财政资金形成资产增值保值。各地相继建立返贫监测预警和动态帮扶机制以及接续推进减贫的工作经费自行解决,帮扶资金通过现有相关资金渠道解决。

(5) 强化监督。四川全省各地进行审计、巡视、巡察、考核评价、监督检查、排查梳理等工作中发现的财政扶贫领域问题建立台账,列明问题清单与整改措施,逐一推动整改销号。对易发多发问题,从完善制度机制角度深化整改,形成切实管用的制度性整改成果并长期坚持。通过实地督查、委托第三方机构等方式,加强扶贫资金项目监管,把加强财政扶贫资金监管作为一项常态化工作。

2.1.3 资源条件分析

本书所选地区为四川省连片特困地区代表性的高寒藏族聚居区、大小凉山彝族聚居区、秦巴山区、乌蒙山区,各地区脱贫特色资源不尽相同,故分点展开分析。

1. 高寒藏族聚居区资源条件分析

四川藏族聚居区包括甘孜藏族自治州、阿坝藏族羌族自治州和凉山彝族自治州木里藏族自治县,面积占四川省总面积的一半以上,是我国第二大藏族聚居区。其核心脱贫资源优势体现为如下方面。

(1) "全域旅游"资源优势。四川省高寒藏族聚居区,地处横断山脉,青藏高原东南山麓,其纬度位置决定了其具有得天独厚的自然风光与旅游风貌,由此衍生出许多特有的具有优质价值的省级、国家级甚至世界级的旅游资源。在四川高寒藏族聚居区这一连片特困地区中，当地政府依托"黄金旅游资源"来鼓足"钱袋子"。各地政府相继成立旅游资源管理委员会，规范并创新开发景区景点，探索推进"企业+资源""新建+保护""股份+资产"和"就业+保险"的景区开发模式，走出一条"资源变资产、农牧区变景区、贫困人口变股民、农牧民变市民"的旅游脱贫之路。依靠"打造优质旅游产品"扩充"钱袋子"。以甘孜藏族自治州为例，当地政府围绕"春赏花、夏避暑、秋观叶、冬玩雪"四季主题，开发观光避暑、休闲度假、农牧体验等乡村旅游产品，大力发展乡村、山地、文化等旅游，提升回游率。打造26个特色旅游乡镇、46个精品旅游村寨、三星级以上乡村酒店84家、省级民宿达标68户，培育旅游扶贫村91个，仅2018年就通过乡村旅游带动1.9万贫困人口就近就地就业，年人均增收1020元。其重点旅游地区群众收入79.6%来源于旅游业。助推21个旅游扶贫重点村脱贫摘帽，创建2个(泸定县、乡城县)省级旅游扶贫示范区、12个省级旅游扶贫示范村。利用"开发特色旅游商品"装满"钱袋子"。围绕"酒、肉、果、蔬、茶、菌、药、水、粮、油"等资源，开发"名、特、精、优"旅游商品20余个，培育一批旅游商品生产骨干企业。建立覆盖全州的旅游电商平台，推动线上宣传、营销，帮助形成稳固的市场和客源。

(2)"多样化生态资源"优势。由于特有的气候条件，四川高寒藏族聚居区孕育了广大天然的森林、草场、山谷等多样化生态系统，较内地地区，是不可多见的自然资源。当地政府以生态补偿扶贫"筑底子"，如甘孜州以"一卡通"形式及时发放集体林生态效益补偿、禁牧补助、草畜平衡奖励补偿资金。实施集体公益林生态效益补偿面积1923.47万亩，兑现补偿资金28371万元；开展实施草原禁牧补助4500万亩，兑现草原生态保护补助奖励等政策性资金53657万元；兑现退耕还林补助资金3978万元；通过兑现新一轮退耕还林政策补助和发展经济林木的方式，不断增加贫困群众收入。以生态就业扶贫"挣票子"。实施天保工程、造林绿化建设中优先聘用贫困人口劳动力，努力增加贫困群众劳务收入。全州共选聘生态护林员9754名，补助资金5599万元，年人均可增收5740余元。以生态产业扶贫"稳增收"。加快推进脱贫奔康百公里绿色生态产业发展示范带建设及"两个百万亩"特色林业产业基地及造林专业合作社建立。甘孜州18个县(市)和4个森工企业在84个乡镇建立脱贫攻坚造林合作社93个，社员人数4639人(其中，贫困人口3901人)，共承接造林任务超过14万亩，获得劳务收入4014万元，建档立卡贫困户人均增收6170元。

(3)"协作帮扶"优势。高寒藏族聚居区各深度贫困县深化东西扶贫协作和省内对口帮扶，主动加强与帮扶省市对接。以甘孜州为例，2019年广东省对口支援协议项目达49个，总协议资金16471万元，到位资金16471万元。扎实推动省内对口支援帮扶，成都市所属15个县区和宜宾市、泸州市对口帮扶甘孜州18个县(市)，支援项目达426个，总协议资金60212.41万元，到位资金51612.25万元。广泛动员社会力量参与帮扶。高寒藏族聚居区各县市做好4个中央国家机关(央企)、53个省直部门(单位)定点扶贫工作，充分发挥工商联、群众团体、高等院校、科研院所在脱贫攻坚中的作用；鼓励引导各类非公有制企业、社会组织、个人自愿采取定向或包干等方式，积极参与脱贫攻坚；仅2018年"扶贫日"共募捐资金1963万元，由此构建全党动员、全社会参与的大扶贫工作格局。充分激发贫困群众内生动力。深入实施"润育工程",大力开展"感党恩、爱祖国、守法制、奔小康"主题教育,办好农民夜校,引导贫困群众学文化、学政策、学法律、学技术,让群众明白"惠从何来、恩向谁报"。实施新型农牧民培育行动,提升农牧民群众就业技能、文化素养和产业技能。树推一批群众身边的"脱贫标兵""致富能手""致富带头人"和"乡村好人""新乡贤"等,让群众学有典范、做有标尺。

2. 大小凉山彝族聚居区资源条件分析

凉山彝族自治州位于中国东部稳定区和西部活动区的结合部,地质构造复杂,地貌多样。特殊的地形,使得交通等基础设施建设困难,而凉山州脱贫资源优势体现为如下几点。

(1)清洁资源优势。凉山州境内江河纵横,水能可开发量达6387万千瓦,占全国的15%、占四川省的57%,堪称世界"水电王国",是国家"西电东送"的重要基地和骨干电源点,国家在"三江"(金沙江、雅砻江、大渡河)干流上规划的14座大型电站中,凉山境内有溪洛渡水电站(1260万千瓦)、白鹤滩水电站(1305万千瓦)、乌东德水电站(780万千瓦)、锦屏一级和二级水电站(800万千瓦)、官地水电站(200万千瓦)、瀑布沟水电站(330万千瓦)等12座。除国家规划开发的大型水电站外,凉山州中小流域水电理论蕴藏量约1478万千瓦,其中在建中小电站装机327万千瓦地方中小河流域水电开发加快推进[35]。同时,近年来凉山州的独特地理位置与纬度位置,使得其发展有特色广泛的风电、光伏产业。截至2019年,凉山州已建成水电站2608.3万千瓦,已建成风电场207.3万千瓦、光伏电站87.15万千瓦、垃圾发电项目1.2万千瓦;在建风电场182.6万千瓦、光伏电站4.2万千瓦;正在开展前期工作的新能源储备项目装机超过1500万千瓦。凉山州风电、光伏项目建成规模、待开发的储备项目规模均居全省首位。以凉山州德昌县为例,从建风电场到建设凉山风电装备制造示范基地,围绕风电开发一条清晰的产业链已经在德昌成型。东方风电入驻德昌后,填补了凉山州装备制造业的空白,同时带动了相关企业落户德昌,德昌风电装备制造产业园已经成为西南地区风电产业链相对完整的园区。在国家级贫困县盐源,光伏、风电等新能源产业已成了新的经济增长点。其在10个乡镇共15个场址加快建设光伏电站,总装机容量117万千瓦。2016年,盐源县光伏项目建成投产30万千瓦,居四川省首位。盐源县光伏电站成为全国较大的山地并网光伏电站基地。以"十二五"期间为例,凉山州水电装机从446.5万千瓦增长到2526.0万千瓦,五年增长465.73%,年均增长93.15%;新能源从无到有,2015年装机达到113.3万千瓦,占四川省同期装机容量的85.83%,成为全省新能源开发建设的主战场;"十二五"期间清洁能源年均投资300亿元左右,均占当年凉山州固定资产投资总额的1/3以上,有力地支撑了凉山州经济快速发展。2016~2018年,清洁能源税收年均40亿元左右,约占凉山州总税收的30%,且清洁能源税收和占比都呈逐年上升趋势。

(2)林业资源优势。凉山州拥有林地6200万亩,森林覆盖率45.5%,活立木总蓄积量3.33亿立方米。仅木里县的森林蓄积量就占全省总量的10%、全国的1%,所以大小凉山是长江上游重要的生态屏障,生态区位十分重要。凉山州曾经有11个深度贫困县,贫困村、贫困户口80%分布在边远山区和林区,对于深度贫困地区和贫困群众来说,脱贫潜力在山,致富希望在林。凉山州各级林业部门以深度贫困地区为主攻方向,新增脱贫攻坚资金、项目、举措主要集中在深度贫困地区，林业惠民项目重点向深度贫困地区倾斜，立足森林资源和林业优势，采取多项措施助力脱贫攻坚工作。首先是编制生态产业扶贫实施方案。2018年，由凉山州林业局牵头，组织农牧、水务、扶贫等相关部门编制《生态产业扶贫实施方案》，科学谋划了生态产业助力脱贫攻坚的目标、措施和重点工作，明确加大贫困地区生态保护修复力度、建立健全生态补偿机制、创新生态建设和生态资金使用方式、发展林业生态产业，作为凉山州生态扶贫工作的着力点和落脚点。其次是抓好绿化造林夯实生态扶贫的基础。造林绿化是实现生态美、百姓富的基础，2018年凉山州完成营造林205万亩、义务植树造林1000万株，实施新一轮退耕还林16.47万亩，兑现上一轮退耕还林补助11446.44万元，惠及农户10.98万户；兑现新一轮退耕还林补助资金14500万元。管护国有林3385.07万亩，兑现集体公益林1379.07万亩生态补偿金20341.28万元，实现绿化造林与助农增收共赢。再次是选聘生态护林员助力精准脱贫。为促进林区贫困人口就地增收就业，主动将公益林护林员选聘对象优先落实给贫困户，在建档立卡贫困户中将有劳动能力的贫困人口选聘为护林员，在贫困户中聘请生态护林员12013人，并支付护林员工资8122万元，实现了生态保护与脱贫攻坚相结合。凉山州进一步发展"1+X"林业生态产业。大力发展以核桃等为主，其他特色经济林为补充的"1+X"林业生态产业。2018年新建核桃标准化示范基地8.08万亩、青花椒基地24.67万亩、红花椒基地32.69万亩、华山松基地27.20万亩、油橄榄基地3.92万亩。截至2018年，凉山州"1+X"林业生态产业基地面积累计2267.68万亩，覆盖贫困村1033个，涉及贫困户57239户，涉及贫困人口261405人。积极支持发展林下养殖、林药、林菌等经济模式，着力打造现代林业产业示范基地和园区，带动贫困户脱贫致富奔小康。最后是创新扶贫利益联结机制。针对深度贫困地区，凉山州林业局以提升林业可持续精准脱贫能力为核心，以推广"生态脱贫""产业脱贫"中心，以创新贫困户利益联结机制为重点，以推进科技服务、金融服务为支撑，大力推进生态保护脱贫、特色产业脱贫，不断提高林业精准扶贫精准脱贫成效，积极探索生态脱贫新路子。积极探索建立林业企业与带动建档立卡贫困户增收脱贫的利益联结机制，提高林业企业参与扶贫工作的积极性，采取"公司+基地+贫困户""企业+基地+合作社+贫困户"的发展模式，发展林业产业、林下经济，大力扶持培育家庭林场、林业专业合作社和龙头企业等新型林业经营主体，贫困村、贫困户以林地、土地流转入股，进入企业、基地投工投劳等形式，结成林业扶贫利益联结机制，让贫困人口从森林资源保护和生态建设中得到更多实惠，拓宽致富渠道。为了进一步保护凉山州林业资源，减少林木砍伐，以其他可再生能源替代木材燃烧消耗。2018年，凉山州建成了农村户用沼气5220口，新村集中供气11处，并大力发展"猪—沼—果(菜、茶)"的庭院经济模式，每年可产沼气达243万立方米，所开发和节约的能源折算标煤1.89万吨，为农户减少燃料支出249万元，减少农药和化肥支出65.98万元。为此，凉山州把农村沼气纳入"为民办10件实事"内容，结合改水、改厨、改厕、改圈，在改善村容村貌的同时，贫困村卫生条件进一步改善，贫困农户增收能力进一步增强，贫困地区环境保护进一步提高，大力助推了省级"四好村"的创建[36]。

(3)矿产资源优势。凉山州是我国著名的矿产资源富集区，以采选延压为主的资源型经济曾是凉山工业经济的主要构成。凉山地处攀西裂谷成矿带，矿产资源丰富且具有品位高、埋藏浅、易开采、综合利用价值高等优点，是建设综合性、集团性大型钢铁、有色金属、稀土、贵重金属等原材料基地的最佳地区。现已探明矿种82种，有相当储量的达59种，大型、特大型砂床30处，中型63处。其中，钒钛磁铁矿探明储量13.73亿吨，富铁矿保有储量4985.80万吨，铜矿保有金属量135.17万吨，铅矿保有金属量78.85万吨，锌矿保有金属量267.04万吨，锡矿金属储量4万吨，轻稀土保有稀土氧化物总量103.06万吨。此外，岩盐、磷、煤、石灰岩、白云岩、铝土、硅石、金属镁等矿产也具有相当储量。凉山州通过高质量的矿产开发带动脱贫攻坚与乡村振兴事业，提振财政实力。首先，强化矿产资源要素保障，"十三五"期间，获得四川省财政投资2300余万元，新增磷资源量9074.7万吨、石墨资源量25.1万吨，预期探获石墨资源量89万吨、稀土资源量5万吨；争取部、省支持，新增稀土开采指标5000吨，稀土开采总量控制指标(稀土氧化物)达到4.3万吨，保障了凉山州稀土下游产业链发展的资源需求。其次，优化行政审批效率。为进一步提升矿业权登记效率，规范矿业权登记工作，凉山州及时研究确定了职责明确、流程清晰、高效优质的矿业权登记工作机制，矿业权审查审批提速增效，全面为矿业权人和矿山企业做好服务，全年累计办理矿业权初审和审批登记243宗，无一宗超时办结情况发生。再次，构建矿业秩序新环境。持续深入开展矿业秩序整顿工作，坚持保护与开发并举、整治与整合并重、监管与保障并行的原则，以安全监管和维护矿业秩序为目标，开展了系列矿产资源专项整治行动。据统计，2020年凉山全州累计组织137个(次)检查组对834家(次)企业进行检查，行政处罚违法矿山企业8家，责令停产整顿15家，关闭取缔10家。最后，全力保障重点建设项目实施。为保障凉山州内高速、高铁、脱贫攻坚等重大建设项目对砂石土矿的需求，结合凉山实际，修订了凉山州矿产资源出让收益基准价，坚持市场化配置资源，2020年凉山州累计招拍挂出让砂石土矿类矿业权14个。为更好地将凉山资源优势转化为经济优势，凉山州通过上报完成9个县市第三轮矿产资源规划调整方案、到经验丰富市州考察学习、稳步推进第四轮矿产资源规划编制、制定矿业权出让实施细则等工作，继续推出一批石灰岩、玄武岩矿业权，全力服务凉山重大项目建设，推进凉山州矿业经济持续高质量发展。

3. 秦巴山区资源条件分析

秦巴山区的优势主要是"中药资源"优势。秦巴山区地处我国东部向西部和南部向北部的过渡地带，为南北气候的自然分界线，总面积8.29万平方公里。境内山峦起伏，地貌复杂，气象万千，物种交汇。由于多样性的地质地貌，形成了各种各样的中小气候条件。从山下到山上具有北亚热带、暖温带、温带、高山苔藓和雪山冰冻等气候类型。加上雨量充沛、无霜期长，有利于动植物的生长繁衍，自然资源极其丰富。中医中药是国宝，为我国宝贵的文化经济遗产，对中华民族的繁衍昌盛，有过不可磨灭的贡献。中药是我国的优势产品，其以独特的疗效，日益为世界所重视，在国际上享有很高的盛誉。随着中药产业的发展，国外也掀起了"中草药热"，出口量日益增多，对我国外贸出口创汇和国家建设起了重大作用[37]。中药材资源是秦巴山区的一大优势，其中65%分布于陕南的秦岭和巴山山区，这里也被称为"药材摇篮"。秦巴山区为中药材种类和产量最多的地区，品种多、分布广、贮量大，共有药用动、植、矿物药材1235种，为古今中外医药学界所重视。现在全国常用的500多种药材，秦巴山区出产的就达333种，其中植物药材266种、动物药材55种、矿物药材12种，占全国常用药材品种的60%以上。全国列为国家名贵中药材的有34种，秦巴山区就占15种；国家列入管理的中药材30种，秦巴山区占21种。在当地山民中流传着这样一首歌谣："秦巴山，遍地宝，有病不用愁，上山扯把草"。这里产的麝香、杜仲、天麻、五倍子、黄姜子、山茱萸、金银花、党参、当归、黄芪、黄连、细辛、猪苓、蛹虫草、枳壳、鳖甲、蛇等，都是比较名贵或紧缺的地道药材，在国内外市场享有盛誉。因此，也有"药材宝库"之称。秦巴山区药材多，质量好，是因为这里有得天独厚的自然地理和气候条件，至今这里还生存着世界其他地方早已灭绝的珍贵动植物。秦巴山区有20多种药材名扬中外，如秦党、八仙党、秦归、金银花、秦巴杜仲、黄连、连翘、天麻、黄芪、五倍子、太白参、太白贝母、枳壳、山茱萸、麝香，不仅是历代皇室的"贡品"和药商的当家品种，也是国际市场上的热门货。秦巴黄连含黄连素7%以上，有"秦巴黄连贵如金"之说；秦巴天麻个头圆，半透明，分量重，被列为上品；秦巴山区产的薯蓣，皂素含量高，比其他地区产的皂素含量高一倍以上；杜仲、麝香、五倍子等药材，不仅质优，产量也居全国之首；秦巴当归头大、枝少、光滑、气味香醇、个头整齐，国内外市场称为"秦归"。秦党、秦巴杜仲、秦巴蛹虫草、秦艽、秦皮等都因品质优良、药效成分含量高，被前人在药名前冠以"秦"字或"秦巴"二字，以示佳品和地道药材。

以秦巴山区的巴中市为例。巴中是历史上有名的秦巴药材产区，培植生长的药材药效高，药用价值大，多家本土企业培育实践的结果是，不少名贵中药材适合在巴中"安家"。近年来，市场嗅觉灵敏、极具商业头脑的外地老板纷纷前来巴中"淘金"，并专门建立了中药材种植基地。"巴药"作为巴中市四大重点成长型支柱产业之一，按照市委、市政府提出的由点到面、点面结合、示范带动、连片发展思路，内部潜力亟待挖掘，外部市场需求旺盛。南江县获得"中国金银花之乡"称号，通江县获得"中国银耳之乡"称号；通江银耳、巴中川明参等被国家质检总局评定为地理标志保护产品，这些种植历史悠久的巴中道地药材资源优势，正逐渐与市场需求相融合，如今，巴中道地药材产业正迈向富民强市之路，即将迎来一个崭新的春天。全市现有中药材重点基地(乡镇)47个、1000亩以上套种连片基地69个。其中，木本药材种植面积20.2万亩，草本(菌类)药材种植面积49.8万亩，有药用动物养殖基地10个，年均产量14万吨。2015年，四川省食品药品监管局将巴中市列为"川产道地药材全产业链管理规范及质量标准提升工程示范基地"共建单位。截至2019年，全市发展中药材产地初加工工厂20余家，引进国药天江、普瑞制药等中医药精深加工企业5家(中成药化学药制剂、配方颗粒生产企业各1家，中药饮片生产企业3家)，拥有药品品种79个，批准文号107个，投产解毒降脂片、保心宁片等产品8个，衍生银耳面膜、黄芪饮料等多种产品，中医药生产领域产值达到10亿元以上。同时全市建成乡镇中药材购销网点100个，发展药品批发公司35家，药品零售连锁公司16家，药品零售连锁门店1960余家，医疗器械专兼营企业91家，医药流通消费领域年产值达20亿元；全国中药材仓储物流基地落户巴州区，现代中医药产业购销网络日趋健全。有公立中医医院4家、社会办中医(专科)医院6家，中医类医疗卫生机构中医药从业人员总数6389人。乡镇卫生院和社区卫生服务中心均设置中医科、中药房，配有中医药专业技术人员和多种中医诊疗设备。随着支付方式改革持续深化，中西药结合同病同价病种不断扩展，2019年全市基层中医药服务率达84.12%。

《巴中市中医药产业发展规划（2020—2030年）》提出，巴中市将建成省级及以上中医药种植养殖示范基地、西部中医药大健康产业新兴基地、国家级中医药文旅康养基地、健康中医药（医疗）服务体系。到2020年底，全市发展道地药材76万亩，中医药产业总产值达到65亿元。到2025年，实现中医药产业基础设施完善，创新能力增强，产业结构优化，产品优势明显，新兴业态繁荣，全产业链经济总产值达到150亿元。到2030年，全市形成区域布局合理、产品特色鲜明、流通市场畅通、文旅康养繁荣的产业体系，实现综合产值300亿元，成为全省中医药经济强市。

4. 乌蒙山区资源条件分析

乌蒙山区独特的纬度位置与自然环境，造就了本地区土地中硒含量极为丰富，由此可以推广种植大规模的特色富硒农产品。以四川宜宾市为例，2013年以来，中国地质调查局和四川省国土资源厅（现自然资源厅）联合部署开展了宜宾市土地质量地球化学调查和农业地质调查评价工作，由四川省地质调查院承担，历时5年，系统获得了宜宾土地表层和深层土壤中镉、硒等54项元素和指标的国土资源高密度基础数据及其他农业地质调查数据，并已通过中国地质调查局最终审查验收。调查结果为宜宾富硒农产品开发提供了科学依据[38]，富硒土地主要分布在筠连县、珙县、长宁县南部、兴文县和屏山县，其中富硒农用地（水田、旱地、园地）面积1948平方千米。

2020年5月29日，宜宾市首个富硒农产品地方标准——《富硒农产品硒含量要求》正式发布，内容包括富硒农产品的范围、规范性引用文件、术语与定义、富硒农产品含量要求、检验方法等7个方面，规定了粮食类、蔬菜类及油料类等10类富硒农产品的硒含量，基本涵盖了宜宾富硒农产品的主要品种。

以宜宾屏山县为例，该县拥有优异的自然富硒，土壤硒含量适中，既可补充人体所需，又不会导致过量，粮油、茶叶、蔬菜、水果、畜禽和水产等诸多农产品都不同程度富硒。宜宾市屏山县按照"政府指导、市场引导、科技支撑、农旅结合、产业发展"的思路，通过招商引资促进富硒产业发展。2015年，引进天津一家公司，在龙溪乡和锦屏镇流转土地800余亩，与300多家农户建立了合作关系。当年试种富硒稻245亩，产富硒大米9.8万公斤。该县产的富硒大米售价60元/斤（1斤=0.5公斤），农户每亩增收1296元。2016年引进了米奇集团，总投资3亿元的特色农产品（食品）精深加工项目正在抓紧进行。此外，屏山县正在开发富硒金江"不知火"、佛缘富硒大米、富硒高山生态蔬菜项目等。同时，采取"互联网加+农村"的模式，把富硒农产品企业、专合社、农户、电商企业、个体微商、物流企业等进行整合，让富硒产品走出大山，走向全国[39]。到2020年，屏山县已建成富硒茶叶基地18万亩，产量1.35万吨，产值40亿元；富硒白魔芋10万亩，产量4万吨，产值5亿元；休闲观光旅游产业产值2亿元；打造宜宾茶园休闲观光旅游示范县和西部生态富硒茶产业化发展示范县，让3万余人实现脱贫奔康。

2.2 集中连片特困地区扶贫保障支撑机制分析

2.2.1 基础设施建设支撑机制分析

2015年中共中央、国务院颁布的《决定》指出,加强贫困地区基础设施建设,加快破除发展瓶颈制约。贫困地区要加快交通、水利、电力建设,推动国家铁路网、国家高速公路网连接贫困地区的重大交通项目建设,提高国道省道技术标准,构建贫困地区外通内联的交通运输通道。大幅度增加中央投资投入中西部地区和贫困地区的铁路、公路建设,继续实施车购税对农村公路建设的专项转移政策,提高贫困地区农村公路建设补助标准,加快完成具备条件的乡镇和建制村通硬化路的建设任务,加强农村公路安全防护和危桥改造,推动一定人口规模的自然村通公路。加强贫困地区重大水利工程、病险水库水闸除险加固、灌区续建配套与节水改造等水利项目建设。实施农村饮水安全巩固提升工程,全面解决贫困人口饮水安全问题。小型农田水利、"五小水利"工程等建设向贫困村倾斜。对贫困地区农村公益性基础设施管理养护给予支持。加大对贫困地区抗旱水源建设、中小河流治理、水土流失综合治理力度。加强山洪和地质灾害防治体系建设。大力扶持贫困地区农村水电开发。加强贫困地区农村气象为农服务体系和灾害防御体系建设。加快推进贫困地区农网改造升级,全面提升农网供电能力和供电质量,制定贫困村通动力电规划,提升贫困地区电力普遍服务水平。增加贫困地区年度发电指标。提高贫困地区水电工程留存电量比例。加快推进光伏扶贫工程,支持光伏发电设施接入电网运行,发展光伏农业。加大"互联网+"扶贫力度。完善电信普遍服务补偿机制,加快推进宽带网络覆盖贫困村。实施电商扶贫工程。加快贫困地区物流配送体系建设,支持邮政、供销合作等系统在贫困乡村建立服务网点。支持电商企业拓展农村业务,加强贫困地区农产品网上销售平台建设。加强贫困地区农村电商人才培训。对贫困家庭开设网店给予网络资费补助、小额信贷等支持。开展互联网为农便民服务,提升贫困地区农村互联网金融服务水平,扩大信息进村入户覆盖面。加快农村危房改造和人居环境整治。加快推进贫困地区农村危房改造,统筹开展农房抗震改造,把建档立卡贫困户放在优先位置,提高补助标准,探索采用贷款贴息、建设集体公租房等多种方式,切实保障贫困户基本住房安全。加大贫困村生活垃圾处理、污水治理、改厕和村庄绿化美化力度。加大贫困地区传统村落保护力度。继续推进贫困地区农村环境连片整治。加大贫困地区以工代赈投入力度,支持农村山水田林路建设和小流域综合治理。财政支持的微小型建设项目,涉及贫困村的,允许按照一事一议方式直接委托村级组织自建自管。以整村推进为平台,加快改善贫困村生产生活条件,扎实推进美丽宜居乡村建设。重点支持革命老区、民族地区、边疆地区、连片特困地区脱贫攻坚。出台加大脱贫攻坚力度支持革命老区开发建设指导意见,加快实施重点贫困革命老区振兴发展规划,扩大革命老区财政转移支付规模。加快推进民族地区重大基础设施项目和民生工程建设,实施少数民族特困地区和特困群体综合扶贫工程,出台少数民族整体脱贫的特殊政策措施。改善边疆民族地区义务教育阶段基本办学条件,建立健全双语教学体系,加大教育对口支援力度,积极发展符合民族地区实际的职业教育,加强民族地区师资培训。加强少数民族特色村镇保护与发展。大力推进兴边富民行动，加大边境地区转移支付力度，完善边民补贴机制，充分考虑边境地区特殊需要，集中改善边民生产生活条件，扶持发展边境贸易和特色经济，使边民能够安心生产生活、安心守边固边。完善片区联系协调机制，加快实施集中连片特殊困难地区区域发展与脱贫攻坚规划。加大中央投入力度，采取特殊扶持政策，推进西藏、四省藏族聚居区和新疆南疆四地州脱贫攻坚。

2021年中共中央、国务院颁布的《意见》指出，加强乡村公共基础设施建设，继续把公共基础设施建设的重点放在农村，着力推进往村覆盖、往户延伸。实施农村道路畅通工程。有序实施较大人口规模自然村(组)通硬化路。加强农村资源路、产业路、旅游路和村内主干道建设。推进农村公路建设项目更多向进村入户倾斜。继续通过中央车购税补助地方资金、成品油税费改革转移支付、地方政府债券等渠道，按规定支持农村道路发展。继续开展"四好农村路"示范创建。全面实施路长制。开展城乡交通一体化示范创建工作。加强农村道路桥梁安全隐患排查，落实管养主体责任。强化农村道路交通安全监管。实施农村供水保障工程。加强中小型水库等稳定水源工程建设和水源保护，实施规模化供水工程建设和小型工程标准化改造，有条件的地区推进城乡供水一体化，到2025年农村自来水普及率达到88%。完善农村水价水费形成机制和工程长效运营机制。实施乡村清洁能源建设工程。加大农村电网建设力度，全面巩固提升农村电力保障水平。推进燃气下乡，支持建设安全可靠的乡村储气罐站和微管网供气系统。发展农村生物质能源。加强煤炭清洁化利用。实施数字乡村建设发展工程。推动农村千兆光网、第五代移动通信(5G)、移动物联网与城市同步规划建设。完善电信普遍服务补偿机制，支持农村及偏远地区信息通信基础设施建设。加快建设农业农村遥感卫星等天基设施。发展智慧农业，建立农业农村大数据体系，推动新一代信息技术与农业生产经营深度融合。完善农业气象综合监测网络，提升农业气象灾害防范能力。加强乡村公共服务、社会治理等数字化智能化建设。实施村级综合服务设施提升工程。加强村级客运站点、文化体育、公共照明等服务设施建设。

"十三五"期间，四川省136万人实现易地扶贫搬迁，完成农村危房改造62万户，354万脱贫群众住上通电通水、安全敞亮的"安心房"，309万贫困群众喝上"放心水"，510万贫困人口供电质量不达标问题得到解决，实现贫困村光纤、4G网络通达率"双百"。交通方面，党的十八大以来，四川积极落实交通扶贫规划，新改建农村公路11.8万公里，新增346个乡镇和1.65万个建制村通硬化路，实现"乡乡通油路、村村通硬化路"，让老百姓在家门口就可以坐公交。近年，四川全面完成溜索改桥项目，溜索改桥77座，帮助十几万群众告别溜索出行历史。全省累计新增16个贫困县通高速，彻底结束"三州"州府不通高速公路历史。与此同时，一大批交通、通信等基础设施项目相继实施，即使在最偏远的乡村，群众也能接入网络、收发快递。

基础设施的重点建设任务要继续放在广大农村，不断优化和调整，继续推动实施农村硬化路、电力、通信网络、安全饮水等全覆盖，推动农村机耕道、旅游道、村内主干道建设，加强道路维修管护；加大农村电网改造力度，提高电力保障水平；将信息建设与农村电商、农业产业相结合，推动数字乡村建设；农村饮水始终做到安全稳定，水价水费定制标准合情合理，要控制在农村居民可承受范围；卫生室、文化室满足村民基本的医疗需要和精神需求，改善贫困地区居住环境。

2.2.2 社会保障支持机制分析

2015 年中共中央、国务院颁布的《决定》指出，开展医疗保险和医疗救助脱贫，实施健康扶贫工程，保障贫困人口享有基本医疗卫生服务，努力防止因病致贫、因病返贫。对贫困人口参加新型农村合作医疗个人缴费部分由财政给予补贴。新型农村合作医疗和大病保险制度对贫困人口实行政策倾斜，门诊统筹率先覆盖所有贫困地区，降低贫困人口大病费用实际支出，对新型农村合作医疗和大病保险支付后自负费用仍有困难的，加大医疗救助、临时救助、慈善救助等帮扶力度，将贫困人口全部纳入重特大疾病救助范围，使贫困人口大病医治得到有效保障。加大农村贫困残疾人康复服务和医疗救助力度，扩大纳入基本医疗保险范围的残疾人医疗康复项目。建立贫困人口健康卡。对贫困人口大病实行分类救治和先诊疗后付费的结算机制。建立全国三级医院(含军队和武警部队医院)与连片特困地区县和国家扶贫开发工作重点县县级医院稳定持续的一对一帮扶关系。完成贫困地区县乡村三级医疗卫生服务网络标准化建设，积极促进远程医疗诊治和保健咨询服务向贫困地区延伸。为贫困地区县乡医疗卫生机构订单定向免费培养医学类本专科学生，支持贫困地区实施全科医生和专科医生特设岗位计划，制定符合基层实际的人才招聘引进办法。支持和引导符合条件的贫困地区乡村医生按规定参加城镇职工基本养老保险。采取针对性措施，加强贫困地区传染病、地方病、慢性病等防治工作[40]。全面实施贫困地区儿童营养改善、新生儿疾病免费筛查、妇女"两癌"免费筛查、孕前优生健康免费检查等重大公共卫生项目。加强贫困地区计划生育服务管理工作。实行农村最低生活保障制度兜底脱贫。完善农村最低生活保障制度，对无法依靠产业扶持和就业帮助脱贫的家庭实行政策性保障兜底。加大农村低保省级统筹力度，低保标准较低的地区要逐步达到国家扶贫标准。尽快制定农村最低生活保障制度与扶贫开发政策有效衔接的实施方案。进一步加强农村低保申请家庭经济状况核查工作，将所有符合条件的贫困家庭纳入低保范围，做到应保尽保。加大临时救助制度在贫困地区落实力度。提高农村特困人员供养水平，改善供养条件。抓紧建立农村低保和扶贫开发的数据互通、资源共享信息平台，实现动态监测管理、工作机制有效衔接。加快完善城乡居民基本养老保险制度，适时提高基础养老金标准，引导农村贫困人口积极参保续保，逐步提高保障水平。有条件、有需求地区可以实施"以粮济贫"。健全留守儿童、留守妇女、留守老人和残疾人关爱服务体系。对农村"三留守"人员和残疾人进行全面摸底排查，建立翔实完备、动态更新的信息管理系统。加强儿童福利院、救助保护机构、特困人员供养机构、残疾人康复托养机构、社区儿童之家等服务设施和队伍建设，不断提高管理服务水平。建立家庭、学校、基层组织、政府和社会力量相衔接的留守儿童关爱服务网络。加强对未成年人的监护。健全孤儿、事实无人抚养儿童、低收入家庭重病重残等困境儿童的福利保障体系。健全发现报告、应急处置、帮扶干预机制，帮助特殊贫困家庭解决实际困难。加大贫困残疾人康复工程、特殊教育、技能培训、托养服务实施力度。针对残疾人的特殊困难，全面建立困难残疾人生活补贴和重度残疾人护理补贴制度。对低保家庭中的老年人、未成年人、重度残疾人等重点救助对象，提高救助水平，确保基本生活。引导和鼓励社会力量参与特殊群体关爱服务工作。

2017年，民政部、财政部、人力资源和社会保障部、国家卫生计生委、保监会、国务院扶贫办联合印发《关于进一步加强医疗救助与城乡居民大病保险有效衔接的通知》，强调做好资助困难群众参加基本医疗保险工作；拓展重特大疾病医疗救助对象范围；落实大病保险倾斜性支付政策；提高重特大疾病医疗救助水平；实行县级行政区域内困难群众住院先诊疗后付费；规范医疗费用结算程序；加强医疗保障信息共享；强化服务运行监管；做好绩效评价工作。2020年，民政部、国务院扶贫开发领导小组办公室印发《社会救助兜底脱贫行动方案》，强调健全完善监测预警机制；落实落细兜底保障政策；加强特殊困难群体关爱帮扶；加大对深度贫困地区倾斜支持力度。2021年中共中央、国务院颁布的《意见》指出，完善统一的城乡居民基本医疗保险制度，合理提高政府补助标准和个人缴费标准，健全重大疾病医疗保险和救助制度。落实城乡居民基本养老保险待遇确定和正常调整机制。推进城乡低保制度统筹发展，逐步提高特困人员供养服务质量。加强对农村留守儿童和妇女、老年人以及困境儿童的关爱服务。健全县乡村衔接的三级养老服务网络，推动村级幸福院、日间照料中心等养老服务设施建设，发展农村普惠型养老服务和互助性养老。推进农村公益性殡葬设施建设。推进城乡公共文化服务体系一体建设，创新实施文化惠民工程。

"十三五"期间四川全省根据国家关于社会保障的各项指示通知，深入实施健康扶贫，贫困人口全部纳入基本医保、大病保险、医疗救助制度覆盖范围。全省基本构建起县、乡、村三级医疗卫生服务体系，乡乡有卫生院、村村有卫生室，贫困患者县域政策范围内住院医疗费用个人支付占比控制在10%以内。持续对贫困人口进行免费健康体检；对建档立卡未标注脱贫的贫困人口等困难群体，由财政部门按标准代缴城乡居民基本养老保险的个人缴费部分；全省165万建档立卡贫困人口纳入农村低保兜底保障；2020年全省贫困家庭人均纯收入达9480元，是2013年底的3.46倍。涉藏乡村的包虫病检出率下降至0.02%，大骨节病连续8年没有新增病例。贫困人口因病致贫返贫得到有效遏制。

可见，构建多层次的社会保障体系是社会保障支持机制的重中之重。社会保障体系是现代国家社会稳定的利器，构建全面有效的社会保障系统，有利于优化社会服务质量，提升人民群众获得感。所以，要为缺乏劳动能力的农户提供低保等政策兜底，以保障其最基本的生活需求；要建立完善全覆盖的医疗保障体系，加大对重大疾病、慢性病和地方性病的救助，防止因病返贫情况发生。

2.2.3 财政补助帮扶机制分析

根据前述中央财政税收政策的分析可以看出，脱贫攻坚以来，中国坚持脱贫攻坚投入力度同打赢脱贫攻坚战要求相匹配，持续加大财政收入。2020年各级财政专项扶贫资金投入达3520亿元，中央财政专项扶贫资金达1465亿元。

四川省财政充分发挥职能作用，坚持集中财力办大事办要事，集中火力战脱贫，为全省脱贫攻坚提供了强有力的财政政策和资金支撑。2014~2020年，全省财政累计投入扶贫资金超过5500亿元，全力保障脱贫攻坚资金需求。创新构建财政脱贫攻坚"四梁八柱"政策体系，深入开展贫困县涉农资金统筹整合试点，累计整合财政涉农资金超过1200亿元投入脱贫攻坚；创新建立四项扶贫基金，累计规模达到 128 亿元。实施资产收益扶贫，拓宽贫困群众持续稳定增收渠道；构筑党政同责、预算管理、专库保障、统筹整合、项目管理、资金支付、监督检查七大长效机制，实施扶贫资金动态监控，探索"互联网+精准扶贫智能代理记账"模式，建立惠民惠农财政补贴资金社保卡"一卡通"发放机制，有效确保扶贫资金精准使用、精确"滴灌"[41]。财政补助帮扶机制主要体现为加强税收征管，依法组织收入；用好用足税收优惠政策，充分发挥税收杠杆作用，努力涵养税源，增强贫困地区造血功能；进一步鼓励金融企业加大涉农贷款、保险力度，为打赢脱贫攻坚战提供有力的金融支持；用好民族自治区域企业所得税地方减免政策，促进民族地区经济发展和社会稳定；根据扶贫商品增值税进项税额抵扣政策，大力扶持农产品加工企业发展壮大，帮助贫困地区特色、优势农产品打开销路、扩大市场；继续鼓励提升易地扶贫搬迁税收支持力度；对贫困地区农产品种养、物流、加工、销售实施全环节的税收支持。

2.2.4 政策支持机制分析

根据本章政策背景分析，从上到下，涵盖中央、国务院、各部委以及四川本省各项政策；按政策分类看，大体分为财税政策、金融政策、产业政策以及人才政策四个方面。从这四大政策层面可以看出，政府通过建立财政专项扶贫资金，支持贫困地区基础设施建设、推动涉农产业发展、激发贫困地区创业就业活力、推动普惠金融发展、促进"老少边穷"地区加快发展、鼓励扶贫捐赠 6 个方面，110 项税收优惠政策，支持深度贫困地区发展[42]；为到贫困地区投资的企业、个人提供投资补助政策；金融资金优先布局深度贫困地区，为贫困户提供小额信贷、到贫困地区发展的企业提供贷款等；支持贫困村编制村级土地利用规划，挖掘土地优化利用脱贫的潜力，财政金融政策作为先导力量，以雄厚资金作为基础，通过产业规划调整和产业政策的整体规划，科学布置产业园区建设，引进企业，提供土地等政策支持；推动贫困地区产业链的发展升级换代。最后通过人才政策，实施人才支持计划，扩大急需紧缺专业技术人才选派培养规模，贫困地区从大学生村官、"三支一扶"等人员中定向招录公务员，将贫困地区优秀村干部招录为乡镇公务员等。四大政策相辅相成，互通连贯，共同推进脱贫攻坚各项事业有序协调发展。

2.3 集中连片特困地区扶贫协同支持机制分析

2.3.1 省内对口帮扶机制分析

2012 年开始，四川就推出对口帮扶藏族聚居区政策。2016 年，四川将这一举措推广到全部藏族聚居区、彝族聚居区贫困县，即在原有对口援藏总体不变的基础上，确定一批经济基础较好、财政实力较强的县市区，开展省内对口支援藏族聚居区贫困县、扶贫协作彝族聚居区贫困县工作。根据对口帮扶方案，由 7 个地级市和 35 个县市区，结对帮扶藏族聚居区彝族聚居区 45 个贫困县市区。省内扶贫协作彝族聚居区贫困县的帮扶地，分别定点帮扶受扶地的 3～4 个极度贫困村。四川的目标是通过对口帮扶，双方共同努力，到

2020年助推受扶地45个贫困县、3993个贫困村、70.8万贫困人口全部摘帽退出。

四川省为使对口帮扶落到实处，着力进行了一系列制度性安排。四川要求对口支援藏族聚居区任务的县市区继续按上年地方公共财政预算收入的0.5%，以现金方式投入受扶地；新增帮扶按上年地方公共财政预算收入的0.3%以上，以现金方式投入受扶地。对口帮扶有效助力脱贫攻坚，仅2016年，四川就明确了援建项目540个，到位资金7.8亿元，各地选派的1300多位对口帮扶人员奋战在扶贫一线，充实到受扶地急需岗位[43]。2019年全省投入政府性帮扶资金13.02亿元、实施项目1252个。深化定点扶贫，24个中央在川定点扶贫单位年度直接投入和帮助引进资金共11.3亿元，选派挂职干部107人；省内379家定点扶贫单位年度直接投入和帮助引进资金共19.51亿元。可以总结出四川在省内对口帮扶机制上有以下5个特征。

(1)因地制宜。四川省在推进产业发展方面，结合受扶地产业发展需求，按照类型相似、产业相融的原则，优选确定企业、产业合作社参与帮扶。鼓励帮扶地企业与受扶地企业建立合作关系，帮助改善产品结构、培育地方品牌、提升竞争能力。鼓励帮受双方产业合作社跨地域、跨领域联建联合，推动产品共育、市场共享、渠道共联。深化受扶地企业、产业合作社与帮扶地物流公司、商场卖场的合作，布设农村电商服务站点，积极搭建帮受双方一体化产品展销平台。

(2)加强管理。四川省在加强智力支援方面，突出干部、管理人才、专业人才的教育培养，强化干部人才支撑。重点围绕加强受扶地单位的质量体系、管理体系、运行体系建设和推动各级班子能力提升，加强组织管理能力帮扶。在选派急需紧缺干部人才的同时，有序选派受扶地专业人才到帮扶地结对单位顶岗挂职、参加培训，培养本土专业骨干力量。激励帮扶地科技人才、青年大学生和草根能人到受扶地创新创业，鼓励科技人员到受扶地创办领办企业、培训产业技术骨干、提供技术咨询，引导人才向艰苦边远地区流动。

(3)社会协同。四川省在强化社会帮扶方面，鼓励引导和支持帮扶地民营企业、社会组织、个人积极参与受扶地脱贫攻坚。引导行业龙头企业对接受扶地企业需求提供市场咨询、人员培训、技术指导等支援服务，组织帮扶地企业积极参与"千企帮千村"结对帮扶行动。积极为社会组织开展帮扶工作提供信息服务、业务指导，鼓励其参与社会资源动员、配置和使用，组织引导社会组织助力脱贫攻坚。鼓励帮扶地公益组织、企业、个人到受扶地开展捐资助学、医疗救助、爱心捐赠、志愿服务等，畅通帮受双方各层面交流交融、互帮互助渠道。

(4)提振劳务。四川省在深化劳务协作方面，建立贫困人口劳务输出精准对接机制，实现人力资源开发与产业发展的有机结合、互动互促。共享就业扶持政策，搭建受扶地劳务信息平台，主动对接企业和社会力量开发一批岗位。共用就业培训资源，通过送教上门、订单培训等形式开展劳动力转移培训。共推农民工回乡创业，鼓励受扶地外出务工人员回乡自主创业，带动人员回流、产业回引。

(5)统筹建设。四川省在组织支部共建方面，重点推进组织联建，协同受扶单位抓好基层党建、脱贫攻坚、基础业务等工作。鼓励党员联帮，结对帮扶单位可根据实际需要组织党员结成互助对子。深化资源联用，引项目、育人才、教技术，发展壮大贫困村集体经济[44]。

2.3.2 企业帮扶机制分析

2014年，国务院办公厅颁布《关于进一步动员社会各方面力量参与扶贫开发的意见》（以下简称《意见》）。《意见》要求，大力倡导民营企业扶贫。鼓励民营企业积极承担社会责任，充分激发市场活力，发挥资金、技术、市场、管理等优势，通过资源开发、产业培育、市场开拓、村企共建等多种形式到贫困地区投资兴业、培训技能、吸纳就业、捐资助贫，参与扶贫开发，发挥辐射和带动作用。2015年中共中央、国务院颁布的《决定》中指出，健全社会力量参与机制，鼓励支持民营企业、社会组织、个人参与扶贫开发，实现社会帮扶资源和精准扶贫有效对接。引导社会扶贫重心下移，自愿包村包户，做到贫困户都有党员干部或爱心人士结对帮扶。吸纳农村贫困人口就业的企业，按规定享受税收优惠、职业培训补贴等就业支持政策。落实企业和个人公益扶贫捐赠所得税税前扣除政策。充分发挥各民主党派、无党派人士在人才和智力扶贫上的优势和作用。工商联系统组织民营企业开展"万企帮万村"精准扶贫行动。通过政府购买服务等方式，鼓励各类社会组织开展到村到户精准扶贫。完善扶贫龙头企业认定制度，增强企业辐射带动贫困户增收的能力。鼓励有条件的企业设立扶贫公益基金和开展扶贫公益信托。发挥好"10·17"国家扶贫日社会动员作用。实施扶贫志愿者行动计划和社会工作专业人才服务贫困地区计划。着力打造扶贫公益品牌，全面及时公开扶贫捐赠信息，提高社会扶贫公信力和美誉度。构建社会扶贫信息服务网络，探索发展公益众筹扶贫。2016年，全国工商联、国务院扶贫开发领导小组办公室、中国光彩会颁布《关于推进"万企帮万村"精准扶贫行动的实施意见》，提出开展产业扶贫，农业产业化企业要通过"公司+基地+专业合作社+农户"等方式，发展农产品加工业和特色种养殖业，带动贫困户通过利益联结机制实现股本增收。工业企业要合理开发贫困地区自然资源，赋予村集体股权，让贫困村、贫困户分享开发收益。商贸流通企业特别是电商企业要拓展农村业务，发挥"互联网+"优势，与邮政、供销合作等系统加强合作，帮助贫困村、贫困户对接市场，拓宽线上线下销售渠道。旅游业企业要依托当地特有的自然人文资源，帮助发展乡村旅游、红色旅游、生态旅游。开展就业扶贫。鼓励企业面向帮扶对象招收员工，加大岗前、岗中培训力度，提供劳动和社会保障，实现贫困户稳定就业增收。鼓励民营职业院校和职业技能培训机构招收贫困家庭子女，将企业扶贫与职业教育相结合，实现靠技能脱贫。充分利用基层劳动就业和社会保障平台，支持用人企业在贫困地区建立劳务培训基地，开展订单定向培训，拓展贫困户劳动力本地就业和外出务工空间。开展公益扶贫。鼓励企业采取直接捐赠、设立扶贫公益基金、开展扶贫公益信托或通过中国光彩基金会等公益组织开展扶贫。以援建村屯道桥、饮水工程、卫生设施、文化场所，配合推进危房改造、光伏扶贫等方式，帮助贫困村改善面貌。以高校学生、重病患者、留守儿童、空巢老人、残疾人为重点，对贫困户开展捐资助学、医疗救助、生活救助等公益扶贫活动。同年，国家旅游局办公室颁布《关于实施旅游万企万村帮扶专项行动的通知》（以下简称《通知》），《通知》强调，全国1万家规模较大的旅游景区、旅行社、旅游饭店、旅游车船公司、旅游规划设计单位、乡村旅游企业等旅游企业及旅游院校，对2.26万家乡村旅游扶贫重点村进行帮扶脱贫。采取安置就业、项目开发、输送客源、定点采购、指导培训等多种方式帮助乡村旅游扶贫重点村发展旅游[45],通过 5 年时间解决 100 万左右贫困人口的脱贫。结对帮扶,充分发挥大型旅游企业的组织优势和规模优势,强化示范带动,鼓励"飞马奖"获得者、中国旅游集团 20 强、百强旅游投资企业、百强旅行社等,在全国范围内选择帮扶对象,结对帮扶不少于 2 个乡村旅游扶贫重点村,帮扶时间与国家"十三五"脱贫攻坚规划同步实施。景区带村,充分发挥旅游景区对邻近贫困地区和交通沿线贫困村的辐射带动作用,位于乡村地区的 3A 级(含)以上旅游景区、国家级和省级旅游度假区、中国乡村旅游模范村、中国乡村旅游创客示范基地等,要实事求是地确定辐射带动的乡村旅游扶贫重点村数量。按照就地就近、共建共享的原则,采取安置就业、提供摊位、入股分红、土地流转等方式让贫困人口分享景区发展带来的收益。安置就业,旅游企业要优先招录乡村旅游扶贫工程重点村的建档立卡贫困户从事保安、保洁等工作。按照就近原则,鼓励每家五星级酒店、5A 级旅游景区、国家级旅游度假区、中国乡村旅游模范村解决 20 名以上贫困人口就业,四星级及四星级以下酒店、4A 级及 4A 级以下旅游景区、省级旅游度假区解决 5～20 名贫困人口就业,每家金牌农家乐解决 1～2 个贫困人口就业。项目开发,鼓励旅游企业根据自身发展方向和战略,加大对贫困地区旅游资源的投资开发投入,连片、集聚开发乡村旅游扶贫工程重点村及周边优质旅游资源,打造精品民宿、乡村酒店、乡村度假地、旅游景区、旅游度假区等旅游项目,通过项目开发和旅游发展带动贫困户人口脱贫[46]。输送客源,鼓励旅行社、在线旅游企业大力开发乡村旅游线路,合理串联贫困地区旅游产品,优先将乡村旅游扶贫工程重点村纳入线路。鼓励旅行社、在线旅游企业开发打造乡村旅游扶贫专线,并在价格方面给予优惠或补贴。定点采购,大力推进"农旅对接"。鼓励宾馆饭店与乡村旅游扶贫重点村的龙头企业、农业合作社、贫困户签订有机鲜活农产品定点采购协议[47]。科学指导贫困户调整种养殖业方向,围绕需求进行订单式农业种植生产,打造直供鲜活农产品生产基地。培训指导,旅游企业和旅游院校要发挥品牌优势和经验优势,加大对从事农家乐、观光采摘、农事体验等经营户的教育培训和开发指导。鼓励大型旅游企业、旅游规划设计单位、旅游院校采取灵活多样的形式开设乡村旅游开发专题培训班,组织贫困村旅游经营户学习考察发达地区旅游发展经验。宣传营销,在线旅游企业要合理利用自身平台开辟贫困地区旅游产品宣传专栏,宾馆饭店科学利用客房、大堂、过道等,加大对乡村旅游扶贫重点村和贫困地区旅游产品的宣传推介。鼓励旅游规划设计单位组织开展乡村旅游的专题会议和论坛,宣传贫困地区旅游资源和产品。2019 年,财政部、国家税务总局、国务院扶贫开发领导小组办公室颁布《关于企业扶贫捐赠所得税税前扣除政策的公告》(以下简称《公告》),《公告》强调,企业通过公益性社会组织或者县级(含县级)以上人民政府及其组成部门和直属机构,用于目标脱贫地区的扶贫捐赠支出,在年度利润总额 12%以内的部分,准予在计算纳税所得额时据实扣除。

四川省在企业帮扶上,走出了一条适合本省的新道路。在企业帮扶机制中,国企发挥着核心作用,2015~2020 年,四川 379 个省直部门(128 个党政军机关、124 所高校、44 家医院、61 户国企、22 个金融机构)定点扶贫成效和助力脱贫攻坚的奋斗历程。2015 年以来,四川分 3 批次动员组织 61 户国有企业定点帮扶全省"四大片区"65 个贫困县(占全省 88 个贫困县的 73.86%),累计派出 367 名干部驻县驻乡驻村,直接覆盖 209 个贫困村、5239户贫困人口。其中，56户国有企业对大小凉山彝族聚居区和高原藏族聚居区的45个深度贫困县实现全覆盖帮扶，凉山州7个2020年摘帽县都有不少于2户国有企业帮扶。根据四川省国资委统计，62户国企定点扶贫全省"四大片区"65个县，约占全省88个贫困县总数的75%；56户国有企业对大小凉山彝族聚居区和高原地区的45个深度贫困县实现全覆盖帮扶，有23户国有企业同时承担2~3个贫困县帮扶任务；累计投入各类帮扶资金52.5亿元，派出帮扶干部千余名。2020年，国有企业定点帮扶已有效助力58个县摘帽、165个贫困村退出和4.7万余名贫困人口脱贫。

自2018年开始，四川启动实施"两新联万村·党建助振兴"行动，在全省统筹组织非公企业和社会组织党组织与贫困村、幸福美丽新村党组织联系帮扶、结对共建，积极引导社会力量参与脱贫攻坚、助力乡村振兴。3年来，全省共有2万余个非公企业和社会组织党组织投身到行动中，通过1.1万余个帮扶项目的实施有效带动当地贫困群众增收致富。以四川省连片特困地区凉山彝族聚居区为例，2019年与凉山的65个合作项目，覆盖全州11个贫困县及安宁河流域的宁南县和会理县，共87个乡镇、130个村、10万余贫困人口，项目计划投资超过55亿元。在美姑县，四川省互联网行业党委派员带队，四川省生态旅游协会、四川省畜牧兽医学会、四川归国人士企业联合会等参加，重点开展种养殖技术培训、电商企业孵化等项目32个；在布拖县，四川省社会组织第一综合党委联合成都快手科技发展有限公司、四川省造价工程师协会等企业，重点开展电商业务技能培训、支持乡镇学校硬件建设等项目27个。四川两新组织找准发力点，大步前行，2020年的凉山行活动，共达成项目合作意向135个[48]。

2.3.3 社会扶贫机制分析

2014年，在国务院办公厅颁布《意见》中，要求积极引导社会组织扶贫，支持社会团体、基金会、民办非企业单位等各类组织积极从事扶贫开发事业。地方各级政府和有关部门要对社会组织开展扶贫活动提供信息服务、业务指导，鼓励其参与社会扶贫资源动员、配置和使用等环节，建设充满活力的社会组织参与扶贫机制。加强国际减贫交流合作。深化定点扶贫工作，承担定点扶贫任务的单位要发挥各自优势，多渠道筹措帮扶资源，创新帮扶形式，帮助协调解决定点扶贫地区经济社会发展中的突出问题，做到帮扶重心下移，措施到位有效，直接帮扶到县到村。定期选派优秀中青年干部挂职扶贫、驻村帮扶。定点扶贫单位负责同志要高度重视本单位定点扶贫工作，深入开展调研，加强对定点扶贫工作的组织领导。强化东西部扶贫协作，协作双方要强化协调联系机制，继续坚持开展市县结对、部门对口帮扶。注重发挥市场机制作用，按照优势互补、互利共赢、长期合作、共同发展的原则，通过政府引导、企业协作、社会帮扶、人才交流、职业培训等多种形式深化全方位扶贫协作，推动产业转型升级，促进贫困地区加快发展，带动贫困群众脱贫致富。协作双方建立定期联系机制，加大协作支持力度。加强东西部地区党政干部、专业技术人才双向挂职交流，引导人才向西部艰苦边远地区流动。各省(区、市)要根据实际情况，在本地区组织开展区域性结对帮扶工作[49]。2015年中共中央、国务院颁布的《决定》中指出，健全东西部扶贫协作机制。加大东西部扶贫协作力度，建立精准对接机制，使帮扶资金主要用于贫困村、贫困户。东部地区要根据财力增长情况,逐步增加对口帮扶财政投入,并列入年度预算。强化以企业合作为载体的扶贫协作,鼓励东西部按照当地主体功能定位共建产业园区,推动东部人才、资金、技术向贫困地区流动。启动实施经济强县(市)与国家扶贫开发工作重点县"携手奔小康"行动,东部各省(直辖市)在努力做好本区域内扶贫开发工作的同时,更多发挥县(市)作用,与扶贫协作省份的国家扶贫开发工作重点县开展结对帮扶。建立东西部扶贫协作考核评价机制。2016年,中共中央办公厅、国务院办公厅印发《关于进一步加强东西部扶贫协作工作的指导意见》指出,东西部扶贫协作和对口支援,是推动区域协调发展、协同发展、共同发展的大战略,是加强区域合作、优化产业布局、拓展对内对外开放新空间的大布局,是打赢脱贫攻坚战、实现先富帮后富、最终实现共同富裕目标的大举措。调整东西部扶贫协作结对关系,对原有结对关系进行适当调整,在完善省际结对关系的同时,实现对民族自治州和西部贫困程度深的市州全覆盖。调整后的东西部扶贫协作结对关系中:浙江省帮扶四川省;广东省帮扶四川省甘孜藏族自治州;佛山市帮扶四川省凉山彝族自治州[50]。2017年,民政部、财政部、国务院扶贫开发领导小组办公室颁布《关于支持社会工作专业力量参与脱贫攻坚的指导意见》指出,支持社会工作专业力量参与脱贫攻坚工作,要坚持党政引领、协同推进,将发展专业社会工作纳入当地党委政府关于脱贫攻坚的总体安排中,同其他扶贫工作一同部署、协同推进;坚持以人为本、精准服务,科学评估贫困群众服务需求,分类制定个性化扶贫方案,有效配置扶贫资源,灵活选择服务方式,开展有针对性的个案服务,助力精准扶贫、精准脱贫;坚持东西协作、广泛参与,充分发挥东部发达地区社会工作专业人才、资源优势,采取定点帮扶、对口支援、结对共建等方式帮助西部贫困地区发展壮大社会工作专业力量,开展专业社会工作服务;坚持群众主体、助人自助,发挥社会工作专业人才组织协调、资源链接、宣传倡导的优势,激发贫困群众的内生动力,帮助贫困群众建立健全社会支持系统,支持贫困群众提升自我脱贫、自我发展能力[51]。

四川省大力实施社会帮扶。通过"扶贫日"募集各类捐款,重点用于深度贫困县;通过深化定点扶贫,24家中央单位实施帮扶项目1426个,379个省直部门和单位实施帮扶项目8504个,其中不少都是产业扶贫项目。通过深化东西部扶贫协作,广东、浙江两省在四川实施帮扶项目2600余个,共建特色园区64个。在"十三五"期间,深化粤川合作,坚持"引进来"和"走出去"相结合,通过省级重大平台活动,签约来自广东省的项目1461个,合同金额1.33万亿元;四川赴粤开展投资促进活动近260场次,签约项目221个,合同金额2821亿元。在四川引进国内省外资金中,广东位列第2位,是最主要的投资来源地之一。东西部扶贫协作一直都有浙江努力的身影,自2016年脱贫攻坚战以来,浙江累计选派100名干部和3000多名专业技术人才赴四川挂职,累计实施帮扶项目1700多个、累计投入财政帮扶资金52.8亿元。在新一轮的浙川东西部协作中,浙江结对帮扶四川省68个县,超过全省183个县数的1/3,2018年新一轮东西部扶贫协作开展以来,浙江省结对帮扶四川省11个市(州)40个县(市、区)。如今,这40个贫困县(市、区)全部摘帽,3948个贫困村、196万贫困户顺利脱贫。

由此可以总结出社会扶贫机制,即一方面是中央国家机关加省直机关的定点扶贫精准用力,强调定点扶贫是我国扶贫事业中不可或缺的重要力量,是中国特色社会主义制度优势的重要体现;另一方面是东西协作对口帮扶巧妙借力,可以实现聚焦目标任务、问题导向,真帮实扶,落实硬性要求。

2.4 精准扶贫"识别、激励、退出"三步化工作机制分析

2.4.1 精准扶贫识别机制分析

2015 年中共中央、国务院颁布的《决定》中指出,健全精准扶贫工作机制,抓好精准识别、建档立卡这个关键环节,为打赢脱贫攻坚战打好基础,为推进城乡发展一体化、逐步实现基本公共服务均等化创造条件。按照扶持对象精准、项目安排精准、资金使用精准、措施到户精准、因村派人精准、脱贫成效精准的要求,使建档立卡贫困人口中有 5000 万人左右通过产业扶持、转移就业、易地搬迁、教育支持、医疗救助等措施实现脱贫,其余完全或部分丧失劳动能力的贫困人口实行社保政策兜底脱贫。对建档立卡贫困村、贫困户和贫困人口定期进行全面核查,建立精准扶贫台账,实行有进有出的动态管理。根据致贫原因和脱贫需求,对贫困人口实行分类扶持。建立贫困户脱贫认定机制,对已经脱贫的农户,在一定时期内让其继续享受扶贫相关政策,避免出现边脱贫、边返贫现象,切实做到应进则进、应扶则扶。抓紧制定严格、规范、透明的国家扶贫开发工作重点县退出标准、程序、核查办法。2016 年,在国务院颁布《关于进一步健全特困人员救助供养制度的意见》中指出,民政部门要切实履行主管部门职责,发挥好统筹协调作用,重点加强特困人员救助供养工作日常管理、能力建设,推动相关标准体系完善和信息化建设,实行特困人员"一人一档案",提升管理服务水平;加强对特困人员救助供养等社会救助工作的绩效评价,将结果送组织部门,作为对地方政府领导班子和有关领导干部综合考核评价的重要参考。同年,国务院颁布的《关于印发"十三五"脱贫攻坚规划的通知》要求,合理确定搬迁范围和对象,以扶贫开发建档立卡信息系统识别认定结果为依据,以生活在自然条件严酷、生存环境恶劣、发展条件严重欠缺等"一方水土养不起一方人"地区的农村建档立卡贫困人口为对象,以省级政府批准的年度搬迁进度安排为主要参考,确定易地扶贫搬迁人口总规模和年度搬迁任务。确保建档立卡贫困人口应搬尽搬。在充分尊重群众意愿基础上,加强宣传引导和组织动员,保障搬迁资金,确保符合条件的建档立卡贫困人口应搬尽搬,统筹规划同步搬迁人口。2018 年,中共中央、国务院颁布《关于打赢脱贫攻坚战三年行动的指导意见》指出,坚持精准扶贫精准脱贫基本方略,做到扶持对象精准、项目安排精准、资金使用精准、措施到户精准、因村派人(第一书记)精准、脱贫成效精准,因地制宜、从实际出发,解决好扶持谁、谁来扶、怎么扶、如何退的问题,做到扶真贫、真扶贫、脱真贫、真脱贫。

精准扶贫的识别机制,是开启精准扶贫各项工程的基础,通过回顾四川省 2015 年精准扶贫识别机制的产生,四川省全面完成建档立卡及"回头看"、数据核查等工作,全省于 2015 年底认定贫困户 122.3 万户、贫困人口 380 万人。分类核定"五个一批"贫困人口,其中扶持生产和就业发展一批共 239 万人,移民搬迁安置一批共 116 万人,低保政策兜底一批共 121 万人,医疗救助扶持一批共 161.9 万人,灾后重建帮扶一批共 2.9 万人。

精准扶贫识别机制的分析。首先是着眼全局统筹布局。在过去扶贫初始阶段各纲要的基础上，四川省委、省政府多次召开专题会议部署，鲜明提出"四个好"奋斗目标，颁布四川省扶贫条例，特别是四川省委全会专题研究，专门作出决定，完成了四川省新阶段脱贫攻坚的总体设计和制度安排。其次是四川分片区编制实施《区域发展与脱贫攻坚实施规划》，按照国家统一标准和程序，2013年开始，四川省共识别出贫困村11501个、贫困人口625万人，户建卡、村造册、乡立簿、县归档，建立起全国联网的贫困信息系统，为精准扶贫打下坚实基础。最后是因村因户分类施策，对有劳动能力、无劳动能力、生存条件恶劣等不同类型的贫困人口，制定实施差异化帮扶措施，并精准投放扶贫资源，将投入的中央和省级财政专项扶贫资金与行业项目资金，重点向贫困县、贫困村和贫困户进行精准投放。

2.4.2 精准扶贫激励机制分析

2018年，中共中央办公厅印发的《关于进一步激励广大干部新时代新担当新作为的意见》指出，各级党委（党组）要大力加强干部思想教育，引导和促进广大干部强化"四个意识"，坚定"四个自信"，切实增强政治担当、历史担当、责任担当，努力创造属于新时代的光辉业绩。要落实好干部标准，大力选拔敢于负责、勇于担当、善于作为、实绩突出的干部，鲜明树立重实干重实绩的用人导向。要完善干部考核评价机制，改进考核方式方法，充分发挥考核对干部的激励鞭策作用。要全面落实习近平总书记关于"三个区分开来"的重要要求，宽容干部在工作中特别是改革创新中的失误错误，旗帜鲜明为敢于担当的干部撑腰鼓劲。要围绕建设高素质专业化干部队伍，强化能力培训和实践锻炼，同时把关心关爱干部的各项措施落到实处。要大力宣传改革创新、干事创业的先进典型，激励广大干部见贤思齐、奋发有为，撸起袖子加油干，凝聚形成创新创业的强大合力[52]。

2018年中共中央、国务院颁布的《关于打赢脱贫攻坚战三年行动的指导意见》指出，坚持调动全社会扶贫积极性，充分发挥政府和社会两方面力量作用，强化政府责任，引导市场、社会协同发力，构建专项扶贫、行业扶贫、社会扶贫互为补充的大扶贫格局。

四川省根据中央、国务院相关通知指示，从群众、干部两个方面双向施力，共同推进扶贫激励机制。四川大力开展感恩奋进教育，办好4.6万个"农民夜校"，推广"星级激励""村民积分制"管理等模式，发挥村规民约、扶贫理事会、道德评议会等作用，有效激发贫困群众内生动力。通过以奖代补、先建后补、发放劳务、以工代赈等方式，建立起"早干早支持、多干多支持"激励机制；开展脱贫榜样等评比活动，全省900个集体、1400名个人为全省脱贫攻坚先进集体和先进个人表彰对象。

2.4.3 精准扶贫退出机制分析

2015年中共中央、国务院颁布的《决定》指出：抓紧制定严格、规范、透明的国家扶贫开发工作重点县退出标准、程序、核查办法。2016年，中共中央办公厅、国务院办公厅印发《关于建立贫困退出机制的意见》要求，按照党中央、国务院决策部署，深入实施精准扶贫、精准脱贫，以脱贫实效为依据，以群众认可为标准，建立严格、规范、透明的贫困退出机制,促进贫困人口、贫困村、贫困县在2020年以前有序退出,确保如期实现脱贫攻坚目标。强化监督检查,开展第三方评估,确保脱贫结果真实可信。在退出标准和程序上作出具体要求。

(1)贫困人口退出。贫困人口退出以户为单位,主要衡量标准是该户年人均纯收入稳定超过国家扶贫标准且吃穿不愁,义务教育、基本医疗、住房安全有保障。贫困户退出,由村"两委"组织民主评议后提出,经村"两委"和驻村工作队核实、拟退出贫困户认可,在村内公示无异议后,公告退出,并在建档立卡贫困人口中销号。

(2)贫困村退出。贫困村退出以贫困发生率为主要衡量标准,统筹考虑村内基础设施、基本公共服务、产业发展、集体经济收入等综合因素。原则上贫困村贫困发生率降至2%以下(西部地区降至3%以下),在乡镇内公示无异议后,公告退出。

(3)贫困县退出。贫困县包括国家扶贫开发工作重点县和集中连片特困地区县。贫困县退出以贫困发生率为主要衡量标准。原则上贫困县贫困发生率降至2%以下(西部地区降至3%以下),由县级扶贫开发领导小组提出退出,市级扶贫开发领导小组初审,省级扶贫开发领导小组核查,确定退出名单后向社会公示征求意见。公示无异议的,由各省(自治区、直辖市)扶贫开发领导小组审定后向国务院扶贫开发领导小组报告。

国务院扶贫开发领导小组组织中央和国家机关有关部门及相关力量对地方退出情况进行专项评估检查。对不符合条件或未完整履行退出程序的,责成相关地方进行核查处理。对符合退出条件的贫困县,由省级政府正式批准退出[53]。2018年中共中央、国务院颁布的《关于打赢脱贫攻坚战三年行动的指导意见》指出,健全贫困退出机制,严格执行贫困退出标准和程序,规范贫困县、贫困村、贫困人口退出组织实施工作。指导地方修订完善扶贫工作考核评估指标和贫困县验收指标,对超出"两不愁三保障"标准的指标,予以剔除或不作为硬性指标,取消行业部门与扶贫无关的搭车任务。改进贫困县退出专项评估检查,由各省(自治区、直辖市)统一组织,因地制宜制定符合贫困地区实际的检查方案,并对退出贫困县的质量负责。中央结合脱贫攻坚督查巡查工作,对贫困县退出进行抽查。脱贫攻坚期内扶贫政策保持稳定,贫困县、贫困村、贫困户退出后,相关政策保持一段时间。

2.5 外在力量和内生动力互动机制分析

2.5.1 扶贫开发问题梳理

扶贫开发工作开展以来,四川省通过找准自身地区发展定位,梳理自身地区发展状况以构建特色发展体系,积累了宝贵的经验。四川省通过归纳自身发展特点,结合不同地形地貌形态,从宏观分析到微观研究上找准主次矛盾,发现存在以下几个问题。

(1)扶贫激励机制不够全面科学。对于四川广大连片特困地区而言,扶贫条件、环境、自然状况不尽相同,而部分地区扶贫的激励机制如果完全照搬省、地市州一级的总体经验,无法体现本地区特有的人事管理状况,亟待进行科学规划调整。

(2) 贫困村内文化教育活动不够重视。四川广大的连片特困地区，针对脱贫问题，往往主要注重经济、产业、基础设施建设方面的问题，对于村民文化活动、教育思想开发宣导等工作较之于前面几项工作还比较缺乏，而且形式比较僵化固板，需要以喜闻乐见的形式强化贫困地区文化教育工作。

(3) 人才队伍建设需要紧跟时代。四川广大落后贫困地区对于人才队伍建设往往不够重视，忽视了对人才队伍的建设或者人才队伍建设同质化严重，没有根据自身实际情况对本地区人才进行科学有效的管理和培养。

2.5.2 扶贫开发可持续性发展——外在力量和内生动力互动机制分析

2015 年习近平总书记在河北省阜平县考察扶贫开发工作时指出："贫困地区发展要靠内生动力，如果凭空救济出一个新村，简单改变村容村貌，内在活力不行，劳动力不能回流，没有经济上的持续来源，这个地方下一步发展还是有问题。一个地方必须有产业，有劳动力，内外结合才能发展，最后还是要能养活自己啊！"[54]2018 年，国务院扶贫开发领导小组办公室、中央组织部、中央宣传部、中央文明办、国家发展改革委、公安部、司法部、财政部、水利部、农业农村部、文化和旅游部、国家卫生健康委、国家医疗保障局联合颁布的《关于开展扶贫扶志行动的意见》指出，以习近平新时代中国特色社会主义思想为指导，全面贯彻党的十九大和十九届二中、三中全会精神，深入贯彻党中央、国务院脱贫攻坚决策部署，坚持精准扶贫精准脱贫基本方略，坚持脱贫攻坚目标和现行扶贫标准，更加注重培育贫困群众主体意识，更加注重提高贫困群众脱贫能力，更加注重改进帮扶方式，更加注重营造健康文明新风，激发贫困群众立足自身实现脱贫的信心决心，形成有劳才有得、多劳多得的正向激励，树立勤劳致富、脱贫光荣的价值取向和政策导向，凝聚打赢脱贫攻坚战强大精神力量，切实增强贫困群众自我发展能力，确保实现贫困群众持续稳定脱贫[55]。严格落实"两不愁三保障"要求，做好教育扶贫、健康扶贫、易地扶贫搬迁、危房改造、饮水安全、保障性扶贫等工作，确保贫困人口不愁吃、不愁穿，保障贫困家庭孩子接受九年义务教育、贫困人口基本医疗需求和基本居住条件。要量力而行，既不降低标准、搞数字脱贫，也不擅自拔高标准、提不切实际的目标。加强对脱贫攻坚工作中出现的苗头性、倾向性问题个案指导，逐个研究解决。进一步规范贫困人口医疗保障工作，纠正个别贫困人口医疗保障工作中过度医疗、过高承诺、过度保障等问题。加大易地扶贫搬迁抽查暗访，加强超面积、超标准等问题整改。

四川省在构建外在力量和内生动力互动机制时，深刻强调内生动力的主观能动性作用。增强内生动力，是脱贫攻坚和乡村振兴事业的动力源泉，将有助于增强贫困群众立足自身实现脱贫的决心信心。[56]

四川扶贫不忘扶志，坚持内外共同驱动。2018 年四川省教育厅出台《四川省教育扶贫专项 2018 年实施方案责任分工》《四川省贫困家庭技能培训和就业促进扶贫专项 2018 年实施方案》《四川省文化惠民扶贫专项 2018 年实施方案》，通过扶贫与扶志、扶智有机结合，进一步激发群众脱贫奔康的内生动力。2018 年，对全省 88 个贫困县安排 3 亿元就业创业补助资金，并在此基础上，对 45 个深度贫困县每县再增加 100 万元就业创业补助资金，专项用于深度贫困县的技能培训和转移就业工作。教育扶贫覆盖 30 个计划摘帽县、100 万建档立卡贫困学生，45 个深度贫困县。四川不断加强寄宿制学校建设，2018 年新建、改扩建教学及辅助用房面积 140 万平方米，购置 5 亿元教学、生活设施设备，进一步改善贫困地区义务教育学校基本办学条件。帮助全省 161 个扶贫任务县的 100.62 万建档立卡贫困学生解决就学困难。

四川省一方面利用各级政府的扶贫保障支撑机制、协同支持机制、常态化的精准扶贫"识别、激励、退出"三步化工作机制等外在力量的作用；另一方面以土地资源为载体的"物化资本"和以人力资源为载体的"人化资本"两种形式的内生动力，协同推进扶贫事业的开展。外在力量和内生动力互动机制本质上是贫困人口参与机制，即提高贫困人口参与市场竞争的自觉意识和能力，推动扶贫开发模式由"输血"向"造血"转变，使得扶贫开发效果具有可持续性。

第3章 四川曾经的集中连片特困地区稳定脱贫模式创新实践体系研究

我国脱贫攻坚战取得了全面的胜利,曾经的集中连片特困地区实现由脱贫实践向乡村振兴过渡十分必要。本章通过回顾"三区"脱贫攻坚实践体系,总结三大区域脱贫模式,打造乡村振兴创新实践体系雏形。

3.1 以达州市达川区为例的秦巴山区稳定脱贫模式——丘陵山区模式

达川区是达州市建设四川东出北上综合交通枢纽和川渝陕结合部区域中心城市的核心区,素有"川东绣壤、秦巴明珠"之誉。辖区面积2245平方公里,辖26个乡镇,5个街道,总人口122万,曾是革命老区和全省88个贫困县之一,农村人口占总人口的80%,2010年作为秦巴山区扶贫开发的片区县纳入了四川省规划。贫困状况主要表现为:一是贫困总量大。经过精准识别,达川区建档立卡贫困村151个,占行政村总数的20.7%;贫困人口31941户91260人,占全市71.6万贫困人口的12.75%,其中38%的贫困人口分布在151个贫困村。二是贫困程度深。2014年,贫困村农民人均纯收入不到3000元,贫困人口人均纯收入为1912元,仅为当年全区农民人均纯收入10135元的18.9%。三是因病致贫现象突出。因病致贫占比高,达54.8%,因劳力、资金、技术和其他原因致贫,分别占8.9%、11.2%、11.5%、13.6%。近30年来,中央、省、市先后在达川区实施了"八七"脱贫攻坚计划和以产业发展、劳务输出为主的开发式扶贫行动,使农村基础设施、公共服务、生产生活条件明显改善,农村群众温饱问题基本解决,扶贫工作取得了全面胜利。

3.1.1 实施"农业+电商+金融"产业带动扶贫模式

产业带动是农户稳定脱贫及后续可持续发展的重要举措,延伸产业链条,拓宽致富增收路子,实现由"输血式"扶贫向"造血式"帮扶转变,确保群众有相对稳定的经济收入。

1. 立足"三大片区",结合农业产业发展"5+5"工程

达川区把全区划分为东部、西部、南部三大片区,实行片区发展与脱贫攻坚"双轮驱动",因地制宜制定三大片区脱贫攻坚与区域发展实施意见。在东部片区,以黄都乡为中心重点发展2万亩达州脆李基地,以安仁乡为中心打造万亩安仁柚基地;在南部片区,以赵家镇、双庙镇为中心加快建设20万亩蔬菜基地,以百节镇、平滩镇为中心着力打造8万亩乌梅基地,以赵家镇为中心加快建设万亩柑橘基地;在西部片区,以米城乡为中心重

点建设 5 万亩米城贡米基地，在石梯镇、管村镇分别发展万亩柑橘基地和 10 万头生猪养殖基地，逐步确立了优质稻、蔬菜、水果、生猪、乌梅五大产业和乌梅酒、安仁柚、米城贡米、柑橘、双椒五大特色品牌。

2. 大力探索"脱贫攻坚+电商"扶贫模式

达川区以区商务局牵头，着力加强农村流通基础设施建设，在贫困村打造村级电子商务服务站，开展电商人员知识专题培训、贫困村家政服务人员培训，培育发展农村新型市场主体、涉农商标，升级改造乡镇农贸市场，充分发挥现代商贸在产业扶贫中的带动作用，基本实现"坐知天下事，产品线上卖"。

3. 大力探索"脱贫攻坚+金融"扶贫模式

达川区在区政府金融办的牵头下，持续加大对建档立卡贫困户的金融支持，推进"扶贫再贷款+扶贫小额信贷""扶贫再贷款+扶贫小额信贷+保险+贫困户"等模式；加快推进产业扶贫和金融扶贫融合步伐，建立产融合作长效机制，创新金融支持产业扶贫模式和信贷产品，搭建多层次、多领域融资对接平台；灵活运用再贷款再贴现等货币政策工具，加强对金融资金投向和利率的引导，加大对小微企业、"三农"领域的信贷支持；持续落实易地扶贫搬迁和重点项目支持政策，积极争取国家开发银行等机构对易地扶贫搬迁和水利、交通等农村基础设施建设重点项目的资金支持，支持贫困村利用自然风光、田园风光、民俗文化，发展生态观光、民俗风情、健康养老等旅游相关产业，并全面做好贫困人口生产生活和安置区种养业、休闲农业、乡村旅游、民俗文化等后续金融服务工作，不断拓宽搬迁贫困人口就业和增收渠道；充分发挥保险担保在扶贫中的保障作用；持续深入开展农村信用体系建设；深入推进贫困地区支付环境建设；强化金融机构对贫困村的定点帮扶工作，采取"龙头企业+合作社+贫困户""合作社+贫困村+贫困户"等合作方式，实现"乡乡有特色、村村有产业、户户有收入"的扶贫增收新格局。

3.1.2 扶持就业拉动扶贫模式

达川区围绕《四川省人力资源和社会保障厅进一步做好就业扶贫工作的九条措施》、四川省《贫困家庭技能培训和就业促进扶贫专项 2018 年实施方案》精神，着力"四大行动"，精准推进就业扶贫，通过扶贫与扶志、扶智有机结合，进一步激发群众脱贫奔康的内在动力。

1. 技能培训脱贫行动

(1)优选培训机构。按照《达川区职业技能定点培训机构评审标准》，对达川区辖区内职业技能定点培训机构的办学条件、管理水平、培训质量、师资力量、办学规模等方面进行严格评选认定。

(2)扎实开展培训。按"优先推进、持续培训、精准培训"思路，结合贫困家庭劳动力就业需求和各地区域发展、特色优势，深入乡镇、村社，扎实开展贫困家庭技能培训以及选派人员入读市专业培训班。

2. 转移就业脱贫行动

达川区紧扣建档立卡贫困家庭劳动力转移就业需求，坚持"送培训、送政策、送岗位、送信息、送服务"工作思路，全面实施就业援助。一是搭建平台助就业。因地制宜，创新方式，举办专场招聘会，2018年，在城区召开了"春风行动暨就业扶贫"综合性招聘会、在区内西部、东部举办专场招聘会，累计参加招聘的省内外企业318家，提供岗位7800余个，参加求职人数达8500余人，现场达成意向协议2040人。同时，采取区内乡镇流动式、主城市区协作式、相关部门联合等灵活多样的方式搭建就业服务平台，促进贫困家庭劳动力转移就业。分别开展了流动专场招聘会、"温暖回家路"就业援助活动、市区联合"春风行动暨就业扶贫"专场招聘会。二是公益岗托底稳就业。2018年在全区142个已脱贫、拟脱贫的贫困村全面开发了5个以上社会治安协管、乡村道路维护、保洁保绿等公益性岗位共计727名，兜底确保贫困家庭就业困难人员至少有1人就业。三是畅通信息促就业。利用现代信息平台和网络，积极构建"互联网+就业"体系，构建新型就业服务体系。依托四川省公共就业服务平台、达州公共招聘网等新媒体平台，及时、快捷发布各类招聘信息。创新方式，通过人力资源公司信息优势，广泛收集适合贫困对象就业的岗位信息，面向全区54个乡镇、街道就保中心发布，多渠道促进农村贫困劳动力就业。

3. 创业扶持脱贫行动

达川区按照有产业支撑、有园区带动、有基地吸纳、有政策扶持、有服务保障五大目标，积极打造就业扶贫基地、返乡创业园、就业扶贫车间和就业扶贫整村示范，确保贫困家庭、贫困劳动力实现"家门口"创业、就业。一是积极发挥"基地效应"。打造就业扶贫基地，充分发挥基地的带动示范和吸纳就业效应。截至2018年底，达川区专业合作社已达146个，家庭农场、种养大户达386户，引领带动更多企业吸纳贫困劳动力就业，帮助140余户贫困户发展生产、改善生活。二是抓创业扶持。鼓励和支持高校毕业生、有创业意愿的农民工、城镇人员等各类人才返乡下乡干事创业，从要素保障、财政支持、融资信贷、创业服务等方面进一步强化政策支持，加大对返乡下乡创业者的服务、指导和培训力度，以返乡下乡创业带动贫困劳动力就业，带动贫困群众脱贫致富。截至2019年底，已开展创业培训25期845人(其中返乡下乡创业培训537人)，受理高校毕业生创业补贴申请30人，发放小额担保贷款958万元，鼓励有创业意愿和创业能力的贫困家庭劳动力自主创业476人。三是抓载体建设。坚持"抓点示范，突出重点，以点带面，全面推进"工作思路，打造特色亮点突出、就业更加充分、创业带动作用更加明显的就业扶贫示范载体。鼓励和支持劳动密集型企业、新型经营主体在有条件的贫困村建设就业扶贫车间，鼓励各乡镇的产业园区立足本地实际，结合产业发展特点、贫困劳动者就业意愿，探索具有地方特色的扶贫车间模式。按照达川区脱贫攻坚领导小组办公室印发的《关于做好2018年度"就业扶贫示范村"评选和考核工作的通知》，开展就业扶贫示范村评选工作。全区累计创建就业扶贫示范村40个(其中省级1个，市级6个)。按照达川区脱贫攻坚领导小组办公室《关于印发〈达州市达川区创建就业扶贫车间工作试行方案〉的通知》，加快开展就业扶贫车间建设、返乡下乡创业示范区建设。从2018年起每个乡镇(街道办)培育建设1个以上就业扶贫车间，截至2018年，全区范围内建设就业扶贫车间54个以上。截至

2020年底,已受理就业扶贫车间创建申请14家,吸纳当地农村劳动力转移就业389人(其中贫困劳动力78人)。

4. 提升服务脱贫行动

达川区在区乡两级人社公共就业服务平台设立"一站式"就业扶贫服务窗口,开展个性化、精细化服务。为进一步摸清底数、精准施策,切实做好就业扶贫工作,重点推进贫困劳动力实名制数据更新录入工作,达川区采取了以下措施。

(1)业务培训明要求。区就业局2018年先后4次对全区54个乡镇、街道的业务经办人员进行农村贫困家庭劳动者实名制数据动态录入管理业务培训,确保各乡镇录入数据的准确全面、内容真实。

(2)出台文件促落实。由区人社局、区扶贫移民局联合制发《关于进一步加强就业扶贫"一库五名单"和贫困劳动力实名制录入工作的通知》,对就业扶贫"一库五名单"和贫困劳动力实名制录入工作进行规范推进。

(3)适时更新录平台。将农村贫困劳动力培训需求、就业情况等及时录入省就业信息系统动态管理,精准实施帮扶[57]。2018年,全区完成建档立卡贫困劳动力46845人基础数据采集工作,并对贫困劳动力转移就业、职业技能培训、贫困劳动力公益性岗位安置、企业吸纳贫困劳动力就业、贫困人员自主创业等情况按季度实时更新,动态更新率53%以上。

3.1.3 激励创业促动扶贫模式

2018年,达州市达川区脱贫攻坚领导小组出台《关于实施脱贫攻坚五项奖补机制的通知》,特别是针对部分贫困户脱贫奔康内生动力不足,创新实施正向激励机制,对发展种养殖业增收2000元以上的贫困户,按每户家庭纯收入的10%、最高不超过2000元的标准给予奖补;对外出务工个人工资总收入在1万元以上的贫困户,按工资总收入的3%、最高不超过1500元的标准给予奖补;通过以奖代补,充分调动了贫困户勤劳致富的积极性。2015年达州市人民政府办公室发布《关于鼓励支持农民工返乡创业的意见》,从资金、政策、税收等方面,为农民工回达创业提供全方位支持。截至2018年底,达川全区151个贫困村共培育469名致富带头人,引领带动贫困户稳定脱贫。

3.1.4 深化改革撬动扶贫模式

达川区以放活土地经营权为突破口,推进"六权同确",建成"农村产权交易中心",盘活农民土地、林权、房屋等"沉睡"资产,培育产业扶贫类合作社,吸纳贫困户以资金、土地、劳动力入股等形式参与产业发展。创新"村集体+能人""村集体+合作社""村集体+种养大户""村集体+土地出租""村集体设施+服务""股权量化+定额收益"等集体经济发展模式[58],贫困村人均集体经济收入达23元。固化村集体、贫困户与企业、基地、合作社的利益联结,让资源变资产、资金变股金、农民变股民,加快贫困群众脱贫致富步伐。

3.1.5 案例分析——马家镇肖家村主导产业带动下的稳定脱贫模式

肖家村位于达川区马家镇东南部，与平滩、景市、百节三镇接壤；离场镇9公里、市区44公里，海拔800余米；全村辖区面积3.2平方公里，农业人口231户、728人，下辖6个村民小组；耕地面积1553亩，森林面积5500亩，退耕还林198亩。全村建档立卡贫困户44户139人，五保对象2户2人，低保31户34人，残疾人23人。近年来，肖家村坚持产业引领，找准符合本村发展定位的"一个目标、两个中心、三大产业"，探索符合本村实际的"四大坚持"，让肖家村摘了穷帽、拔了穷根，先后被授予"脱贫攻坚示范村""市级四好村""依法治村示范村""乡村旅游示范村"等称号。

1. 建立良好的工作机制，全面推动脱贫攻坚示范村建设

1）支部当领头羊，带动村民发展

乌梅种植做主导。经考察，肖家村素有种植乌梅的习惯，拥有乌梅等经果林生长的土质、光照等自然优势，结合这些情况，驻村工作队和村两委商议将乌梅产业确定为肖家村的主导产业。

通过积极探索"党支部+专合社+农户"模式，支部牵头建立乌梅种植基地，专合社流转土地400亩带动种植乌梅，引导有劳动能力的贫困户种植乌梅，近年来累计发展乌梅3000余亩；通过采取"统一品种、统一管护、统一技术、统一销售"的方式，对农户种植乌梅实行订单式收购和保护价收购，克服一家一户小规模、低投入、低产出的小农经济局限性，提高农民进入市场的组织化程度，加快现代农业发展进程；引进乌梅深加工企业，创立肖家村乌梅酒品牌"冯山林"乌梅酒，以销代产，不仅提高了本村村民种植乌梅的经济收入，还辐射带动周边乡镇沙坝村、关坪村及百节、景市等乡镇邻近村庄1000余户村民发展乌梅。2018年9月，达川区首个村级农产品检测站挂牌成立，保证进入市场的农产品质量。经过检测，符合要求的产品，能有效、快速打入市场，取得消费者认可，农户种植的乌梅、梨、脆李、脆桃以及其他农副产品，销量和收入直线上升。

乌梅林下养殖做辅助。村两委与达州市金海龙种养殖专业合作社合作，建立起了小规模肉牛养殖场和乌梅林下跑山鸡养殖场，同时示范带动周边非贫困户和贫困户适度发展养鸡、养猪、养牛等，提高村民经济收入。

2）借助政策引领，建设经营新村

通过各级部门整合涉农帮扶资金、加大捆绑投入，引导群众积极参与新村建设事业，村级基础设施和社会事业得到了大发展。硬化村社道25.6公里，形成四通八达的旅游交通网；肖家村党群服务中心、乌梅山旅游接待中心、肖家村森林康养中心建设落成；易地扶贫搬迁新村建成并投用；移动信号、光纤入户、电网改造和天然气进村实现全覆盖。

通过建设经营新村，形成新的经济增长极。一是在"三中心一基地"的基础上，积极与相关部门对接，成功创建省级农民夜校示范学校、达川区委党校乌梅山分校，为经营新村奠定了基础。依托优越的地理位置、优美的人文环境、丰富的脱贫攻坚教学资源，肖家

村将升级农民夜校、区委党校乌梅山分校的教育设施设备与区脱贫攻坚教育基地、易地扶贫搬迁新村聚居点、乌梅种植基地等教学资源紧密结合，发展康养培训，形成持续发展的村级支柱产业。二是积极引导村民在新村聚居点自办农家乐和民宿，鼓励发展小超市等。

2. 立足资源禀赋和产业特色，打造农旅经济

肖家村自然生态林覆盖率73%，生态宜人。通过结合川东文化元素，突出"梅""竹"精神品质，紧扣"青梅竹马"主题，着力构建"绿水青山+乌梅园区+梅竹文化+民俗风情"模式的乡村旅游区，以乌梅主导产业和乡村旅游促进村级旅游发展。通过打造、整合全村旅游景点，积极融入梅产文化，紧紧依托乌梅山、仙女山景区和肖家村青山绿水、田园风光的自然风貌，大力促进发展乡村旅游。据统计，2018年肖家村乌梅山景区"一日游"突破5万人次。

3. 借助业主等外力支持，不断激发贫困群众内生动力

截至2020年底，肖家村内特色餐饮、农业体验、民宿接待等悄然兴起，集农旅体验、观光休闲、餐饮娱乐为一体的"乌梅山庄"年收入500万元，吸引周边50余名村民常年在此务工增加收入；支持贫困户发展乡村民宿，提供特色小规模接待，增加家庭收入；引导村民在节假日等旅游高峰时段，在人流量较大的村办公室和乌梅山庄等地售卖鲜活农副产品，最高单户日均销售额达1000元左右。

4. 以群众满意度为目标，发展村级基础设施和社会事业

（1）夯实基础设施。截至2020年底，肖家村硬化村社道路25.6公里，形成四通八达的旅游交通，确保生产生活出行及旅游畅通。2018年初肖家村党群服务中心正式落成，设有区脱贫攻坚展览厅、乌梅山旅游接待中心、省级农民夜校示范学校、达川区委党校乌梅山分校，农家超市、调解室、活动室、农家书屋、活动广场和便民服务窗口，为群众办事、活动、观光提供优质、方便、快捷的服务。

（2）建立完善人畜饮水工程。截至2020年底，肖家村整治山坪塘6口，建成微水池22口，建成人畜饮水点10个，完成自来水入户工程，建立完善了肖家村村级人畜饮水工程建后运行管理机制。

（3）完善配套设施。截至2020年底，肖家村先后投资新建移动信号基站、实施电网改造及变电器增容、引入民用天然气进村、光纤入户全覆盖，不断提升村民生活品质。2018年7月底，投资200余万元的肖家村康养中心完工建成，建筑面积900平方米、60多个床位。为村集体经济发展注入了新的活力。

3.2 以甘孜藏族自治州理塘县为例的高寒地区稳定脱贫模式——高寒藏族聚居区模式

甘孜藏族自治州理塘县位于四川省西部，甘孜藏族自治州西南部，地处东经99°19′～100°56′、北纬28°57′～30°43′，青藏高原东南缘，属于高原气候区，年平均气温低。地形

以高原和山地为主，山脉和水系呈南北走向，东西排列，山地垂直分布明显。气候属高原气候区，气温低、冬季长、日照长、辐射强、风力大，年平均气温3℃，年降水量722.2毫米。面积1.43万平方公里。辖5个片区、24个乡（镇）、214个村，有藏、汉、蒙、回、羌等9个民族，总人口7.3万余人，其中农牧民户籍人口6.1万人，占全县总人口的83.3%。全县海拔4300米，是全国海拔最高、气候最恶劣、条件最艰苦的县之一。2011年，被纳入国家扶贫连片特困地区重点县。2014年全县精准识别核定132个贫困村，5130户贫困户，22851名贫困人员，分别占全州的9.7%、10.1%、11%，贫困发生率为38.1%。通过精准施策、全面帮扶，2014年实现261户1441人脱贫，2015年实现523户2409人脱贫，2016年实现624户2985人脱贫，2017年实现1207户5493人脱贫，2018年实现1113户5154人脱贫，贫困发生率降至8.7%。

理塘县结合川西高原实际，立足藏族聚居区"六大民生工程"，形成独特的高寒藏族聚居区扶贫模式。"基建+藏族聚居区新居建设"扶贫模式：有机整合交通、电网等基础设施项目和危房改造、易地搬迁、农牧业特色产业园区等建设项目，整村推进实施乡村振兴战略。"特色农牧业+旅游产业"扶贫模式：建立青稞、马铃薯、中药材现代农业产业基地，培育牦牛养殖合作社等新型农业经营主体，依托汉戈花村乡村旅游扶贫示范点，推广"公司+基地+农户+旅游"模式。"教育+健康"扶贫模式：实施民族地区15年免费教育和藏族聚居区"9+3"免费职业教育，阻断贫困代际传递；建立完善医疗协作体系，阻断因病致贫返贫现象。

3.2.1 "基建+藏族聚居区新居建设"扶贫模式

1. 全面夯实基础设施建设

基础设施是指为社会生产和居民生活提供公共服务的物质工程设施，是用于保证国家或地区社会经济活动正常进行的公共服务系统，是社会赖以生存发展的一般物质条件。基础设施包括水利基础设施、交通运输设施、文化基础设施、能源基础设施以及医疗基础设施等方面，它们是国民经济各项事业发展的基础。在现代社会中，经济越发展，对基础设施的要求就越高，农村基础设施建设通过农民劳动力水平、农业收入、农业生产用电、农产品的交易与流通及就业等影响农村地区的经济社会发展状况，通过夯实农村基础设施建设有利于促进农村经济较快发展，进一步改善贫困地区村民生产生活条件、丰富村民物质和精神文化生活。

2015年11月颁布的《中共中央 国务院关于打赢脱贫攻坚战的决定》，提出要加强贫困地区基础设施建设，加快破除发展瓶颈制约。

截至2020年底，理塘县全面夯实基础建设，投入15亿元，推进乡村道路建设，建成12条通乡公路492公里，232条通村公路1008公里，通乡通村通畅率达100%；建成通信基站433个，195个行政村开通有线宽带，214个行政村通信网络覆盖率达100%；实施农村饮水工程269处，安全饮水实现全覆盖；落实易地扶贫搬迁946户3664人。

2. 统筹落实新村建设和安全住房建设

1）安全住房建设扶贫

住上好房子是贫困户实现"四个好"的基础。2015年11月，《中共中央 国务院关于打赢脱贫攻坚战的决定》明确提出"到2020年，稳定实现农村贫困人口不愁吃、不愁穿，义务教育、基本医疗和住房安全有保障"的总体目标。国家加大了对中西部地区农村危房改造力度，并持续向集中连片特殊困难地区和国家扶贫开发工作重点县倾斜。理塘县既是集中连片特殊困难地区，也是国家扶贫开发工作重点县，解决贫困群众的住房问题是改善民生的重要保障。针对恶劣的气候条件与复杂的自然环境，如何实施易地扶贫搬迁政策，如何应对搬迁后贫困群众的衣食习惯、生活出行、生存发展，如何让贫困群众真正做到搬得出、稳得住、能致富，都是值得思考的问题。

理塘县2018年易地扶贫搬迁住房建设覆盖521户2076人，100%完成目标任务；完成藏族聚居区新居住房建设379户、援藏住房建设119户，完成总目标任务的100%。到2020年底，完成946户3664人易地扶贫搬迁。

2）新村建设扶贫

截至2018年，理塘县完成37个幸福美丽新村1689户的"六改三建一加固"及28.165公里的入户路建设，完成目标任务的100%；完成1917盏太阳能路灯安装工程，完成目标任务的100%。到2019年，建成133个幸福美丽新村。

3.2.2 "特色农牧业+旅游产业"扶贫模式

1. 发展特色农牧业，夯实农业基础

农业作为国家的第一产业，是国民经济中的一个重要产业部门，它是通过培育动植物产品从而生产食品及工业原料的产业。广义农业包括种植业、林业、畜牧业、副业、渔业5种产业形式，而狭义农业则是指种植业。理塘县地形以高原为主，地势起伏大，年平均气温较低、热量不足，对于发展特色农牧业有重要影响作用。农业上适宜种植青稞、小麦、豌豆、马铃薯等，牧业上则以饲养牛羊为主。

截至2020年底，理塘县完成特色农业产业基地建设6530余亩，完成8个益农信息社建设任务。推广特色优质农产品8个（次、件），新建农业科技示范基地2个，黑木耳种植5万棒。建立小型蔬菜大棚328个。在禾尼乡和曲登乡分别建立"勒通"绵羊选育保种和高原牦牛遗传资源繁育基地，新建人工饲草基地1.84万亩，强化新型经营主体培育。贫困村共成立专业合作社43个（全县累计达到121个），发展家庭农场2个，培育种养大户239户。调整充实了58名（省级1名、县乡镇57名）专业技术人员进驻132个贫困村开展技术扶贫工作，建立了"专家巡回服务团"5个。开展了12次大规模的技术帮扶活动，发放培训资料1.3万余份。到田间地头指导春耕、秋收和动物疫病春防秋防，培训农牧民3500余人次，接受科技咨询4100人次。聘请省州农牧专家30余人，为产业扶贫提供智力、技术支撑。通过省州专家的"传、帮、带"，有力地促进了产业技术扶贫进村寨、进

田间、进牧场，新培育科技示范户185户。

理塘县立足农业农村工作实际，加强扶贫产业支撑，提出"四个一"产业发展路径，建立了20余个集体产业示范点；不断发展"飞地"模式，推进完成27个贫困村级产业"飞地"经济，年分红额达240余万元；大力推广"极地果蔬"，勒通牦牛走出四川，白萝卜直销港澳；初步形成"县抓园区、乡抓基地、村抓示范户"的农牧产业发展模式，其中濯桑园区已建成9.2万亩，培育龙头企业6家，涉及极地果蔬、食用菌、牦牛养殖、农业采摘体验和休闲观光等多个方面；流转土地年增收近300万元，解决贫困户等就近就业400余人，长期用工120余人，临时用工2万余人，仅2018年度支付务工人员工资达600余万元，达到了"一园多主体、种养循环、三产深度融合"。

2. 做强旅游产业，促进经济增收

旅游业是凭借旅游资源和旅游设施，专门或者主要从事招徕、接待游客，为其提供交通、游览、住宿、餐饮、文娱5个环节服务的综合性行业，主要由三个成分组成：即旅游客源地、旅游目的地和联系客源地与目的地之间的旅游通道。2014年2月中办国办印发《关于创新机制扎实推进农村扶贫开发工作的意见》提出，加强贫困地区旅游资源调查，依托贫困地区优势旅游资源，带动农户脱贫致富。2016年8月国家旅游局等部门《关于印发乡村旅游扶贫工程行动方案的通知》强调，要深入实施乡村旅游扶贫工程，充分发挥乡村旅游在精准扶贫、精准脱贫中的重要作用。贫困地区发展乡村旅游业，可直接或间接地促进国民经济有关部门的发展，如推动商业、饮食服务业、旅馆业、民航、铁路、公路、日用轻工业等的发展，并促使这些部门不断改进与完善相关基础设施、增加服务项目、提高服务质量。

理塘县依托独特的自然和人文资源，发展特色乡村旅游扶贫工程。在自然风光上，理塘县独特的地形、气候、地貌、水文，形成冰川、山峰、森林以及牧区草原等自然景观；在人文风光上，理塘县拥有9个民族，藏族人口占95%以上，形成独具特色的民族风情，即因季节和环境不同而形成风格各异的藏族服饰、传统节目理塘藏戏等。

在绿水青山就是金山银山理念指导下，为了充分挖掘本地区的旅游资源，实现经济又快又好发展，要加强旅游资源调查，挖掘当地生态旅游、民俗文化等资源，明确区域优势，发展乡村特色旅游业，建立旅游扶贫公益性岗位；要加强旅游基础设施建设，尤其是旅游扶贫重点村的旅游基础和公共服务设施，如旅游厕所建设、道路改造、污水处理等；要加强旅游宣传营销，利用电商平台、节庆推广、主题活动等载体，开展乡村旅游扶贫公益宣传，利用互联网信息平台推介民宿客栈等乡村旅游特色产品；要开展乡村旅游人才技能培训，创新乡村旅游扶贫人才培养方式，同时也要培养贫困人口提供旅游服务的能力，依靠人才支持和治理投入促进乡村旅游发展。

3. 做精电商扶贫，优化经济结构

电子商务是指以信息网络技术为手段，以商品交换为中心的商务活动。随着互联网的普及和农村基础设施的不断完善，我国农村电子商务发展迅猛，已成为农村转变经济发展方式、优化农村产业结构、促进贸易流通、带动创新就业、增加农民收入的重要动力。2015

年 11 月国务院办公厅发布的《关于促进农村电子商务加快发展的指导意见》提出，农村电子商务是转变农业发展方式的重要手段，是精准扶贫的重要载体。通过大众创业、万众创新，发挥市场机制作用，加快农村电子商务发展，把实体店与电商有机结合，使实体经济与互联网产生叠加效应，对于促消费、扩内需，推动农业升级、农村发展、农民增收具有重要意义。2016 年 11 月国务院扶贫开发领导小组办公室等 16 部门联合发布的《关于促进电商精准扶贫的指导意见》提出，要进一步创新扶贫开发体制机制，将电商扶贫纳入脱贫攻坚的总体部署和工作体系，实施电商扶贫工程，推动互联网创新成果与扶贫工作深度融合，带动建档立卡贫困人口增加就业和拓宽增收渠道，加快贫困地区脱贫攻坚进程，到 2020 年在贫困村建设电商扶贫站点达到 6 万个以上，占全国贫困村 50%左右；扶持电商扶贫示范网店 4 万家以上；贫困县农村电商年销售额比 2016 年翻两番以上。但从总体上看，贫困地区农村电子商务发展仍处于起步阶段，电子商务基础设施建设滞后，缺乏统筹引导，电商人才稀缺，市场化程度低，缺少标准化产品，贫困群众网上交易能力较弱，影响了农村贫困人口通过电子商务就业创业和增收脱贫的步伐。

在此基础上，要改善电商发展环境，县、乡(镇)、村应加大对电子商务工作的重视力度，着力解决老百姓电商精准扶贫"最后一米"问题，升级县级服务中心，全面推进农产品上行服务体系和乡(镇)服务站点。

3.2.3 "教育+健康"扶贫模式

1. 教育扶贫，阻隔贫困代际传递

习近平总书记曾指出，扶贫必扶智，让贫困地区的孩子们接受良好教育，是扶贫开发的重要任务。加快实施教育扶贫工程，让贫困家庭子女都能接受公平有质量的教育，是阻断贫困代际传递的有效措施。2018 年 2 月教育部、国务院扶贫开发领导小组办公室印发《深度贫困地区教育脱贫攻坚实施方案(2018—2020 年)》，提出要坚持精准扶贫、精准脱贫基本方略，以"三区三州"为重点，以补齐教育短板为突破口，以解决瓶颈制约为方向，充分调动各方面积极性、主动性和创造性，采取超常规举措，推动教育新增资金、新增项目、新增举措进一步向"三区三州"倾斜，切实打好深度贫困地区教育脱贫攻坚战。

(1)发展学前教育。推进村级幼儿园建设和相关设备采购，完善农村学前教育服务网络，帮助农村贫困家庭幼儿就近接受学前教育，解放农村劳动力；落实幼儿园教职工配备标准，配足配齐幼儿园教职工，加大对农村幼儿园教师特别是小学转岗教师的培训力度。

(2)保障义务教育。加大投入力度，大力发展村级小规模义务教育学校和乡镇寄宿制学校的建设和管理，提高乡村教育质量；实施农村义务教育学生营养餐改善计划；完善控辍保学工作机制，因地因人施策，对贫困家庭子女、留守儿童、残疾儿童等特殊困难儿童接受义务教育实施全过程帮扶和管理，防止适龄儿童少年失学辍学。

(3)普及高中阶段教育。依靠教育基础薄弱县普通高中建设项目、普通高中改造计划、现代职业教育质量提升计划、职业教育产教融合工程等教育资源，改善办学条件，让建档立卡贫困家庭学生接受高中阶段教育的机会得到保障；积极推动消除普通高中大班额现象，减少超大规模学校；完善财政投入机制，加大投入力度，建立完善普通高中生均拨款

制度和中等职业学校生均拨款制度,积极化解普通高中债务,制定债务偿还计划。

(4)加快发展职业教育。职业教育是培养专业技术人才的摇篮,首先要依靠职业教育资金,建设好每一所中等职业学校;创新各层次各类型职业教育模式,坚持产教融合、校企合作,坚持工学结合、知行合一,摆脱传统学校教育模式,促进理论与实践相结合,提高学生动手操作能力;对建档立卡贫困学生实施中等职业教育免除学杂费政策,让未升入普通高中的初中毕业生也能接受中等职业教育,毕业后可优先安排实习,优先推荐就业。

(5)加快乡村教师队伍建设。加强师德师风建设,激发教师奉献乡村教育的内生动力;创新挖潜编制管理,提高乡村学校教师编制的使用效益;畅通城乡一体配置渠道,重点引导优秀人才向乡村学校流动;创新教师教育模式,培育符合新时代要求的高质量乡村教师;拓展职业成长通道,让乡村教师有更广阔的发展空间;提高地位待遇,让乡村教师享有应有的社会声望;关心青年教师工作生活,优化在乡村建功立业的制度和人文环境[59]。

2. 健康扶贫,完善贫困保障体系

"一人得大病,全家都受累"。健康对于每个人、每个家庭都很重要,对于贫困户尤为如此。通过调研发现,因病致贫是许多贫困户致贫的重要原因,疾病直接影响着他们脱贫的步伐。健康扶贫是指通过提升医疗保障水平、采取疾病分类救治方法、提高医疗服务能力、加强公共卫生服务措施等,让贫困人口能够"看得上病、看得起病、看得好病、防得住病",确保贫困群众"健康有人管、患病有人治、治病能报销、大病有救助"。2018年6月《中共中央国务院关于打赢脱贫攻坚战三年行动的指导意见》指出,要深入实施健康扶贫工程,保障贫困人口享有基本医疗卫生服务,努力防止因病致贫、因病返贫现象发生。

划定农村低保对象,逐步纳入低保政策兜底范围。社会兜底保障是打赢脱贫攻坚战的最后防线,及时把未脱贫建档立卡贫困人口、脱贫后返贫人口、新增贫困人口中符合低保政策的人员以及重度残疾人、重病患者参照"单人户"全部纳入农村低保范围,切实保障其基本生活;不断夯实基本医疗保障,对全县范围内的建档立卡贫困户实施医保全额代缴政策,使贫困人口都有医疗保险,防范因病致贫;对建档立卡贫困人口县域内住院,免收一般诊疗费,降低贫困人口看病负担;建设村级卫生室,提高农村看病方便程度。

3.2.4 案例分析——君坝乡若西村的高寒藏族聚居区稳定脱贫模式

1. 若西村概况

若西村位于四川省西部,甘孜藏族自治州西南部,距离君坝乡政府约 11 公里,距离县城约 70 公里,距离州府康定约 288 公里。村落主体位于金沙江和雅砻江之间,横断山脉中段,海拔约 3447.95 米。村落格局呈南北向带状分布,南北狭长,东西两侧为山体,多林木,受地形影响,村落分散,南北跨度较大,东西跨度较小,217 省道南北向穿村而过,充分显示了"兴路为民"的发展理念。若西村属山地寒温带气候,全年平均降水量 650 毫米,年均气温 1.2℃,无霜期 150 天,夏秋季节气温温和多雨,冬春季节寒冷风大。以农业为主,农牧结合;地表覆盖以森林草地为主;耕地面积 217 亩,生产青稞、土豆、小麦等农作物；村民住藏房，日常食物以糌粑、面条、面粉、大米、牛羊肉、牛羊奶、酥油茶等为主；主要穿藏服，出行工具有马、汽车等。

若西村先祖刀耕火种，逐水草而居，世代繁衍，生生不息，渐成村落，民风淳朴。然而因地处边陲，受封建压迫，特别是土司头人盘剥，发展缓慢，群众生活艰苦，直至中国共产党诞生，中华人民共和国成立后，人民政权建立，若西村才重新焕发生机。在党的带领下，当地人民勤奋劳动，逐渐形成了农牧生产现代化格局，现代化商业逐步兴起，科教文卫各项社会事业不断发展，人民生活大幅度改善。若西村是2014年建档立卡的贫困村，有建档立卡贫困户11户，49人。

2. 致贫原因

若西村共11户贫困户，通过调研发现缺乏技术导致贫困的有6户，因自身动力发展不足致贫的有3户，因残、因病致贫各一户。

3. 脱贫攻坚成果

1) "一低五有"完成情况

"一低"完成情况：

2018年，全村11户贫困户人均纯收入已超过3600元；2019年贫困户人均纯收入超过4000元，实现全村贫困发生率为零。

"五有"完成情况：

(1) 有集体经济。2018~2019年若西村建成蔬菜大棚7个共4.2亩；养殖蜜蜂120箱；种植中藏药25亩；种植红豆草97亩，实现集体经济总收入25287元，人均分红60元以上。

(2) 有硬化路。2019年建成通往新的村级党群活动中心的水泥桥梁及道路。

(3) 有卫生室。新建的村级卫生室面积50平方米，2019年内完工并投入使用。

(4) 有文化室。已建成200平方米的村级党群活动中心1个，一楼为文化室。

(5) 有通信网络。已实现电信光纤到村、4G网络覆盖。

2) "一超六有"完成情况

"一超"完成情况：

2018年，全村11户贫困户人均纯收入已超过3600元，2019年贫困户人均纯收入超过4000元。

"六有"完成情况：

(1) 有安全住房保障。截至2019年，完成无住房或D级危房的6户贫困户及1户非贫困户的住房建设；完成47户的"六改三建"工作。

(2) 有义务教育保障。到2019年全村无适龄儿童辍学，建档立卡贫困户学生已申请并享受理塘县教育扶贫救助金。

(3) 有基本医疗保障。2019年，全村建档立卡贫困户均参加基本医疗保险，全村参保率为100%，实现了基本医疗全覆盖，并享受家庭签约医生和各种体检服务。

(4) 有生活用电。2018 年全村完成了电网升级,并入国网,确保了全村生产生活用电。

(5) 有安全饮用水。2018 年至 2019 年完成了 2 处安全饮水工程,确保了全村村民全部实现安全饮水。

(6) 有广播电视。到 2019 年,完成了"村村响"工程;全村 11 户贫困户均能正常收看电视,实现了电视全村覆盖。

3.3 以凉山彝族自治州普格县为例的大小凉山彝族聚居区稳定脱贫模式——山地彝族聚居区模式

普格县隶属四川凉山彝族自治州,是一个以彝族为主体的少数民族聚居县、典型的山区农业县和大小凉山彝族聚居区,是深度贫困县之一。位于凉山彝族自治州东南部,经纬度位置处于北纬 27°12′~27°30′、东经 102°26′~102°46′,地处云贵高原之横断山脉,地形以中山(含亚高山)为主,占普格县总面积的 67.4%。地貌上山脉与河流呈南北走向平行交错,形成"三山二水"的高山、中山深切割、狭长河谷地貌。气候上属亚热带季风气候区,年平均气温 16.8℃,年均降水量 1164.4 毫米,年无霜期 306 天左右,年温差较小,日较差较大,年平均气温变幅仅 13℃。全县辖区面积 1918 平方公里,辖 34 个乡镇、153 个行政村、8 个居委会,有彝、汉、苗、回等 24 个民族,总人口 21.14 万人,其中彝族人口占83.7%,农业人口占 92.7%。共有贫困村 103 个,2016 年脱贫攻坚战伊始,普格县共建档立卡贫困人口 14444 户 68195 人,贫困发生率 32.26%。受自然条件限制以及两千多年奴隶制社会的禁锢,普格的彝族先民长期与世隔绝,一直面临着基础薄弱、经济落后、社会事业发展不足等难题,疾病、超生、毒品等问题复杂交织。彝族聚居区是脱贫攻坚的主战场,新阶段扶贫开发以来,党和政府高度重视扶贫开发工作,通过实施政策、项目、人才和资金等一系列帮扶措施,普格县于 2020 年 11 月退出贫困县序列。

脱贫后,当地政府统筹落实规划引领、资金支持、示范带动和驻村帮扶,全面开展动态监测帮扶、巩固脱贫攻坚成果,坚决防止规模性返贫,把乡村振兴摆在首要位置,实施"四大提升"行动,努力把普格县打造成为脱贫地区乡村振兴样板县。

3.3.1 "旅游+彝家新寨安居"扶贫模式

1. 加速推进安全住房建设

安全住房建设是"两不愁三保障"的重要内容,同时也是全面提升乡村人居环境的重要抓手。住房困难是普格彝族聚居区贫困问题的集中反映,住房不安全、环境杂乱、功能不全现象在以往十分普遍。脱贫攻坚工作向深入推进以来,普格始终把农村贫困人群住房安全保障放在决战脱贫攻坚关键环节,力求做到农村住房安全保障全覆盖。

(1) 统筹推进安全住房建设。普格县把解决贫困群众"住有所居"摆在脱贫攻坚的突出位置,坚持"先难后易"原则和新村、新居、新产业、新农民、新生活"五新同步"要求,严格按照住上好房子、过上好日子、养成好习惯、形成好风气的"四好"标准,整合推进彝家新寨、易地扶贫搬迁、危房改造和地质灾害避险搬迁项目。

(2)持续推进易地扶贫搬迁。坚持"挪穷窝"与"换穷业"并举、安居与乐业并重、搬迁与脱贫同步,一户不漏地对居住在"一方水土养不活一方人"的高寒山区贫困群众实施了易地扶贫搬迁项目。

(3)打好安全住房建设提前量。紧紧围绕2020年"县摘帽"总体目标和"安全住房有保障"要求,按照"三年任务两年完成"思路,将所有安全住房项目提前到2018年、2019年集中实施,2019年年底前所有贫困户全面搬入新居,实现"住上好住房"目标。

2. 依托独特生态资源与村寨特色发展旅游业

普格县自然资源多样,有螺髻山、温泉瀑布等,以彝族居民为主,民族风情独特。因地制宜发展旅游业,在促进经济增长的同时,又能促进国民经济有关部门发展,如推动商业、餐饮服务业、旅馆业、交通业等的发展。

普格县加快旅游发展步伐,围绕"五位一体"旅游布局,按照"两节四线一走廊"旅游构架,大力实施景区创建提升计划,精心打造螺髻山、温泉瀑布、红军树等精品景区和线路,加快发展特色旅游,切实把旅游业打造成县域经济发展的核心支撑。

(1)规划引领。以"两节四线一走廊"旅游架构为主线,科学编制旅游产业"十三五"规划,注重将新农村建设与群众增收相结合,按照"政府出菜,群众点菜"的模式,启动建设老农场、红军树体验式农业观光园区,打造了多处特色农家乐、观光农业采摘园。

(2)品牌提升。制定创建工作方案,落实时间表、路线图,加快推进螺髻山国家5A级景区、生态旅游示范区及红军树3A级景区、省级乡村旅游示范村创建工作,切实发挥重点景区的示范带动和品牌效应。

(3)设施建设。进一步优化旅游发展环境,投入资金6.88亿元,加速推进螺髻山园艺场、火把山庄等项目建设,加快螺髻山旅游公路升级改造,促进旅游服务体系提升。

(4)节庆营销。依托"中国彝族火把节之乡"文化品牌,成功举办文化旅游火把节,并吸引央视、省州等多家媒体进驻报道,发出旅游"好声音"。

3.3.2 "1+X"生态产业扶贫模式

"1+X",1指核桃,X指油橄榄、青花椒、红花椒、杨树、桤木、华山松、油用牡丹、茶、桑、果等其他经济林木树种。凉山州地处亚热带季风气候区,气候干湿分明,光、热、水等自然资源丰富,有大力发展林业生态产业的气候条件优势;土地面积广,有大力发展林业生态产业丰富的土地资源;此外,凉山州林果种植区域天然隔离较好,果树病虫害少,具有土壤、空气、灌溉污染低的良好生态环境。发展"1+X"林业生态产业,不仅能保护生态环境,还能使贫困群众脱贫致富。

在发展林业产业的过程中,普格县依靠凉山州核桃科技创新服务中心等优质资源,开展核桃优质种苗培育、丰产经营技术、林下经济开发以及产品精深加工等。成立了"1+X"林业生态产业基地建设实体公司,乡(镇)上配备专职干部,村级成立林业生态产业农民专业合作社,解决发展资金、技术、服务、市场对接等瓶颈问题,推动产业快速发展;依托凉山州积极引进培育核桃精深加工龙头企业,用现代工艺开发核桃加工系列产品;协调推进大凉山品牌建设，开展核桃产品质量监督，实行统一品牌、统一标准、统一包装、统一商标，打造大凉山核桃知名品牌。

3.3.3 "彝汉双语+教育"扶贫模式

1. 推行彝汉双语教育

彝族是一个历史悠久、人口众多的少数民族，经过不断发展，彝族形成了自己的语言系统和文字体系。在全县中小学开展双语教育，是贯彻落实国家民族及民族语言文字平等法律原则、尊重和保障少数民族使用本民族语言文字接受教育权利的必然要求，是推进教育精准扶贫、阻断贫困代际传递、加快全县脱贫奔康步伐的重要举措，是传承和弘扬民族优秀传统文化、促进民族文化资源向民族文化资本转化的现实需要，是消除语言障碍、培养民汉双语兼通人才的具体抓手。中华人民共和国成立后，虽然双语教学得到重视，但是在实际教学过程中彝汉双语教学的普及率仍旧较低，教学效果不明显。

面对双语教学过程中出现的问题，要转变彝汉双语教学的观念。要让学校师生充分认识到彝汉双语教学与学习的重要性，彝汉双语教学不是为了普及汉语而进行的教学手段，而是通过彝汉双语教学发扬和促进两种语言的共同发展，让学生在学习汉语的时候也加强了对彝语的学习。要根据实际情况实行课程改革。在课程设置上以汉语为主，彝语作为一门语言辅助授课，这也是彝族聚居区实施范围分布最广的彝汉双语教育模式。要加强彝汉双语教师队伍的建设。挑选精通彝汉双语的教师作为课程教师，定期对教师进行进修培训，使教师观念、教学方法紧跟时代发展的潮流。

2. 全面推进教育事业发展

教育事业滞后、劳动者素质整体偏低，是彝族聚居区贫困发生的重要内因。普格县坚持扶贫扶智、治穷治愚相结合，大力推进教育振兴行动计划，义务教育实现全域均衡发展，教育落后面貌正发生根本性改变。加快发展学前教育，优先保障贫困家庭适龄儿童接受学前教育；全面巩固义务教育普及成果，改善义务教育薄弱学校基本办学条件，加强农村寄宿制学校建设，优化义务教育学校布局，办好必要的村小学和教学点，建立城乡统一、重在农村的义务教育经费保障机制，提高义务教育阶段学生综合素质；高中阶段职业教育与普通教育协调发展，加大对普通高中和中等职业学校新建改扩建的支持力度，普通高中和职业教育招生比例逐步达到1：1，扩大教育资源，提高普及水平；健全特殊教育保障机制，完善特殊教育体系；健全资助困难学生体系，实现困难学生帮扶全覆盖。

3. 统筹城乡教育均衡发展

统筹推进城乡教育均衡发展，坚持公共教育资源向贫困地区、农村地区倾斜，逐步缩小城乡、区域间教育发展差距；推进义务教育学校标准化建设，改善寄宿制学校条件，逐步扩大寄宿制学校规模；完善城乡教育投入保障机制，新增教育经费优先用于发展农村教育、民族教育，落实农村学校教育经费、学生人均公用经费和学生补助经费；优化配置城乡师资力量,加强教师队伍特别是乡村教师队伍建设,推进教师城乡交流和对口支援工作,提高乡村教师待遇;加强教育信息化建设,推进优质教育资源城乡共享。

3.3.4 禁毒防艾综合扶贫模式

1. 禁毒戒毒

创新工作体制机制,坚持县乡村三级联动,全覆盖宣传、打防治结合、网格化管理、全社会参与,持续加大对毒品问题的综合治理。创新毒品危害宣传教育的形式和内容,真正让"一人吸毒、祸害三代"等观念深入人心,切实增强群众识毒、防毒、拒毒意识,确保新吸毒人员滋生速度明显减缓。创建无毒乡村(社区),建立毒品滥用监测分析机制,健全吸毒人员排查发现登记制度,探索"支部+协会+家支"新模式,提升吸毒人员动态管控能力。

科学完善戒毒康复体系,提升吸毒人员就业安置和回归社会能力。建立健全戒毒康复人员社会保障机制,将其纳入社会保障范畴,对符合条件的提供社会保障补贴,将生活困难的戒毒康复人员家庭纳入最低生活保障或特困人员供养范围;完善促进戒毒康复人员就业政策,组织开展职业技能培训,帮助提高致富能力,给予就业政策扶持,通过鼓励自主创业、提供公益性岗位等多形式促进实现创业和就业。鼓励支持单位和个人通过捐赠、设立帮扶项目、创办服务机构、提供服务等方式参与救助。

2. 卫生计生及艾滋病防治

艾滋病是一种危害性极大的传染病,由感染艾滋病病毒(HIV)引起。HIV 是一种能攻击人体免疫系统的病毒。它把人体免疫系统中最重要的 CD4T 淋巴细胞作为主要攻击目标,通过大量破坏该细胞使人体丧失免疫功能,致使人体易于感染各种疾病,发生恶性肿瘤,病死率较高[60]。

普格县聚焦"因病致贫、因病返贫"问题,精准实施卫生计生和艾滋病防治专项"六大行动",即大力实施贫困人群医疗救助扶持行动、大力实施贫困人群公共卫生保障行动、大力实施贫困地区医疗能力提升行动、大力实施贫困地区卫生人才培育行动、大力实施贫困地区生育秩序整治行动和大力实施艾滋病综合防治行动。落实"十免四补助","十免"包括贫困人口就诊免收一般诊疗费、免收院内会诊费、免费开展白内障复明手术项目、免费艾滋病抗病毒药物和免费抗结核一线药物治疗、免费提供基本卫生公共服务、免费提供妇幼健康服务和计划生育基本技术服务、免费提供巡回医疗服务、免费提供药物治疗包虫病患者、免费提供基本医保个人缴费、免费实施贫困孕产妇住院分娩服务;"四补助"包括对手术治疗包虫病患者按每人 2.5 万元给予补助、对 0~6 岁贫困残疾儿童进行手术、康复训练和辅助适配补助按每人不超过 3 万元给予补助、对符合治疗救助条件的晚期血吸虫病患者按每人 5000 元给予补助、对重症大骨节病贫困患者按每人 700 元给予对症治疗补助,切实减轻贫困人口治疗疾病负担,筑建贫困人口健康工程,脱贫增收,摆脱长期贫困。

3.3.5 巩固脱贫成果，推动乡村振兴

1. 防止发生规模性返贫

脱贫摘帽以来，普格县严格落实"四个不摘"要求，实现 34 名县领导、64 个部门全部联乡帮扶、81 支驻村工作队全覆盖帮村，统筹落实规划引领、资金支持、示范带动和驻村帮扶，坚决防止发生规模性返贫。为此，普格县重点抓了以下四个方面的工作。

(1)强化脱贫户动态监测帮扶。完成 6.8 万脱贫人口"一超六有"摸排更新，将 303 户边缘易致贫户和脱贫不稳定户纳入监测范围，分类实施帮扶，进行动态清零。

(2)强化低收入群体救助保障。及时因户施策，公益性岗位安置 3985 人，就近转移就业 6096 人，低保救助 5 万人，培育家庭农场 596 家。

(3)强化"两不愁三保障"成果巩固。2020 年，全县脱贫人口外出务工 1.4 万人、创收 2.7 亿元；培育农民合作社 230 个，启动实施百万只蛋鸡和一万只肉羊等特色养殖项目；持续提升教育医疗保障水平。

(4)强化易地搬迁后续扶持。充分利用集体资产和搬迁群众土地资源，发展特色果蔬和优质烟叶 3.2 万亩，启动实施 30 万头生猪养殖扶贫车间建设；设置公益性岗位 215 个；投入 1.2 亿元，健全完善基础设施和公共服务体系；集中安置点全覆盖建立"萨啦"党组织，规范有序推进农村基层治理。

2. 实施"四大提升"行动，打造贫困地区乡村振兴样板县

普格县坚持把乡村振兴摆在首要位置，实施"四大提升"行动，全力打造脱贫地区乡村振兴样板县。

(1)实施乡村产业提升行动。全面构建以城郊农业为主导的现代农业产业体系，争取在"十四五"期间，建成特色种养产业基地 15 个、现代农业园区 9 个，申报"三品一标"30 个。

(2)实施基础设施提升行动。统筹实施高速公路、城乡道路、农村公路和旅游产业路建设；发展民生水利工程，提高水利保障能力；持续实施城乡电网、油气供应和农村清洁能源建设项目；加快通信网络建设，确保乡村 5G 网络基本全覆盖。

(3)实施生态治理提升行动。严守生态安全底线，常态化开展石漠化综合治理、水生态保护、农业面源污染治理和林草地保护，大力发展生态农业、绿色工业和生态旅游。

(4)实施基层治理提升行动。统筹推进乡村改革"后半篇"文章，持续选优配强乡村干部队伍，打造一支懂治理、能治理、善治理的基层干部队伍。扶持壮大村集体经济，力争 2025 年实现 50%以上的村集体经济收入超过 20 万元。持续推进禁毒防艾、控辍保学、移风易俗，创建乡村治理示范村 25 个。

3.3.6 案例分析——夹铁乡阿木村的山地彝族聚居区稳定脱贫模式

1. 阿木村概况

阿木村地处北纬 27°40′941″，东经 102°36′775″，位于普格县夹铁乡社区居委会外围，

是夹铁乡人民政府所在地,距离普格县城59公里,距离西昌市129公里。海拔在1750～2800米,既有位于西北部的山区,又有位于西南部、南部的田地,干雨季分明,年温差较小,日较差较大,晴天多,日照时间长,辐射强,垂直差异较明显。阿木村辖区面积12.5平方公里,总耕地面积1866亩,其中,水田510亩,旱地1254亩,人均耕地面积1.06亩,草地400亩。粮食作物以水稻、玉米、小麦、燕麦、土豆为主。2018年全村种植烤烟185亩,实现产烟280担,烟农收入38.5万元;全村玉米收获75吨;大米收获150吨,卖出22.5吨;种植核桃450亩,红花椒150亩。畜牧业以牛、羊、猪、鸡为主,年出栏150多头牛、600多只羊和1500多头猪。截至2018年年底,全村共有354户1745人,彝族人口占98%以上。全村建档立卡贫困户为73户321人。

2. 脱贫成果

1)"一超六有"情况

"一超两不愁"情况:脱贫人口家庭年均纯收入稳定超过国家扶贫标准;通过劳务输出、产业扶持、各项惠农政策落实,实现贫困户吃穿不愁。

"六有"情况如下。

(1)义务教育有保障。阿木村6～16岁适龄儿童都入学在校,无失学、辍学儿童。

(2)基本医疗有保障。阿木村贫困户均参加了新农合,参保率为100%,实现了基本医疗全覆盖。

(3)住房安全有保障。阿木村2016年建档立卡贫困户中有37户152人享受每户3.5万元的D级危房改造,36户172人享受每户一万元的C级危房加固维修;2018年在"回头看,回头帮"工作中启动建档立卡贫困户35户159人彝家新寨建设项目。

(4)有安全饮水。新建6个饮用水蓄水池,每组新增一处灌排渠道,每组一处集中供应自来水,实现家庭到组饮水,全村75户贫困户全部实现安全饮水。

(5)有生活用电。全村75户贫困户全部接通生活用电,能够满足照明、保障基本家用电器用电需求。

(6)有广播电视。全村75户贫困户均能正常收看有线电视,村广播实现6个组全覆盖。

2)"一低七有"情况

"一低"情况:2016年,阿木村贫困发生率下降至2.1%,实现了贫困发生率低于3%的目标。

"七有"情况如下。

(1)有集体经济。2016年每户建档立卡户借款产业扶持金5000元,让其积极发展核桃、花椒种植业或者特色养殖业,全村种植烤烟400余亩,新种核桃500余亩;实施肉猪养殖项目,总共养殖猪42只,截至2016年底,已卖出22只,共收入15780元,支付合作方一半收益(7890元),村集体经济结余7890元,已达到全村人均3元的指标。

(2)有硬化路。2016年新建通组道路三条,共3.5公里,宽4.5米,其中砂石路面2.5公里,水泥路1公里;改造加宽通组道路三条,宽4.5米,长约7.8公里;樱花入户路宽1米,长20公里;全村已在2017年顺利完成村道以及通组入户道路水泥硬化工程。

(3) 有卫生室。在甲铁乡卫生院内建设标准村卫生室，砖混结构，内设诊疗室、病房、医生室，配套基本医疗设备，保证村民基本医疗需求。

(4) 有文化室。新建阿木村文化室，面积约 30 平方米，配备了桌椅、沙发以及书架等基本设施，藏书 1600 余册，能够满足村民文化生活需求。

(5) 有通信网络。严格落实光纤到户国家标准，实施宽带乡村工程，2016 年全村已实现电信 3G、4G 网络覆盖，村活动室实现了电脑办公。

(6) 有学前教育实施。阿木村幼教点位于阿木一组，2016 年有"一村一幼"辅导员 4 名，学生 120 名。2019 年春季学期开设有 3 个班级，共有 178 名学龄前儿童。

(7) 有民俗文化坝子。投入 20 余万元在阿木二组修建民俗文化坝子，面积约 300 平方米，修建了厨房、储物间、公共卫生间等功能用房，配备健身器材、篮球场，成为村民健身锻炼、文化休闲的好去处。

3. 脱贫模式

(1) 产业造血、稳定增收。阿木村的产业发展以土豆、玉米、珍珠米等的种植为主。脱贫攻坚过程中，阿木村的产业发展和集体经济得到了四川师范大学的大力扶持。四川师范大学投入大量资金帮扶阿木村修建十万亩设备蔬菜大棚，协助成立普格县"长兴专业种植合作社"，大力发展蔬菜种植、珍珠米、绿色土鸡蛋等支柱产业，把阿木村优质的农产品推向市场，促进集体收入稳步增长，为产业兴旺提供了重要的经济保障。除此之外，在四川师范大学的帮扶下，阿木村合作社与成都兴业银行、云南昆明实验学校（天骄校区）达成"以购代捐"珍珠米的采购协议，惠及了夹铁乡六个村数百户贫困户，为合作社增收 6 万余元。

(2) 结对共建，建强组织。坚强有力的基层党组织"战斗堡垒"，是阿木村打赢脱贫攻坚战的核心力量和关键要素。阿木村在上级党组织的领导下，与四川师范大学生命科学学院教工党支部"结对共建"，加强党建引领，不断提高党员的思想政治素质和科学文化素质，充分发挥党员在振兴乡村发展中的先锋模范作用，通过支部抓党员，党员带群众，在村民心中真正树起一面有凝聚力、号召力和战斗力的旗帜。

(3) 教育扶贫，扶智扶志。扶贫先扶智。在四川师范大学人才和智力优势的帮助下，阿木村坚持以教育帮扶为抓手，着力从源头上阻断贫困的代际传递，不断完善教育基础设施，传播先进教育理念，提高教育教学质量，促进义务教育均衡发展，使教育发展条件得到极大改善，为乡村发展注入了强劲动力。

(4) 完善基础设施，夯实发展根基。阿木村坚持将基础设施建设作为加快贫困村发展的重要"引擎"，科学谋划、多方争取、大力实施，最大限度地挖掘、整合、运用各方面的资源和力量，持续推进全村基础设施建设，积极改变农村贫困落后面貌，改善群众生产生活条件，不断夯实发展基础，增强农村发展后劲。

(5) 加强生态建设，改善人居环境。阿木村积极响应美丽乡村建设号召，以贫困村整体环境、贫困户生活环境改善为突破口，全面开展农村人居环境综合大整治，按照"全面展开、分批推进、重点整治"的原则，重点围绕环境卫生、生活习惯等方面，在全村深入开展农村环境卫生综合整治和"四好创建"活动，彻底改变了农村脏乱差状况，实现了"村容整治、美好家园"的目标要求，村民人居环境得到了极大改善。

(6) 繁荣农村文化，建设乡风文明。养成好习惯，形成好风气，是阿木村抓好精神脱贫的关键。阿木村以习近平新时代中国特色社会主义思想为指导，在四川师范大学和社会各界的教育帮扶下，不断加强社会主义核心价值观教育，积极传输现代文明知识，大力开展"四好创建"，不断提高村民素质。阿木村党支部和四川师范大学综合扶贫工作队利用"三会一课"、党建月会、农民夜校、大走访等平台，组织党员认真学习中央和省、州、县脱贫政策和措施，鼓励引导党员带头发展产业、带头勤劳致富、带头参加合作社、带头整治房前屋后环境、带头养成生活好习惯、带头遵纪守法、带头移风易俗，发挥党员的示范带动作用。全村已形成治安良好、环境优美、崇德向上的风气。

第4章 四川集中连片特困地区稳定脱贫实证调研回顾

4.1 脱贫实证调研情况

4.1.1 调研背景

2017年11月《中共中央国务院关于支持深度贫困地区脱贫攻坚的实施意见》对深度贫困地区脱贫攻坚工作做出全面部署。2020年3月6日，习近平在决战决胜脱贫攻坚座谈会上的讲话指出，我国将贫困人口从2012年年底的9899万人减到2019年年底的551万人，贫困发生率由10.2%降至0.6%，连续7年每年减贫1000万人以上；到2020年2月底，全国832个贫困县中已有601个宣布摘帽，179个正在进行退出检查，未摘帽县还有52个，区域性整体贫困基本得到解决；贫困群众"两不愁"质量水平明显提升，"三保障"突出问题总体解决；贫困地区基本生产生活条件明显改善、经济社会发展明显加快、贫困治理能力明显提升。

脱贫攻坚从取得决定性成就到全面胜利，面临的挑战和困难十分艰巨，尤其是对于集中连片特困地区，贫困面广、贫困人数多、贫困程度深、致贫原因复杂。2016年四川省实际脱贫107.8万人，实际退出贫困村2437个，贫困发生率由2013年的9.6%降至4.4%，贫困地区农村居民收入增速高于全国平均水平；2017年四川省实际减贫108.5万人，实际退出贫困村3769个，综合贫困发生率均降至3%以下；2018年四川省实际减贫104万人，实际退出贫困村3513个、超计划数13个，减贫人口全部达到国家"两不愁三保障"标准，实现"一超六有"，贫困发生率降至1.1%；2019年，四川省实际减贫50万人，实际退出贫困村1482个，31个计划摘帽贫困县各项退出指标达到验收标准，贫困发生率降至0.3%；藏族聚居区贫困县全部达到摘帽标准，凉山州4个贫困县达到摘帽标准，实现贫困县摘帽零的突破。2020年新冠疫情暴发，给脱贫工作带来新的挑战，一是外出务工受阻；二是扶贫产品销售和产业扶贫困难；三是扶贫项目停工；四是帮扶工作受到影响。如何建立返贫防范机制巩固脱贫成果，确保脱贫户不返贫是2020年亟须研究和解决的问题。面对困难迎难而上，在四川省各级政府、各帮扶力量以及贫困地区人民的不懈努力下，2020年11月17日，四川省人民政府批准凉山州普格县、布拖县、金阳县、昭觉县、喜德县、越西县、美姑县7县退出贫困县序列。至此，四川88个贫困县全部清零[61]。

4.1.2 调研区域与调研方法

1. 调研区域

为探寻集中连片特困地区脱贫攻坚机制与模式问题,本书选择四川省贫困程度深、贫困面广、贫困集中的 4 个区县开展调研,包括四省藏族聚居区的甘孜藏族自治州理塘县、大小凉山彝族聚居区的凉山州普格县及秦巴山区的达州市达川、巴中市恩阳区为调研执行区域(表 4-1),通过科学客观地分析集中连片特困地区脱贫攻坚的实证结果,为政府尽早出台更为长效的政策机制提供依据。

表 4-1 脱贫攻坚调研执行区域

连片特困地区	调研县域	调研村域	脱贫时间
秦巴山区	恩阳区	万寿村、安居村	2018 年 7 月
	达川区	成都村、花石岩村、肖家村	2019 年 4 月
高原藏族聚居区	理塘县	若西村、江达村、卡娘村	2020 年 2 月
大小凉山彝族聚居区	普格县	阿木村	2020 年 11 月

2. 调研方法

本书的实证研究方法如下。

(1) 资料收集法。通过资料的收集与查询,对脱贫攻坚调研区域的脱贫情况进行详细分析;收集贫困地区贫困户的脱贫攻坚档案,进行脱贫攻坚政策实施的调研总结。

(2) 村委座谈法。在贫困地区调研过程当中,首先组织乡镇、村级干部进行座谈,总体了解该村的脱贫攻坚情况,包括致贫原因、贫困状况与脱贫状况,选定脱贫攻坚的调研区域范围。

(3) 问卷调查法。对选定的脱贫攻坚区域采用问卷调查的实证研究方法,以县为重点,以村镇为单位,采取村委会号召、入户调研等方式,进行一对一的问卷发放调查,确保问卷回收有效性。

(4) 个别访谈法。在调研区域,对村支书及产业业主进行个别访谈记录,以补充问卷调查的实证研究结果。

4.1.3 调研成果

本次调查问卷部分主要是针对贫困村家庭的基本家庭情况、主要的脱贫途径、致贫原因、未来进一步发展需求等方面进行,主要考察贫困户脱贫成效的稳定性以及对后续巩固脱贫成果的支撑性作用;个别访谈和座谈也是围绕这 4 个方面开展。根据问卷调查的结果(表 4-2),对贫困地区的贫困户状况进行实证分析。

表 4-2　贫困村调研区域调查情况表

调研区域	调研时间	问卷调查份数/份	访谈调查份数/份	贫困村档案/份
恩阳区	2019年11月	43	5	58
达川区	2019年10月	58	10	25
理塘县	2019年8月	54[1]	8	2
普格县	2019年9月	27[2]	2	2
总计	—	182	25	87

注：1.54 份调查问卷中，有效问卷 44 份；2.27 份调查问卷中，有效问卷 22 份。

1. 贫困户文化程度

由表 4-3 可知，四个区县共 167 个调研样本，文化程度为小学及以下的有 148 人，占比高达 88.6%，初中学历 18 人，占比为 10.8%，高中学历 1 人，占比为 0.6%，贫困户文化程度普遍低，反映出文化程度对贫困的形成以及后续脱贫有重要影响。

表 4-3　集中连片特困地区贫困户文化程度状况　　　　　　（单位：人）

调研区县	小学及以下	初中	高中	职校/中专	大专及以上	样本合计
恩阳区	31	12	0	0	0	43
达川区	52	5	1	0	0	58
理塘县	43	1	0	0	0	44
普格县	22	0	0	0	0	22
合计	148	18	1	0	0	167

2. 劳动人口比重

劳动人口比重即劳动人口与户籍人口之比。由于问卷中调查的是非劳动人口，因此，劳动人口＝户籍人口-非劳动人口。

在受调查的恩阳区 43 户贫困户中，有户籍人口 166 人，非劳动人口 77 人，在家务农人口 47 人，外出务工 42 人，外出务工人口占劳动人口的 47%（表 4-4）。

表 4-4　恩阳区调研村劳动人口状况

类别	人数/人	比率/%
非劳动人口	77	47
在家务农人口	47	28
外出务工人口	42	25

在受调研的达川区 58 户贫困户问卷中，共有户籍人口 209 人，非劳动人口 92 人，在家务农人口 61 人，外出务工 56 人，外出务工人口占劳动人口的 48%（表 4-5）。可以看出，近一半的劳动人口都是外出务工，外出务工收入成为家庭收入的主要来源；大部分老人和小孩等非劳动人口均居住在农村，农村劳动力流失严重，劳动人口数量不够。

表 4-5　达川区调研村劳动人口状况

类别	人数/人	比率/%
非劳动人口	92	44
在家务农人口	61	29
外出务工人口	56	27

在受调研的理塘县 44 户贫困户中，有户籍人口 195 人，非劳动人口 89 人，占比达到 46%，劳动力人口 106 人，外出务工 5 人，仅占劳动力人口的 5%（表 4-6），表明通过外出务工将劳动力转化为实际收入的较少，收入结构始终以种养殖业为主，农村有剩余的劳动力。

表 4-6　理塘县调研村劳动人口状况

类别	人数/人	比率/%
非劳动人口	89	46
在家务农人口	101	52
外出务工人口	5	2

在受调研的普格县 22 户贫困户中，有户籍人口 93 人，非劳动人口 39 人，占比为 42%，劳动人口 54 人，其中在家务农 26 人，占总人口的 28%，外出务工 28 人，占总人数的 30%（表 4-7）。由表 4-7 可知，在普格县贫困户中，农村劳动人口流失严重，劳动结构不平衡，外出务工成为家庭收入的主要来源。

表 4-7　普格县调研村劳动人口状况

类别	人数/人	比率/%
非劳动人口	39	42
在家务农人口	26	28
外出务工人口	28	30

通过以上调研发现，贫困地区非劳动人口占总人口比重普遍偏高，导致劳动人口负担较大；在劳动人口比重中，除理塘县外，其余三个地区的贫困村外出务工人口占劳动人口比重也较高，农村劳动力大量流失。

3. 致贫原因

在受调研的恩阳区 43 户贫困户中，因病致贫 27 户，缺技术致贫 8 户，因残致贫 5 户，缺劳力致贫 3 户。从表 4-8 中可以看出，恩阳区调研村主要的致贫原因是生病，调研数据表明，在更大程度上导致农户陷入贫困的是支出因素，如 75% 的贫困户是由于家庭成员患有重病或残疾致贫，其次就是获取经济收入的能力不足，因缺乏劳动能力和缺乏技术而致贫的分别为 7% 和 18%。

表 4-8 恩阳区调研村主要致贫原因

类别	户数/户	比率/%
缺劳力	3	7
因残	5	12
缺技术	8	18
因病	27	63

在受调研的达川区 58 户贫困户中，因病致贫 46 户，缺技术致贫 6 户，因残致贫 5 户，缺劳力致贫 9 户。从表 4-9 中可以看出，达川区调研村主要的致贫原因是生病。调查数据表明，在更大程度上导致农户陷入贫困的是支出因素，如 70%的贫困户是由于家庭成员患有重病或残疾致贫，其次就是获取经济收入的能力不足，因缺乏劳动能力和缺乏技术而致贫的分别为 12%和 8%。

表 4-9 达川区调研村致贫原因

类别	户数/户	比率/%
因病	46	63
缺技术	6	8
缺资金	5	7
缺劳力	9	12
因残	5	7
因学	2	3

在受调研的理塘县 44 户贫困户中，缺技术致贫户数最多，达到了 33 户，其次为缺劳力致贫，占比为 12%，因残、缺土地、缺资金致贫占比都为 2%(表 4-10)。

表 4-10 理塘调研村主要致贫原因

类别	户数/户	比率/%
缺劳力	5	12
因残	1	2
缺技术	33	75
缺土地	1	2
其他	3	7
缺资金	1	2

在受调研的普格县 22 户贫困户的致贫原因中，有 9 户因病致贫，有 4 户因学致贫，有 3 户因缺技术致贫，有 3 户因缺资金致贫，有 2 户是因缺劳力致贫，有 1 户因缺土地致贫(图 4-1)。

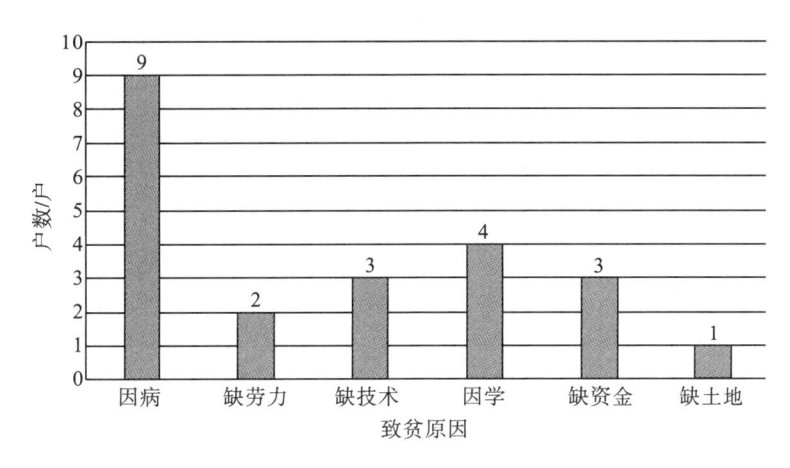

图 4-1　普格县贫困户致贫原因分布图

由上可以发现，恩阳区、达川区以及普格县的受调研贫困村，疾病是导致贫困的主要原因，缺技术、缺劳力、缺资金等占比都较小。基层农户普遍是脆弱的主体，抵御疾病和灾害、获取生活经济来源能力较弱，由于缺乏有效保障，在内外力量的冲击下极易陷入贫困状态[62]。而理塘县受调研贫困村的主要致贫原因为缺技术，理塘县外出务工人数少，在家的劳动力学历普遍低，对于种养殖业技术不了解，导致产量低、收入低。

4. 脱贫途径

恩阳区调研村通过特色产业的发展增加收入的有 23 户，外出务工有 35 户，看病有保障 40 户，居住条件改善有 18 户，子女上学负担减轻有 12 户，养老保险减轻了赡养老人的负担有 26 户，子女赡养减轻负担有 3 户（表 4-11）。

表 4-11　恩阳区调研村脱贫途径

类别	户数/户	比率/%
特色产业的发展增加收入	23	15
外出务工	35	22
看病有保障	40	25
居住条件改善	18	11
子女上学负担减轻	12	8
养老保险减轻了赡养老人的负担	26	17
子女赡养	3	2

达川区调研村通过特色产业的发展增加收入的有 25 户，外出务工有 31 户，看病有保障 51 户，居住条件改善有 28 户，子女上学负担减轻有 17 户，养老保险减轻了赡养老人的负担有 22 户，子女赡养减轻负担有 12 户（表 4-12）。

调查数据表明，27% 的贫困户表示由于国家医疗救助政策的实施，看病有了保障是他们脱贫的主要原因，这也跟最主要的致贫原因相契合；农村获取经济收入的机会较少，17% 的贫困户还是由于外出务工获取收入才顺利脱贫，而国家出台的教育、养老政策，有效保障了贫困户的最低生活水平,再加上贫困村大力开展特色农业产业,共同促使贫困村顺利脱贫。

表 4-12 达川区调研村脱贫途径

类别	户数/户	比率/%
特色产业的发展增加收入	25	13
外出务工	31	17
看病有保障	51	27
居住条件改善	28	15
子女上学负担减轻	17	9
养老保险减轻了赡养老人的负担	22	12
子女赡养	12	7

理塘县调研村通过特色产业的发展增加收入的有 37 户,外出务工有 7 户,看病有保障 33 户,居住条件改善有 24 户,生态补偿 38 户,子女上学负担减轻有 30 户,养老保险减轻了赡养老人的负担有 10 户,子女赡养减轻负担有 2 户,其他减轻负担 11 户(表 4-13)。

表 4-13 理塘县调研村脱贫途径

类别	户数/户	比率/%
特色产业的发展增加了收入	37	27
外出务工	7	4
看病有保障	33	19
居住条件改善	24	14
生态补偿	38	22
子女上学负担减轻	30	18
养老保险减轻了赡养老人的负担	10	6
子女赡养	2	1
其他减轻负担	11	6.5

接受调研的普格县 22 户贫困户脱贫途径有多种,其中外出务工增加收入有 19 户,看病有保障减轻生活压力有 20 户,居住条件改善有 22 户,子女上学负担减轻有 16 户(表 4-14)。

表 4-14 普格县贫困户脱贫途径

	发展特色产业增加收入	外出务工	看病有保障	居住条件改善	子女上学负担减轻	养老保险减轻赡养老人负担	子女赡养
户数	0	19	20	22	16	0	0
比率/%	0	24.7	26	28.6	20.7	0	0

由上可以看出，达川区、恩阳区主要是以发展特色产业、外出务工以及看病有保障为主要脱贫途径，而理塘县主要是以发展特色产业、生态补偿、看病有保障以及子女上学负担减轻为主要脱贫途径，普格县则是以外出务工、看病有保障、居住条件改善以及子女上学负担减轻为主要脱贫途径。看病有保障是每个调研贫困区都共有的脱贫途径，且占比较大，表明国家通过一系列医疗保障措施，解决了贫困群众看病难、看病贵的问题；理塘县和普格县的子女上学负担减轻都占有一定比重，表明在少数民族贫困地区，解决贫困孩子教育问题不仅能保障贫困儿童受教育的权利，也是减轻家庭负担的重要举措。

5. 进一步发展需求

在进一步发展需求的调研中，有27户想要提高社会保障力度和覆盖度，23户想积极培育和推进产业发展，19户想提供技能培训和技术指导，11户想要解决子女上学难的问题，6户想加强生产和生活设施建设（表4-15）。

表4-15 恩阳区调研村进一步发展需求

类别	户数/户	比率/%
加大资金支持力度	18	17
提高社会保障力度和覆盖率	27	26
积极培育和推进产业发展	23	22
加强生产和生活设施建设	6	6
解决子女上学难的问题	11	11
提供技能培训和技术指导	19	18

调查数据表明，恩阳区近几年为促进贫困村脱贫，实施了众多产业促进脱贫措施，贫困户从中得到了切实优惠，村民对积极培育和推进产业发展、提供技能培训和技术指导的需求较大，有41%的贫困户希望政府围绕产业发展提供相关的资金、基础设施和培训。

达川区在进一步发展需求的调查中，有42户想要提高社会保障力度和覆盖率，20户是想积极培育和推进产业发展，26户想提供技能培训和技术指导，17户想要解决子女上学难的问题，15户想加强生产和生活设施建设（表4-16）。

表4-16 达川区调研村进一步发展需求

类别	户数/户	比率/%
加大资金支持力度	36	22
提高社会保障力度和覆盖率	42	26
积极培育和推进产业发展	20	13
加强生产和生活设施建设	15	9
解决子女上学难的问题	17	11
提供技能培训和技术指导	26	16
其他	5	3

调查数据表明，经过国家精准脱贫政策的实施，达川区万寿村和安居村的扶贫成效显著，但因为贫困户中还是存在经济基础薄弱、创收能力低下、思想观念保守等问题，较多的贫困户更多倾向于政府能够提供无偿性的保障、救助和帮扶资金，占到了 26%。达川区近几年为促进贫困村脱贫，实施了众多产业促进脱贫措施，贫困户从中得到了切实优惠，村民对培育和推进产业发展与提供技能培训和技术指导的需求较大，有 47% 的贫困户希望政府围绕产业发展提供相关的资金、基础设施和培训。

理塘县在进一步发展需求的调查中，有 23 户想要提高社会保障力度和覆盖度，27 户想积极培育和推进产业发展，38 户想要提供技能培训和技术指导。可以看出，贫困户主要希望有更多的技能培训和技术指导（表 4-17）。

表 4-17 理塘县调研村进一步发展需求

类别	户数/户	比率/%
加大资金支持力度	19	12.2
提高社会保障力度和覆盖率	23	14.7
积极培育和推进产业发展	27	17.3
加强生产和生活设施建设	27	17.3
解决子女上学难的问题	12	7.7
提供技能培训和技术指导	38	24.4
其他	10	6.4

接受调查的普格县 22 户贫困户的进一步发展需求中，对加大资金支持力度有需求的 20 户，对提高社会保障力度和覆盖率有需求 16 户，对积极培育和推进产业发展有需求 14 户，对加强生产和生活设施建设有需求 8 户，对解决子女上学难的问题有需求 9 户，对提供技能培训和技术指导有需求 7 户，其他需求有 1 户（表 4-18）。

表 4-18 普格县贫困户进一步发展需求

	加大资金支持力度	提高社会保障力度和覆盖率	积极培育和推进产业发展	加强生产和生活设施建设	解决子女上学难的问题	提供技能培训和技术指导	其他需求
户数	20	16	14	8	9	7	1

通过以上数据表明，在贫困户进一步发展需求中，加大资金支持力度、提高社会保障力度覆盖率、积极培育和推进产业发展以及提供技能培训和指导，在各调研贫困地区都有一定占比，而加强生产和生活设施建设、解决子女上学难的问题则占比较小，可以看出贫困户"两不愁三保障"的问题已经基本解决，他们更多关注的是后续可持续脱贫与发展问题。

4.2 区域脱贫调查访谈案例

4.2.1 达州市达川区

达川区是革命老区和全省 88 个贫困县之一，2010 年达川区作为秦巴山区扶贫开发区县被纳入四川省规划。2018 年，达川区达到摘帽标准，贫困发生率降至 0.6% 以下。脱贫后达川区紧接着出台《达川区乡村振兴战略发展规划》，全面实施乡村振兴战略。在粮食安全上，出台撂荒地复耕办法，确保粮食产量稳定。在产业发展上，实施农业"5+5"工程，打造"安仁柚"国家地理标志保护产品，积极创建省级示范家庭农场、现代农业园区、有机产品认证示范区等，市级以上龙头企业、示范家庭农场等。引进农产品加工企业，提高农产品附加值。培育新型业态，发展"农业+互联网""农业+旅游、康养"等，促进一产"接二连三"。在乡村基础设施建设上，持续推进农村地区宽带全覆盖，提高宽带质量；支持农网改造升级，提高农村输配电质量，保证农村用电安全稳定、满足基本生产生活需求。在乡村治理上，争创全省乡村振兴先进县(区)，开展"宜居乡村美丽达川十大行动"，龙会乡花石岩村等 5 个村被评为 2019 年度省级乡村振兴示范村。

【案例一】

时间：2019 年 10 月

地点：达川区龙会乡花石岩村

受访对象：花石岩村村干部

达州市达川区龙会乡花石岩村曾经是达州有名的贫困村，交通落后，信息闭塞，村民思想观念落后，村两委班子良莠不齐。在政府支持下，花石岩两委不断革新，科学分析经济发展瓶颈，积极邀请专家考察，做好花石岩村后续发展规划——秦巴生态民俗文化旅游村，带领全村上下创业兴村、致富增收、脱贫奔康。

访谈记录：

问：请问对于政府扶贫政策，您是如何理解、宣传和执行的？

答：通过召开大会、入户宣传、广播等。

问：政府政策资源主要投入哪些方面？农户是否支持？

答：主要投在产业、生活保障、环境、基础设施建设等方面，农户还是非常支持的。

问：社会帮扶主要在哪些方面？村委怎么参与这些力量的？农户的态度如何？

答：社会帮扶主要集中在教育帮扶上，如浙江帮扶教育、学校帮扶教育等，农户很支持。

问：村委会如何调动农户脱贫致富积极性？

答：主要还是鼓励发展，通过领头人带动贫困户、非贫困户一起发展。

问：本村现在有哪些产业？

答：无花果、青脆李以及青花椒。

问：为什么选择这些产业呢？

答：主要是政府引进来的。

问：这些产业在发展过程中有哪些问题？

答：主要存在管理差、品种不足、产量不高、成熟季节气候不搭配、口感差等问题。

问：这些产业能带动农户收入增长吗？

答：还是能的，农户通过种植、分红以及务工等提高了自己的收入。

问：本村文化习俗还在传承吗？

答：在的，如本村的十二生肖走廊等，这些都是对传统文化的一种传承。

问：本村有几所学校，师资力量如何？

答：有一所小学，4名教师，都是大专学历，现阶段学校准备增加教师人数。

问：您觉得本村是否适合发展乡村旅游？

答：适合，村里有本土文化的支撑。

问：你们是否有发展乡村旅游的规划呢？

答：有的，村里以传统农耕为载体，发展农业观光旅游，现在村内修建有观光道路2千米。

问：本村基础设施状况如何？

答：水电网络路全通。村里有完善的交通网络，原来只有1千米，现在有24千米便民路；水利方面，原来天干大旱缺水，现有三口深水井，100多米，水质好，水量稳定，解决全村自来水，饮用水通达，灌溉用小微水池12口。电力方面，全村通电，扩容，增加三台变压器，满足生产、生活。网络方面，联通、电信、移动全通。燃料方面，原来需要挑煤现在全村通天然气。

问：扶贫三步化工作如何监管？资金等政府、社会力量如何具体到户或项目？

答：首先扶贫对象精准，通过"8+3+10"精准识别贫困户；通过措施到户精准，"六个一批"精准脱贫机制；项目安排精准，22家以专项扶贫行动；资金使用精准，六大基金，四议五公开；因村派人精准，"5+2""3+2"充实帮扶力量；脱贫成效精准，"双7""3不减""四好村"。

问：监管过程是否有农户参与，如何调动农户配合治理？

答：监管通过村理事会共同监管。有村民代表参加。

问：前期的脱贫工作中，作为村干部，你认为哪些方面的工作为乡村振兴的五大振兴提供了支持和保障？

答：基础设施建设以及产业发展。

问：对于五大振兴，本村有何规划？是否有偏向优先？

答：本村打算发展旅游业，重点在于老弱病残小等弱势群体的帮助，加强基础设施，农业生产基础设施，同时对农产品进行深加工。

【案例二】

时间：2019年10月

地点：达川区马家镇肖家村

受访对象：肖家村红山林、美焕集、乌梅山庄产业业主

肖家村创优环境，大力发展产业。一是创优发展环境，引进业主。2018年引进"丁氏农场"，投入1500万元，治理荒山荒地1600亩、种植乌梅2000亩、红豆杉2500株，

吸纳 50 名群众务工；引进达州市金联生态农业有限公司发展肉牛养殖；采取搬迁贫困户领养计重付酬或务工付酬的办法，促进搬迁户增收。二是"三种三养"发展种养业，种植乌梅 3000 亩、桃树 300 亩、李树 200 亩；发展林下养鸡、养猪、养牛。三是加快发展乡村旅游，利用已建成的景点、产业、设施，加快构建"农旅结合、以农促旅、以旅带农"发展格局。四是启动康养产业。已新建康养中心 970 平方米，可容纳 60 余人入住，收益将分配给村民 80%（其中贫困户、非贫困户各一半）。五是发展电子商务，开办网店，引导村民上网销售农产品，方便群众从网上购买产品。

访谈记录：

问：来当地发展的原因和目的是什么？是否为本地居民？

答：红山林：本地人，适合；美焕集：本地人，资源优势；乌梅山庄：本地人，资源优势。

问：现今投入的资金为多少？现发展的产业是什么？为什么要选择这个产业？

答：红山林：200 万元，本地有乌梅产出，乌梅酒；美焕集：400 万元，种植乌梅，有规模并且产量大；乌梅山庄：400 万元，早年回村种植，后期发展为乌梅基地。

问：来当地发展，政府的态度如何？获得了哪些政府的支持？

答：红山林：基础设施和政策；美焕集：资金和政策以及基础设施；乌梅山庄：现有政策，基础设施支持。

问：来村上发展村委会和当地村民的态度如何？获得了他们的哪些支持？

答：红山林：支持，一起发展；美焕集：支持，务工和政策；乌梅山庄：十年前来村发展。

问：是否承包当地土地，如有，年限和价格是？

答：红山林：20 亩，30 年，550 元；美焕集：350 亩，30 年，田 260 亩，地 200 亩；乌梅山庄：土地 400 亩，200 元，坡地 400 亩，200 元，森林 2000 亩，年限为 10 年共 30 万元。

问：对劳动力的需求有哪些，如人数、年龄、学历等？对于解决本村劳动力有什么条件？

答：红山林：8 个人左右常年，3000 元/月；美焕集：常年 30 人，50 元/天，技术人员 80 元/天；乌梅山庄：常年 78 人，季节时 20~30 人，每人 70 元/天。

问：现发展产业的市场性如何？市场的来源是否含有订单？成交率如何？

答：红山林：市场较好，主要销往广东，有订单，成交率不错；美焕集：村集体一起，村集体统一销售，无订单；乌梅山庄：市场不错，无订单。

问：现有产业的产出如何，市场回报率大致为多少？和预期收益是否匹配？

答：红山林：1500 万元左右，收益匹配；美焕集：暂时未有收益；乌梅山庄：现支出收益持平，旺季每天 4 万元左右。

问：现产业发展的稳定性如何，后期有何规划？

答：红山林：稳定性较好，后期扩大窖藏；美焕集：通过康养+民宿+养种植+旅游；乌梅山庄：旅游+民宿+餐饮+多样化。

问：产业可给当地带来多少收入呢？

答：红山林：主要是农户务工和土地流转收入；美焕集：贫困户每年可直接分红 4000 元；乌梅山庄：务工和土地流转。

问：产业发展到现在存在哪些问题？

答：红山林：暂无问题；美焕集：土地政策，建设限制较多；乌梅山庄：资金有问题。

问：未来产业发展的重心和特色是？

答：红山林：酒的品牌化和产量；美焕集：旅游和统一化；乌梅山庄：和旅游统一发展，扩大规模。

问：如果本村发展乡村旅游，您的产业是否能起到支持作用？能否从中获得收益？

答：红山林：有相辅相成的作用，能互相获得收益，成为地区特色产品；美焕集：可以，依托旅游，形成乌梅景观；乌梅山庄：可以，共同发展，提供住宿和休息。

问：在乡村振兴政策下，对于产业经营有什么规划呢？

答：红山林：做出品牌化和地区特色；美焕集：结合旅游，发展景观旅游；乌梅山庄：通过与政府合作，共同发展。

问：作为业主，您认为产业对于支持乡村振兴的作用有哪些？

答：红山林：产业发展，人流量，经济收入提升；美焕集：产业发展提供收益以及务工人数增加使得人口回流；乌梅山庄：提高收益，增加工作岗位。

【案例三】

时间：2019 年 10 月

地点：达川区河市镇成都村

受访对象：成都山玫瑰谷产业业主

成都村山清石秀，森林覆盖率高，多以松柏树木为主，独特的三面临河地理优势以及紧邻主城区的地域优势造就了成都村丰富的旅游资源。截至 2019 年 10 月，已流转土地 2000 亩，成立玫瑰小镇旅游合作社，发展千亩玫瑰园一家、三星级森林酒店一家、民宿三家、百亩水果采摘园一家。安置点紧邻成都山玫瑰基地，成都村主要依托占地 1000 亩的玫瑰基地发展近郊乡村旅游，按照"家园就是景区、就业不出村、工农两不误、脱贫早致富"思路，提供就业岗位 150 个，统一工资标准(8 元/小时)，村民务工自由。一年来累计发放工资近 200 万元，贫困群众统一培训上岗(常年 20 余名贫困群众签订务工合同，每月工资可达 2000 元以上)。村集体采用基础设施入股及现金入股的方式与公司合作，到 2019 年底，村集体收入达 6 万余元。搬迁户及其他贫困户通过土地入股分红、基地务工、庭院经济等实现持续增收，形成了"一三相融、二产带动、安置点与景区联动"的发展格局。

访谈记录：

问：来当地发展的原因和目的是什么？是否为本地居民？

答：来当地发展的原因，主要是当地具有区位和资源优势。是本地村民。

问：现今投入的资金为多少？现发展的产业是什么？为什么要选择这个产业？

答：投入 3000 万元，发展的产业是旅游——玫瑰谷，选择这个产业的原因是周围没有类似旅游，同时可以获得相应的管理以及技术支持。

问：来当地发展，政府的态度如何？获得了政府的哪些支持？

答：政府鼓励来当地发展，获得资金支持 200 万～300 万元，并获得基础设施建设，同时在 3A 级景区打造花费的 1000 万元中，政府补助 500 万元。

问：来村上发展村委会和当地村民的态度如何？获得他们的哪些支持？

答：村委和村民都非常支持，同时村民来玫瑰谷务工，村委给予土地以及政策上的支持。

问：是否承包当地土地，如有，年限和价格是？

答：承包土地 1100 亩，每亩 600 元，共计 15 年，村上有 13 亩土地入股。

问：对劳动力的需求有哪些，如人数、年龄、学历等？对于解决本村劳动力有什么条件？

答：常年需要 30～40 人，旺季需 80～90 人，按 7 元每小时计算工资，技术工市场价为 200 元/天。对劳动力无要求，70 岁以下均可。

问：现发展产业的市场性如何？市场的来源是否含有订单？成交率如何？

答：现产业主要通过门票获得收益，无订单。

问：现有产业的产出如何，市场回报率大致为多少？

答：现产业收入为 400 万～500 万元。

问：现产业发展的稳定性如何，后期有何规划？

答：后期主要通过结合集体发展康养，同时深度挖掘产品深加工价值。

问：产业可给当地带来多少收入？

答：主要通过集体经济分红以及村民进入产业务工给当地村民创收。

问：产业发展到现在存在哪些问题？

答：基础设施不够完善，系列配套不够，有价值的产品不多，用户黏性不够强，回头客较少，理念问题。

问：未来产业发展的重心和特色是？

答：主要通过加工周边产品发展。

问：如果本村发展乡村旅游，您的产业是否能起到支持作用？能否从中获得收益？

答：可以起到支持作用，并且从中受益。

问：在乡村振兴政策下，对于产业经营有什么规划？

答：整合旅游发展，有整合性周期性配合发展。

问：作为业主，你认为产业对于支持乡村振兴的作用有哪些？

答：政策的重视；获得的机遇增加；自然优势的发挥更充分；旅游人数增加；有示范作用。

4.2.2 甘孜藏族自治州理塘县

2011 年，理塘县被纳入国家扶贫连片特困地区重点县。2014 年全县贫困发生率为 38.1%。通过精准施策、全面帮扶，到 2020 年 2 月 18 日，经四川省人民政府批准，理塘县退出贫困县序列，乡村振兴逐渐起步。

【案例四】

时间：2019 年 7 月

地点：理塘县卡娘村

受访对象：卡娘村村支书

访谈记录：

问：对于政府扶贫政策是如何理解、宣传和执行的？

答：通过村农民夜校宣讲，第一书记驻村工作队执行。

问：政府政策资源主要投入哪些方面？

答：政府投入了96万元建立"飞地"集体经济，建设蔬菜大棚三个。

问：社会帮扶主要在哪些方面？村委怎么参与这些力量的？

答：四川师范大学投入18万元建生态农场，村两委积极配合支持。

问：如何调动农户脱贫致富积极性？

答：通过"六改三建"，农户集体，硬化村道，经济务工。

问：本村现有产业发展市场回报率和持续性如何，对本村是否有经济带动？农户对于产业有什么态度，如何协调调动其积极性的？选择该产业的原因是？

答：本村"飞地"集体经济回报率为10%，持续分红15年；农户对该产业积极支持，农民可进入集体经济企业务工增加收入；选择该产业主要是因为本村只适合种植业。

问：学校覆盖率和师资力量如何？在教育文化方面未来有何规划？

答：本村有幼儿园，本村小学已全覆盖，无规划。

问：本村基础设施状况如何？生态状况如何？污染物如何处理？农户有什么意见？生活宜居方面未来有何规划？

答：本村基础设施完善，"六改三建"已完成，生态状况良好，入户路连户路均硬化，太阳能路灯100盏，垃圾集中处置顶三座；无后期规划。

问：党支部书记有兼任村委会主任吗？本村集体经济的比重和收入用途是？监管过程是否有农户参与，如何调动农户配合治理？

答：本村村支书未兼任村主任，集体经济的账由县政府委托的记账公司代管，监管过程无农户参加，但所有账目均要公示。集体经济分红，贫困户比非贫困户多100元，川师（捐赠发展）的集体经济为按劳分配。

【案例五】

时间：2019年7月

地点：理塘县若西村

受访对象：村支书

若西村人口58户295人，49%为男性，全村均为藏族。截至2019年7月，该村有本科生4名，党员9名。若西村2014年被确定为贫困村，2015年共精准识别建档立卡贫困户11户。

访谈记录：

问：对于政府政策是如何理解、宣传和执行的？

答：通过村民大会、农牧民夜校、入户进行政策的宣传和讲解，按要求严格执行。

问：政府政策资源主要投入哪些方面？

答：政府资源主要投入到新建集体经济，进行退耕还林、河道保护；新建幼儿园文化室，加强教育，开展文化活动；新建村内河道桥梁进行"六改三建一加固"；藏式新居建设，改善生活条件；党群服务中心、卫生室、饮水工程、路灯建设等。

问：社会帮扶主要在哪些方面？村委怎么参与这些力量的？

答：社会帮扶主要在产业、文化、生活保障方面。对产业方面的帮扶，村两委积极作为，对接适合本村的产业项目，并向村民征求意见，在产业中，村委组织全村投工投劳，积极参加生产。

生活保障方面，村委按社会帮扶的要求，提供帮扶名单和项目，所有帮扶项目和设施在村内进行公示。

问：如何调动农户脱贫致富积极性？

答：调动村民脱贫致富，需要积极动员村民开展劳动，对集体经济中的投工投劳工作量进行记录，按劳分配；加强宣传教育，改造思想。

问：本村现有产业发展市场回报率和持续性如何，对本村是否有经济带动？农户对于产业有什么态度，如何协调调动其积极性的？选择该产业的原因是？发展有什么问题？未来对此产业有什么规划？

答：本村的产业有羊肚菌种植、蔬菜、药材、树苗等作物的培育，还有野生蜜蜂养殖，包括短期和长期项目。

现产业投入136万元，2019年收入2.52万元，部分中长期项目还未进入收入期，农户对产业支持，主要通过记录工作量、多劳多得调动积极性。

发展产业的原因是自然条件适合；对人才技术要求较低。

存在的问题：本村居民文化低，技术掌握不到位；村民责任心不强；项目回报率低也造成村民的积极性不足。

产业规划从现在的短期及中长期项目中找到最适合本地且回报率最高的项目进行扩大，以增加村民收入。

问：本村文化习俗还在传承吗？本村村规民约是什么？学校覆盖率和师资力量如何？未来有何规划？

答：本村文化是村规民约，是为了规范村民活动秩序、文明卫生等方面的规定。现在村内儿童都是到9年义务教育学校就读，无学校和教师；村内幼儿园有200平方米左右。分配有两名幼师。本村文化习俗通过家人之间传承。

问：本村基础设施状况如何？生态状况如何？污染物如何处理？农户有什么意见？未来有何规划？

答：2019年本村新建了村内道路、桥梁路灯、饮水工程、活动中心、卫生室、幼儿园，无工业，生态环境良好，污染物通过垃圾池堆放处理，农户希望能拉走统一处理。

问：扶贫三步化工作如何监管？资金等政府、社会力量如何具体到户或项目？党支部书记有兼任村委会主任吗？

答：监管是村乡县三级部门从三个层次进行监管，在村内事先宣传征求意见、公示，事中定期抽查，事后验收，三段监管措施。村两委驻村帮扶力量根据资金项目要求通过宣传开会，征求意见，公示确定名单，通过一卡通到户到人，村支部书记没有兼任村主任。

问：本村综合服务站修建依据是？

答：由村民需求和县委规划建设活动中心。

问：本村集体经济的比重和收入用途是？

答：本村集体经济占村民很少一部分，收入分红作为发展基金。

问：现今治理上有什么难点和重点呢？

答：治理难点是村民文化水平较低，理解能力偏差；重点是加强教育，特别是儿童。

问：监管过程是否有农户参与，如何调动农户配合治理？

答：监管过程，有农户参与，有项目监管小组要求农户派代表参加。

问：未来有哪些治理的规划？

答：治理中全村分为三个小组，有组长检查和村民互助。未来治理规划是加强村两委班子。尽量引入有文化有能力的人才加入村两委班子。加强教育，提升村民素质。

【案例六】

时间：2019年7月

地点：理塘县若西村

受访对象：产业业主

若西村产业以小规模农产品种养殖为主，主要有汉藏药材、红豆草、蔬菜大棚种植和蜜蜂养殖，已种植汉藏药材25亩，养殖蜜蜂120箱，种植红豆草97亩，建成党群服务中心一个。

访谈记录：

问：来当地发展的原因和目的是什么？是否为当地居民？

答：原因和目的是村退出要有集体产业，增加村民收入，是当地居民。

问：现今投入的资金为多少？现发展的产业是什么？为什么要选择这个产业？

答：投入136万元，发展大红羊肚菌、蔬菜、药材树苗种植、蜜蜂养殖。因自然条件和技术要求不高，选择这些产业。

问：来当地发展，政府的态度如何？获得了政府的哪些支持？

答：政府支持发展，提供资金技术支持并协调土地和销路。

问：来村上发展村委会态度如何？当地农户态度如何？获得哪些支持？

答：村委会支持，帮助协调土地水电的组织，村民也支持，投工投劳，参与建设和日常田间管理。

问：是否承包当地土地，如有，年限和价格是？

答：承包5年，一亩一年500元。

问：对劳动力的需求有哪些，如人数、年龄、学历等？部分丧失劳动能力者是否可就职？

答：日常劳动只要有劳动力就行，但需要具有一定技术的工人作为指导。

问：现发展产业的市场性如何？市场的来源是否含有订单？成交率如何？

答：苗种植有订单，是中长期项目。

问：现有产业的产出如何，市场回报率大概为多少？和预期收益是否匹配？大概为多少？

答：短期项目已有产出，中长期项目尚无产出，所有项目投入136万元，现有收入2.5万元。

问：现产业发展的稳定性如何，后期有何规划？

答：产业发展平稳，对现有几项做评估，后期集中发展收入最好的一项。

问：现存哪些问题？

答：村民的文化不高，技术不强，责任心不足。

问：未来产业发展的重心和特色是？

答：重心是种植业，特色项目向汉藏药材种植发展。

问：在乡村振兴政策下，对于产业经营有什么规划呢？

答：由于自然因素产业向特色种植业发展，附加旅游服务业。

4.2.3 凉山彝族自治州普格县

普格县共有贫困村103个，2014年全县贫困发生率37.34%。普格县和其他贫困地区一样，受自然条件限制以及两千多年奴隶制社会的禁锢，普格县的彝族先民长期与世隔绝，交通闭塞是发展的主要难题，并由此引发基础设施建设不足、社会事业难以实现突破等问题，村民思想落后，疾病、毒品等问题复杂交织。彝族聚居区作为脱贫攻坚的主战场，新阶段扶贫开发以来，通过政策、项目、人才和资金等一系列帮扶措施，到2020年7月，普格县已退出贫困村88个，贫困发生率降至9.57%，实现历史性的突破。2020年11月16日，普格县同凉山州其他6个贫困县一道退出贫困县序列。

【案例七】

时间：2019年8月

地点：普格县夹铁乡阿木村

受访对象：普格县夹铁乡阿木村党支部书记

阿木村共有阿木一组、阿木二组、集体一组、集体二组、基普一组、基普二组6个村民小组。截至2018年年底，全村共有354户1745人，彝族人口占98%以上；2018年，全村建档立卡贫困户73户321人。2018年，夹铁乡阿木村成为四川师范大学对口帮扶的精准脱贫村。

访谈记录：

问：对于政府政策是如何理解、宣传和执行的？

答：就是精准扶贫，帮助老百姓一起致富，贴标语，然后按规定核实贫困户。

问：政府政策资源主要投入哪些方面(产业、生态、生活保障、文化、基础设施等)？村委在其中如何配置的？农户有什么态度，村委如何协调的？

答：政策资源主要投在基础设施建设、文化教育产业。村委主要是帮助协调，农户都积极参与，也很欢迎。

问：社会帮扶主要在哪些方面(产业、文化、基础设施、生态、监管等)？村委怎么参与这些力量的？农户的态度如何，村委如何协调的？

答：社会帮扶主要在文化教育、蔬菜产业种植。村委会主要是配合工作，联系生产销路。川师大帮扶修建的大棚，村民非常欢迎和支持。

问：如何调动农户脱贫致富积极性(产业、文化、生态环境、监管、基础建设、生活保障等)？

答：调动农户积极性，大家知道能脱贫，能致富，都很愿意参加，也要给村民进行宣传教育。

问：本村现有产业发展市场回报率和持续性如何，对本村是否有经济带动(如有业主，如何吸引业主来本村发展的？与业主的合作方式有哪些)？农户对于产业有什么态度，如何协调调动其积极性的？选择该产业的原因是？产业继续发展有什么问题？未来对此产业有什么规划(是否融入文化或者转型)？

答：川师大援建的蔬菜大棚处于起步阶段，尚未带来直接的经济效益。贫困户看不到眼前的收益，参与的积极性不高。现有产业回报率和持续性基本能保证成本收益和本村经济的发展。农户也愿意参与蔬菜大棚的种植。选择该产业的主要原因是，利用夹铁乡的地理和自然资源优势，集中发展蔬菜大棚种植。产业发展的困境是技术有待支持和提高。未来打算种植葡萄。

问：本村文化习俗还在传承吗？本村村规民约是什么？学校覆盖率和师资力量如何？在教育文化方面未来有何规划？

答：本村的习俗还在传承，主要构成是关于日常生活的调节。学校中心校基本达到了防辍保学，但还是缺教师，未来进一步加大对学校硬件和软件的建设。

问：本村是否适合发展乡村旅游？是否有发展乡村旅游的规划？若有，您认为本村发展乡村旅游的主要基础是什么(政策、资源、文化等)？

答：基本上贫困户都由国家出资建了新房子，修了新马路。按照国家相关规定，重视生态环境的保护，这方面的督查管理也非常严格。污染物分类处理，不能随意倾倒。农户都表示理解，非常配合。下一步按国家相关政策的指导安排。

问：扶贫三步化工作如何监管？资金等政府、社会力量如何具体到户或项目？党支部书记有兼任村委会主任吗？本村集体经济的比重和收入用途是？现今治理上有什么难点和重点呢？监管过程是否有农户参与，如何调动农户配合治理？未来有哪些治理规划？

答：主要是按照国家规则的安排，并且有相关部门的指导和监督。资金到户都需要公示。党支部书记不兼任村委会主任。本村的集体经济约为5万元，收入用途主要是日常开支，如水沟的维护等。治理的难点和重点主要是保持全村的积极性和主动性，维护好生态环境。监管过程有农户参与。农户参与养殖业，从中获益就自然配合治理。未来暂无治理规划。

【案例八】

时间：2019年8月

地点：普格县夹铁乡阿木村

受访对象：长兴专业种植合作社法人代表

阿木村由四川师范大学对口帮扶。阿木村的产业发展历来以土豆、玉米、珍珠米等的耕种为主。在四川师范大学的大力扶持下，阿木村合作社与成都兴业银行、云南昆明实验学校(天骄校区)达成"以购代捐"珍珠米的采购协议，合同总金额达35万余元。两项合同将惠及夹铁乡6个村数百户贫困户，为合作社增收6万余元。

访谈记录：

问：来当地发展的原因和目的是什么？是否为本地居民？

答：作为当地的农民，主要是为了带领全村一起走上致富之路。

问：现今投入的资金为多少？现发展的产业是什么？为什么要选择这个产业？

答：帮扶单位川师大在蔬菜大棚上投入的资金130万元，主要发展蔬菜大棚种植业，因地置业，适合当地农业发展情形。

问：来当地发展，政府的态度如何？获得了政府的哪些支持（经济、技术、政策、基础设施、市场等）？

答：政府和社会都积极扶持发展蔬菜大棚产业种植，包括政策和市场的支持。

问：来村上发展村委会和当地村民的态度如何？获得他们的哪些支持？

答：村委会非常欢迎投资蔬菜大棚。村委会负责联系村民积极参加，当地农户也乐于参与，负责日常看护和浇水施肥。农户有获得感，但没有什么技术支持。主要就是参与合作劳动。

问：是否承包当地土地，如有，年限和价格是？

答：没有流转当地土地。大棚都是租的当地村民的土地，1000元一亩。租期为10年。

问：对劳动力的需求有哪些，如人数、年龄、学历等？对于解决本村劳动力（贫困户）有什么条件？

答：需要劳动力，但主要依靠本村村民，没有人数、年龄和学历的限制。

问：现发展产业的市场性如何？市场的来源是否含有订单？成交率如何？

答：蔬菜大棚种植业市场前景良好。主要市场是当地的中心校，作为市场供应的集中来源。成交率很高。

问：现有产业的产出如何，市场回报率大致为多少？和预期收益是否匹配？大概为多少？

答：产业产出比较好，能够覆盖成本和盈余。和预期收益一致，大概5万元。

问：现产业发展的稳定性如何，后期有何规划？

答：现在产业种植比较稳定，未来规划转为葡萄的种植。

问：产业可给当地带来多少收入呢？

答：蔬菜大棚给当地集体经济带来了4万～5万元的收入。给农户带来2万～3万元收入。促进了本村经济的整体提升，改善了村民的生活。

问：产业发展到现在存在哪些问题？

答：现存的主要问题就是在蔬菜大棚施工的过程中，施工方施工的问题，不够专业，影响了农作物的生长，导致产量不高。管理和技术严重跟不上。经营体制有待完善。

问：未来产业发展的重心和特色是？

答：未来依旧以农业种植为主，经济作物是主要作物。

问：在乡村振兴政策下，对于产业经营有什么规划呢？

答：产业经营要提高产业种植技术，强化管理水平。

第 5 章　乡村旅游促进可持续发展的路径研究——以恩阳区万寿村为例

5.1　研究区概况

四川是国家旅游重点推进省份之一，地处西南腹地。2019 年，四川省实现旅游收入 11594.32 亿元，同比增长 14.7%，累计接待国内游客 7.51 亿人次，接待入境游客 414.78 万人次，旅游业早已迈入"万亿级"产业集群。2019 年，巴中市接待游客 3351.54 万人次，实现旅游收入 301.21 亿元[63]。旅游业早已成为四川国民经济支柱性产业之一，乡村旅游更是四川省旅游业发展的最大优势和潜力[64]。乡村地区广泛分布有丰富的待开发旅游资源，以旅游业为平台加快乡村发展转型是巩固贫困乡村地区脱贫、实现乡村振兴的重要途径。

国家和巴中市都在全力推进旅游业的大背景下，万寿村根据地区状况，利用精准扶贫的机会，大力开发新型农业，回引优秀农民工回乡创业，大力改善村公共基础设施、党组织建设等，村容村貌焕然一新；2016 年，万寿村达到脱贫标准，实现了脱贫摘帽。脱贫成功后，万寿村寻求既能够巩固脱贫成果又能衔接乡村振兴目标，实现村经济、社会、环境各方面都能可持续发展的路径，乡村旅游成为万寿村在巩固脱贫成果与实践乡村振兴战略的选择。万寿村以"长寿"文化为支撑，整合发展资源，转变成集生态水产、畜禽养殖、特优水果及养生、水上休闲娱乐于一体的生态康养旅游村。万寿村是乡村旅游发展较好且顺利脱贫的典型乡村，分析万寿村的旅游发展影响效应，对我国其他想要通过乡村旅游进一步实践乡村振兴战略的贫困村具有重要借鉴意义。

5.1.1　万寿村概况

1. 自然地理概况

万寿村位于四川省巴中市恩阳区观音井镇西南面，位于东经 106°47′、北纬 31°59′，区内多平地、平坝，海拔 350～603 米，面积 3.2 平方公里，耕地 1156 亩，林地 1380 亩，水域面积约 730 亩；属于亚热带气候，常年平均气温在 17 摄氏度，年无霜期 280 天，年平均降水量 1020 毫米，平均日照时间 1400 小时。万寿村有优美的自然风光，外有群山叠翠，内有湖水涟涟，村内万寿山海拔 603 米，森林覆盖率高。

2. 人文地理概况

万寿村隶属于四川省巴中市恩阳区观音井镇，截至 2018 年 5 月，全村辖 7 个村民小组 442 户 1623 人。位于巴中市西南部，为"入巴第一村"，距离恩阳城区 40 公里，紧邻成巴高速观音庵出口，距巴中恩阳机场 13 公里，地处巴中和南充的结合处，西接仪陇县，东接双胜镇和茶坝镇，北接下八庙镇，是红色革命区巴州的南大门，可以在一小时内到达南充、达州、广元等地，三小时内到达重庆、成都、西安等地，村内有万寿养生谷旅游景区，且邻近朱德故里景区、章怀山旅游景区，区位条件较好；村内更是有积淀了上千年的"长寿"文化，截至 2018 年 5 月，全村有 80 岁以上老人 54 人，其中百岁老人 7 人，80 岁以上老年人口占全村总人口比例为 3.33%，远超中国老年学会长寿之乡评定标准的 1.4%。

3. 万寿村贫困状况

脱贫攻坚政策实施以前，万寿村整体状况非常落后，"土坯房+传统农作物种植+泥土路"是该村的标签，有一段民谣就是描述万寿村当时的真实写照："找不到婆娘留不住姑娘，十冬腊月把门关，周身烤起火斑斑，吃的是红苕洋芋巴山豆"[65]。万寿村主要种植黄豆、花生、油菜等经济效益较低的传统作物，农民的人均收入只有四五百元，农副产品生产仅能够满足村民日常需求。2014 年，万寿村被确定为建档立卡贫困村，识别建档立卡贫困户 84 户 323 人，在人居环境方面，万寿村新建的新式楼房只有 20 多户，居民大多数还是住在较为破旧的土坯房，没人住的房子摇摇欲坠；在基础设施方面，通村公路均未硬化，下雨天到处都是泥水，村里的水库水池里都是居民扔的垃圾，村民乱扔垃圾、随地吐痰等现象比较常见，农户人禽同住现象突出，一半以上的年轻人外出打工，整个村子比较萧条；在居民休闲活动方面，村民的生活娱乐方式比较单调，主要原因是居民物质生活水平较低，很难有更多的精力去关心其他，村民要么是聚集到一起闲聊、打麻将，要么是在田间地头劳作，基本上没有什么文化娱乐活动；文化发展方面，万寿村传承千年的"长寿"文化并没有让村民感受到自豪，也没有很好地利用"长寿"文化举办相关活动。2014 年，万寿村人均纯收入仅 2100 元，有建档立卡贫困户 84 户 323 人，贫困发生率达 19.6%。通过国家开发式扶贫，万寿村大力发展乡村旅游等集体经济，农户通过土地入股分红、外出务工等方式增收，万寿村于 2016 年"摘帽"，全村贫困人口于 2019 年全部脱贫。

5.1.2 万寿村乡村旅游发展状况

1. 乡村旅游发展历程

万寿村的乡村旅游开发与国家施行精准扶贫政策基本是同步的，2014 年，万寿村被确定为省级贫困村，该村回引 8 名优秀致富能手返乡创业，投资近 7000 万元打造"生态农业、农事体验、休闲康养"农旅结合的万寿养生谷景区，由于景区建设需要一定的时间，直至 2015 年末，万寿村将万寿养生谷景区与村脱贫实践同步推行，水利、交通、居民房屋整治等项目大力开展；借助恩阳区水利局的技术力量，着力改建全村水环境，于 2015 年成功创建"四川省水利风景区"。但此阶段，万寿村乡村旅游处于起步阶段，旅游服务配套设施尚不健全。

2016 年，万寿村通过政府脱贫标准考核成功脱贫，此时，万寿养生谷景区建设已经初具规模，并开始吸引一些游客到来，这时候部分居民开始意识到旅游可以增加收入，出现了一些小型旅游商品销售点；2017年，6000多平方米的万寿湖建设完成，成为万寿村乡村旅游最重要的景点之一，当年，当地居民在万寿湖旁建起了万寿村首个农家乐，由此开始，万寿村吸引了近10名返乡村民开设农家乐、乡村民宿等乡村旅游服务点，实现旅游综合收入3300万元。这一时期万寿村的旅游业初具雏形，但总体吸引力还不够明显，基本上以周边区县的观光游为主。

2018年，随着巴中市乡村旅游的推进力度加大，万寿村的游客中心、生态停车场、路灯、游乐设施、农家乐、观光步道等旅游设施设备建设基本完备，万寿养生谷景区被评定为"国家4A级旅游景区""中国美丽乡村百佳范例"，万寿村乡村旅游业进入较快发展阶段，同年，"巴山民宿"品牌发布会暨工作推进会在万寿村召开，万寿村的"张家院子"荣获巴中首家认证的"巴山民宿"，并实现了旅游综合收入3500万元。2019年，国家林业和草原局评价认定万寿村为国家森林乡村，进一步提升了万寿村的名气。万寿村凭借其独特的万寿文化与优良的生态环境成为恩阳区的重点旅游村，现在万寿村以国家大力支持旅游的契机全力发展乡村旅游。

2. 乡村旅游发展优势

具备深厚的文化底蕴。万寿村在脱贫攻坚过程中，同步推进农村思想道德建设与公共文化建设。万寿村挖掘、提炼"寿"文化和"恩义"文化，营造了乡村文化氛围；实施"寿文化+"工程，将乡村文化与乡村农业相融合，延伸文化产业链，促进了文化产业提质增效；将乡风文明建设与村文化融合，提升了居民文化自信与乡村归属感。

具备优良的自然环境。万寿村属于亚热带季风气候区，四季分明，气候环境比较温和，生态环境优良，全年空气优良天数比例为100%，环境空气质量综合指数2.06，是天然的宜居环境，具有良好的旅游开发条件。村内有区水利局规划建设的万寿湖6000多平方米，依山傍水，村内森林覆盖率较高，是国家林业和草原局认定的国家森林乡村，养生休憩环境优良。

具备良好的生态农业基础。自实施精准脱贫政策以来，除传统种植业外，万寿村引进巴中市三棵松农业科技有限公司，利用万寿湖养殖生态鱼；新建养殖场养殖肉牛、羊等优质农副产品；栽植蜜桃、甜柚等优质水果品种；种植芦笋、草莓、玫瑰等特色农业产品，万寿村现已流转土地1300余亩，全力推进村产业发展，农业生产加快的同时，也带动了当地第二、第三产业的发展；万寿村的自然气候非常优良，种植的黑米、粳米、油菜籽等被加工成优质粮油、酿成醇香的烧春酒等，成为万寿村乡村旅游产业链的重要基础。

得到政府的大力扶持。随着巴中市全域旅游和旅游新城建设的推进，万寿村的乡村旅游得到了当地政府的全力支持，万寿村探索构建"一清两固三制四流程"集体经济股份改革工作机制和区域联合党总支的方式，将万寿村的现存旅游发展纳入村集体经济中，政府主导，提供上百万元的旅游专项扶持资金；开设专业旅游服务与农业生产的技能培训；并不断争取区上旅游项目的进驻，提供优惠政策吸引专业人才返乡发展，政府不仅在对万寿村旅游发展方向方面提供重要引导，更是为万寿村乡村旅游顺利开展提供强大的资金、人才、项目支持。

3. 乡村旅游发展成效

万寿村原来是恩阳区较为严重的贫困村之一，通过国家脱贫攻坚和乡村振兴战略的实施，万寿村在自身文化和生态环境的基础上，打造了集生态农业、农事体验、休闲康养于一体的万寿养生谷景区，发展生态农业2480亩，建农事体验区，结合乡村生态农业将乡村资源转变成旅游经济资源。

在公共基础设施方面，结合国家脱贫与旅游发展建设要求，万寿村建成通村环线公路10.1公里，改建通村公路和通户道路，村通户路完成率达到90%以上，村道路硬化率达到100%，村与村之间、户与户之间形成较为便捷的交通网；新建万寿湖水库，整治病险堰塘库，村民的生产生活用水、用电、广播电视均得到了保障，结合乡村旅游发展需要，万寿村建设了自行车赛车道和观光车道，景区的可进入性大大提高。

在村庄人居环境方面，根据恩阳区对农村的危旧土坯房实行危房改造、地质灾害避险搬迁、易地扶贫搬迁、土地增减挂钩等政策，万寿村新建聚居点3个，通过易地扶贫搬迁、随迁、风貌改造、保护性修护等方式使得146户居民顺利安居。结合新建聚居点，配套建设了村活动中心、卫生室、村史馆等；结合乡村本土文化，整体规划了万寿村独具特色的夯土墙组成的毛坯房，建成竹境民居、张家院子、湖畔人家等原生态的清雅民宿，改造后的土坯房更是一跃成为"巴山民宿"，到2019年底，万寿村已经建成36家民宿，村民的生活环境得到了大幅度改善，这些特色民居也成了万寿村乡村旅游业发展的载体。

在品牌建设和宣传方面，万寿村积极打造"农民丰收节"旅游节庆品牌和巴山民宿品牌，其特色旅游商品和景区宣传的方式是在观音井镇、下八庙镇等周边地区的公交车上投放视频或者图片；景区有专门的微信公众平台，但更新时间间距超过三个月，微博等主流媒体还没有正式的营销号，旅游宣传力度和范围有待进一步提升。

在旅游活动开设方面，万寿村开设的主要是观光游览、农家乐、民俗表演、体验式游玩等旅游项目，主要旅游商品是当地特产的黑米、粳米、油菜籽等酿造的粮油产品，但独具万寿村"万寿"文化相关的旅游产品并不突出，现在景区里面出售的商品多数是在其他景区都可以买到的，且万寿村固定旅游商品销售点仅有景区服务中心和几家小便利店，村旅游商品销售种类较少，范围较小。

总体来说，万寿村赶上了国家促进旅游发展的政策时机，现在还处于快速增长的初期阶段，景区服务设施较为完善，增加了就业岗位，有效提高了当地经济发展水平，一定程度上改善了当地生态环境，但也存在旅游品牌知名度不高、宣传渠道较狭窄、特色旅游产品不够丰富、旅游开设项目不充分的问题。

5.2 研究设计与数据来源

5.2.1 客观效应评价项目量表

贫困村要实现可持续发展最重要的是要实现脱贫的可持续性，即脱贫人口不再返贫。本书认为贫困乡村可持续发展即是实现脱贫与振兴的有效衔接，在仔细查阅相关文献的基础上,结合国家对贫困村的脱贫考核要求和案例区的实际情况,最后经过导师及相关专业教授指导,确定了乡村旅游对贫困村发展的客观效应评价量表,如表 5-1 所示。

表 5-1 乡村旅游对贫困村可持续发展客观效应评价量表

目标	一级	二级
经济效应	增加就业	村总人口就业率/%
		旅游从业人员占就业人口比重/%
	增加收入	乡村旅游对贫困人口增收贡献率/%
	扶贫脱贫	旅游脱贫人口占脱贫总人口比重/%
环境效应	村庄保洁	保洁员数量/人
		生活垃圾处理农户覆盖率/%
		生活污水处理农户覆盖率/%
	卫生环境	公共卫生厕所数量/座
		水冲式卫生厕所普及率/%
社会效应	教育水平	村学龄儿童、义务教育入学率/%
		旅游从业人员接受过初中及以上教育人数比率/%
	医疗水平	乡村医务人数/人
		农村医疗保险覆盖率/%
	住房安全	住房安全达标率/%
	基础设施	道路硬化率/%
		自来水入户率/%
		移动通信覆盖率/%

万寿村乡村旅游效应评价量表分为三个层级,目标层是指乡村旅游对万寿村可持续发展的经济效应、环境效应和社会效应。第二层是目标层项目中包含的次级项目,其中经济效应对应增加就业、增加收入和扶贫脱贫;环境效应对应的是村庄保洁和卫生环境;社会效应是根据国家脱贫考核的"两不愁三保障"要求来设立,对应的有教育水平、医疗水平、住房保障、基础设施。第三层是万寿村实际情况所对应的第二层级的细化,包括 17 个组成部分。本量表所需数据一部分从万寿村及恩阳区扶贫移民局获得,另一部分数据来源于笔者与当地村民的访谈。

5.2.2 主观效应评价项目问卷

1. 调查目标的选取

本次研究案例地四川省巴中市恩阳区万寿村,地处国家秦巴山区集中连片特困地区,曾是典型的省级贫困村。该村通过规划建设万寿养生谷旅游景区,发展乡村旅游而实现了脱贫摘帽。当地居民是乡村旅游发展最重要的参与者与利益相关者,他们对乡村旅游业开发带来的影响感受最为直接,通过对当地居民的感知态度进行分析,结合万寿村和恩阳区扶贫开发局提供的相关资料,可以了解当地居民在旅游扶贫开发中的收益情况,希望能够通过此次调研从村民角度探讨乡村旅游对贫困乡村可持续发展的感知影响效应,归纳出旅游对乡村可持续发展的推进路径。

2. 调查样本的选择

本书主要采取访谈法、问卷调查法和实地考察获取资料进行乡村旅游对万寿村的影响效应研究。发放问卷过程中发现部分村民文化水平不高,这类人员的问卷由调查人员询问协助填写完成。实地调研时间为 2019 年 11 月 6~8 日。访谈和问卷调查对象主要是当地居民、村干部、景区服务人员、旅游经营者(表 5-2),力求从不同旅游参与主体的角度全面分析发展乡村旅游对该地的影响。共深度访谈了 30 人,访谈内容主要是从不同对象角度获取他们对万寿村乡村旅游发展最直接的感受,涉及乡村旅游所带来的多方面变化、旅游能够在本村发展的主要原因,以及他们对万寿村进一步发展的希望。除了深度访谈外,共计发放问卷 300 份,回收有效问卷 299 份,有效率为 99%[66]。

表 5-2 调研主体情况

调研对象	访谈人数/人	问卷份数/份
当地居民	20	268
村干部	2	4
景区服务人员	2	21
旅游经营者	6	6
总计	30	299

3. 调查问卷的设计

参考国内外关于乡村旅游效益评价的内容,咨询相关地理学专家的意见,设计了乡村旅游对贫困地区居民影响效应的调查问卷,问卷包括三部分,即被调查者的基本情况及相关特征,被调查者对乡村旅游开发的经济、环境和社会效应的感知态度,村民对旅游开发的总体态度及村民参与意向。为了准确反映村民的真实想法,问卷的第一、三部分是要求被调查者从所列出的几个选项中选出最符合自己的那一项,问卷的第二部分根据李克特量表(scale)对调查问卷进行了量化处理,每一项问题都设置了"很不同意""不同意""一般""同意""非常同意"5 个选项,分别记为 1 分、2 分、3 分、4 分、5 分[65]。然后计算每个问题的得分平均值,均值在 1.0~2.4 分表示反对,2.5~3.4 分表示中立,3.5~5 分表示赞同[66]。最后对问卷进行统计分析,得出村民对旅游开发的经济效应、环境效应、社会效应和参与态度的平均值,均值越高,则说明村民对该项内容的感知度越高;均值越低,则说明村民对该项内容的感知度越低;标准差则解释了该指标与均值之间的偏差程度,标准差数值大小与感知值的离散程度呈正相关关系,标准差越小说明被调查者对该问题的态度越一致。

5.2.3 不同类型居民对乡村旅游效应感知的研究假设

不同性别、年龄、文化程度、贫困性质、是否参与旅游业等个人特征造成不同居民对事物具有不同的理解能力,从而导致不同群体的居民对乡村旅游发展的感知效应存在差异。通过对不同群体和不同社会特征居民之间进行进一步结构性研究,能够更深层次了解当地居民对乡村旅游的效应感知态度,有利于贫困村制定从居民角度出发的可持续发展推进路径。基于此,本书提出以下假设。

假设 A:不同性别的居民对乡村旅游效应感知有显著差异。
假设 B:不同年龄的居民对乡村旅游效应感知有显著差异。
假设 C:不同贫困性质的居民对乡村旅游效应感知有显著差异。
假设 D:不同文化水平的居民对乡村旅游效应感知有显著差异。
假设 E:是否从事旅游业工作的居民对乡村旅游效应感知有显著差异。

5.3 万寿村乡村旅游对可持续发展的影响效应分析

5.3.1 乡村旅游对万寿村可持续发展客观效应分析

1. 客观经济效应分析

根据恩阳区扶贫移民局资料及访谈资料整理得出,乡村旅游对万寿村的经济发展贡献较大(表 5-3)。

表 5-3 乡村旅游对万寿村客观经济效应值

目标	一级	二级	值
经济效应	增加就业	村总人口就业率/%	60.00
		旅游从业者占就业人口比率/%	20.36
	增加收入	乡村旅游对贫困人口增收贡献率/%	25.54
	扶贫脱贫	旅游脱贫人口占脱贫总人口比重/%	23.83

就业方面,主要从村总人口就业率和旅游从业者占总就业人口比率两个要素来分析,通过数据整理,万寿村总的就业率达到了 60.00%,旅游从业人员占村总的就业人口的 20.36%,这说明乡村旅游在解决万寿村的就业问题上起到了一定作用,但总体来说旅游还不是万寿村居民最主要的就业选择;增加收入方面,乡村旅游对贫困人口增收贡献率达到了 25.54%,这说明乡村旅游的开展对旅游从业人员的经济增收幅度较大;扶贫脱贫方面,旅游脱贫人口占脱贫总人口的 23.83%,这说明万寿村通过乡村旅游有效地促进了贫困人口脱贫。

2. 客观环境效应分析

通过访谈收集的资料对万寿村乡村旅游发展的总体环境效应进行测算,结果见表 5-4,

从村庄保洁层面看，万寿村由于发展乡村旅游，对村容村貌进行了整体规划整修，为配合长寿、养生的旅游主题，景区和村都设立了垃圾集中处理点，村内有垃圾桶，配备了保洁员 15 名，均由当地居民构成。但由于乡村旅游建设尚处于初期阶段，针对景区旅游业规模和当地旅游发展需要来说，保洁人员数量还需要继续提高。根据发展现实条件，村庄的生活垃圾处理农户覆盖率和生活污水处理农户覆盖率分别为 80%和 27%，这说明万寿村的垃圾处理和污水处理还需要大力加强。从卫生环境来看，万寿村的公共卫生厕所有 3 座，据当地村干部介绍，公共卫生厕所基本满足当地旅游发展需要，村水冲式卫生厕所普及率达到 100%。

表 5-4　乡村旅游对万寿村客观环境效应值

目标	一级	二级	值
环境效应	村庄保洁	保洁员数量/人	15
		生活垃圾处理农户覆盖率/%	80
		生活污水处理农户覆盖率/%	27
	卫生环境	公共卫生厕所数量/座	3
		水冲式卫生厕所普及率/%	100

3. 客观社会效应分析

对万寿村进行客观社会效应分析发现，社会效应总体上呈现较高的一致性和完成度，经过访谈得知，出现这一现象主要是因为国家实施精准脱贫政策，万寿村被评为贫困村后，政府给予了大量帮扶建议来促进整村实现顺利脱贫，特别是万寿村建设了万寿养生谷后，为促进万寿村整体风貌建设，政府投入了大量资金进行土坯房改建，修建通村通户道路，提高了万寿村的可进入性。在教育水平方面，随着政府对贫困村全面扶贫的推进，教育精准扶贫的力度逐渐加强，万寿村的村学龄儿童、义务教育入学率达到了 100%；而万寿村为规划建设景区吸引了许多高校毕业生和优秀农民工来乡就业，万寿村旅游从业人员接受过初中及以上教育人数比率达到了 75%（表 5-5）。

表 5-5　乡村旅游对万寿村客观社会效应值

目标	一级	二级	值
社会效应	教育水平	村学龄儿童、义务教育入学率/%	100
		旅游从业人员接受过初中及以上教育人数比率/%	75
	医疗水平	乡村医务人员数/人	2
		农村医疗保险覆盖率/%	100
	住房安全	住房安全达标率/%	100
	基础设施	道路硬化率/%	100
		自来水入户率/%	100
		移动通信覆盖率/%	100

在医疗水平方面，万寿村新建了 1 所 75 平方米的卫生室，且配备了 2 名执业医师，农村医疗保险覆盖率达到 100%，万寿村村委干部表示该村的 2 名医生能够基本保证村民的基本医护需求；在住房安全方面，根据国家精准扶贫要求和旅游建设需求，万寿村新建了 3 个聚居点，对村民住房进行了改建与风貌改造，当地村民住房安全达标率为 100%；基础设施方面，万寿村为提高村庄可进入性，建成通村环线水泥路、柏油路，通村公路硬化率达到 100%；通过管网延伸、新建或整治塘库，村民的生产生活用水实现完全保障且自来水入户率达到 100%；新增变压器并更换全村电力入户线路，所有农户实现了安全用电和广播电视全覆盖（表 5-5）。

5.3.2 乡村旅游对万寿村可持续发展的主观感知效应分析

1. 样本信度和效度分析

进行样本信度分析是为了检测调查选项内部是否具有一致性，本书以万寿村村民对乡村旅游发展的效应感知态度与其旅游参与意愿设计选项，利用 SPSS25.0 进行信度检验，以 Cronbach α 系数值为判定标准，大多数学者都认为，当 Cronbach α 系数值大于 0.7 时，该变量存在价值。万寿村调查样本各指标的 Cronbach α 系数值见表 5-6。从表中可以看出，村民对乡村旅游发展的经济效应、环境效应、社会效应和村民发展态度的 Cronbach α 系数值分别为 0.766、0.746、0.819 和 0.822，所有值都大于 0.7，表明该量表有较好的可信度。

表 5-6 样本信度和效度检验结果

影响	变量	KMO 和 Bartlett 球形检验	Cronbach α 系数值
经济效应	经济收入增加(X_1) 就业机会增加(X_2) 村农副产品销量增加(X_3) 促使村脱贫(X_4) 带动了村周边地区发展(X_5) 生产生活成本增加(X_6) 物价、土地、房租价格上涨(X_7) 村贫富差距增大(X_8)	KMO=0.785，Bartlett 球形检验=503.588，P 值=0.000	0.766
环境效应	改善了村公共基础设施(X_9) 改善了村公共卫生环境(X_{10}) 提高了村公共交通水平(X_{11}) 生产生活垃圾增多(X_{12}) 噪声污染加大(X_{13}) 村的生态环境被破坏(X_{14})	KMO=0.755，Bartlett 球形检验=434.941，P 值=0.000	0.746
社会效应	村传统文化得到发扬(X_{15}) 村知名度提高(X_{16}) 娱乐休闲活动增多(X_{17}) 增加了与外界人员之间的交流(X_{18})	KMO=0.812，Bartlett 球形检验=456.980，P 值=0.000	0.819

续表

影响	变量	KMO 和 Bartlett 球形检验	Cronbach α 系数值
社会效应	本地风俗习惯发生改变(X_{19}) 干扰了村民日常生产生活(X_{20}) 社会不良现象增加(X_{21})	KMO=0.812,Bartlett 球形检验=456.980,P 值=0.000	0.819
对发展乡村旅游的态度	支持村发展乡村旅游(X_{22}) 发展旅游是利大于弊(X_{23}) 对现阶段旅游发展状态表示满意(X_{24}) 应增加乡村旅游相关培训(X_{25}) 应让更多村民参与乡村旅游(X_{26})	KMO=0.808,Bartlett 球形检验=607.835,P 值=0.000	0.822

2. 样本因子分析

为了测量调查问卷内容的合理性还需要对其进行效度分析,一般采用 KMO 和 Bartlett 球形检验,KMO 检验用于检查变量间的偏相关性,Bartlett 球形检验用于检验各变量间的相关性是否为单位阵,即检验各个变量是否各自独立[67]。一般认为当 KMO 值大于 0.7 且 Bartlett 球形检验显著时变量适合做因子分析(表 5-7)。

表 5-7 样本因子分析结果

因子	变量	因子载荷	特征值	方差贡献率%	累计方差贡献率%
经济效应	经济收入增加(X_1)	0.706	8.130	31.268	31.268
	就业机会增加(X_2)	0.808			
	村农副产品销量增加(X_3)	0.751			
	促使村脱贫(X_4)	0.658			
	带动了村周边地区发展(X_5)	0.841			
	生产生活成本增加(X_6)	0.740			
	物价、土地、房租价格上涨(X_7)	0.737			
	村贫富差距增大(X_8)	0.805			
环境效应	改善了村公共基础设施(X_9)	0.914	5.317	20.449	51.717
	改善了村公共卫生环境(X_{10})	0.754			
	提高了村公共交通水平(X_{11})	0.903			
	生产生活垃圾增多(X_{12})	0.846			
	噪声污染加大(X_{13})	0.726			
	村的生态环境被破坏(X_{14})	0.813			
社会效应	村传统文化得到发扬(X_{15})	0.697	5.317	24.572	76.289
	村知名度提高(X_{16})	0.697			
	娱乐休闲活动增多(X_{17})	0.746			
	增加了与外界人员之间的交流(X_{18})	0.808			
	本地风俗习惯发生改变(X_{19})	0.793			
	干扰了村民日常生产生活(X_{20})	0.726			
	社会不良现象增加(X_{21})	0.764			

续表

因子	变量	因子载荷	特征值	方差贡献率%	累计方差贡献率%
对发展乡村旅游的态度	支持村发展乡村旅游(X_{22})	0.805	3.125	12.020	88.309
	发展旅游是利大于弊(X_{23})	0.755			
	对现阶段旅游发展状态表示满意(X_{24})	0.836			
	应增加乡村旅游相关培训(X_{25})	0.827			
	应让更多村民参与乡村旅游(X_{26})	0.670			

如表 5-6 和表 5-7 所示，经济效应、环境效应、社会效应和对发展乡村旅游的态度的 KMO 分别是 0.785、0.755、0.812 和 0.808，均大于 0.7，P 值均为 0.00，即 $p<0.05$，且所有变量的 Bartlett 球形检验结果都比较显著。所以，各变量都适合做因子分析，于是运用主成分分析法提取公因子，使用最大方差法选取了特征值大于 1 的四个公因子，累计方差贡献率达到了 88.309%，得出各变量因子所对应的因子载荷量。一般来说，因子载荷量均大于 0.5 则证明量表有效。如表 5-7 所示，各变量的因子载荷均大于 0.5，则证明该问卷具有良好的结构效度。

3. 被调查者的基本特征分析

本次调研的被调查对象包括了不同年龄、性别、文化程度、贫困户性质的村民，涉及不同群体、不同社会特征，能较好地体现问卷差异，证明问卷具有较好的随机性和代表性。

从性别比率上看，如图 5-1 所示，男性比例远远大于女性，原因是在发放问卷时，大多数男性可以自主填写调查问卷，而多数女性由于文化水平不高需要由调查者协助完成。从贫困人口状况看，如图 5-2 所示，问卷样本涉及的贫困人数基本符合万寿村贫困人数占总人数的比率，占到 21.1%。说明问卷样本所涉及的农户类型能较好地反映本次调查结果。

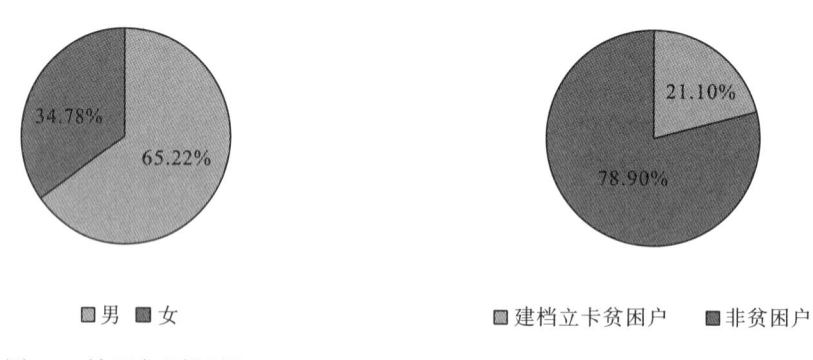

图 5-1 被调查者性别比

图 5-2 被调查者贫困人数比

从文化程度上看，如图 5-3 所示，高中或职校、中专以上文化程度人数占 30.1%，且主要集中于旅游业的管理人员和部分大学生，这说明当地居民的总体文化程度已经呈现较高的水平，可以看出旅游业的人才吸引能力已经开始显现，但总体来说还需要加大教育和培训力度。

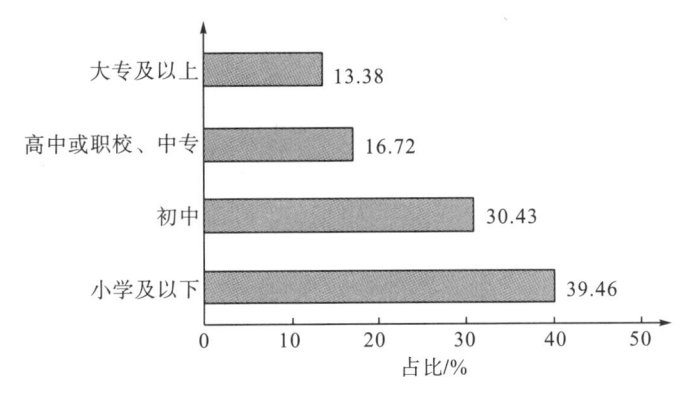

图 5-3 被调查者文化程度

从被调查者的年龄状况看，如图 5-4 所示，万寿村 60 岁以上的居民数量较多，占 44.15%，这说明万寿村留在村里生活的多数是年龄较大的村民，中青年大多数外出务农。

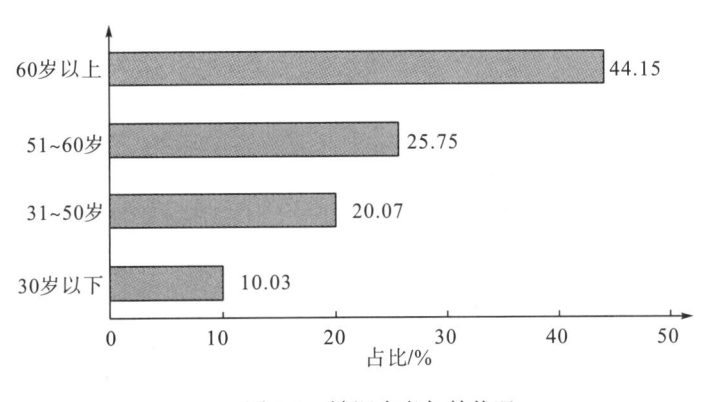

图 5-4 被调查者年龄状况

从图 5-5 可以看出，万寿村居民家庭主要经济收入以农业收入为主，其次是外出务工，旅游业收入占 22.74%。结合居民访谈，旅游业收入在当地居民经济收入中的占比逐年增加，大部分贫困户通过从事旅游业脱贫。

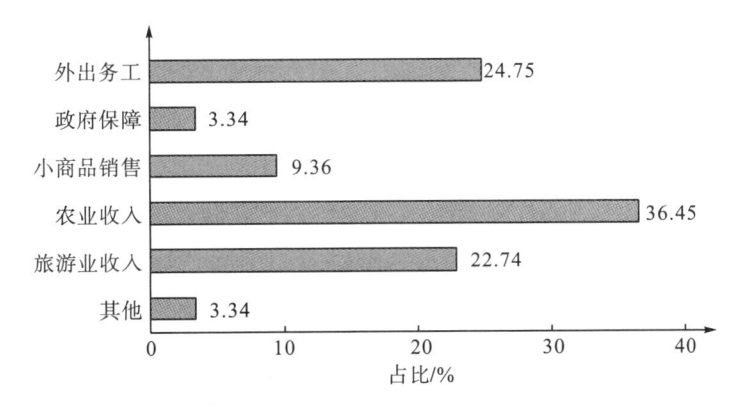

图 5-5 居民主要经济收入来源

通过问卷整理发现，被调查居民在旅游开发后人均年收入均呈增加趋势，如图 5-6 所示，增加幅度最多的是在 2000 元，占 38.46%，这说明发展乡村旅游对提高居民的经济收入，推动贫困人口持续增收，不返贫的作用已经显现，即说明乡村旅游在推动贫困人口收入可持续增长方面有较好的表现。

如图 5-7 所示，被访谈居民从事旅游活动的人数占 36.12%，这说明旅游在促进当地人口就业方面的作用比较明显，但未参加人数比较多，说明旅游促进就业的空间比较大；问及是否参与过乡村旅游培训时，如图 5-8 所示，有 31.77%的居民参与过相关培训，其中从事旅游工作的居民基本都参加过旅游培训，这说明当地政府和企业比较重视专业化培训，但总体来说对当地居民的专业化培训力度还有待提高。

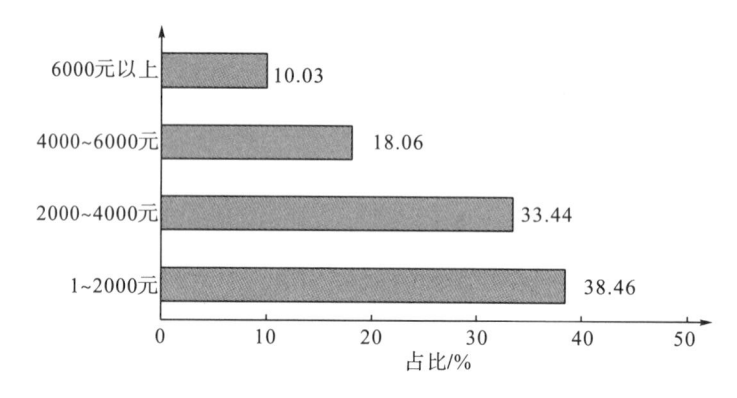

图 5-6　旅游开发后家庭人均年收入增长情况

图 5-7　从事旅游相关工作人数比例　　图 5-8　接受过旅游业相关培训人数比例

4. 被调查者对乡村旅游发展的经济效应分析

居民的经济感知效应如表 5-8 所示，当地居民对旅游带来的正面经济效应赞同度比较高，其中，对村农副产品销量增加持中立态度；对提高居民经济收入、增加就业机会、带动周边地区发展和促使本村脱贫的感知值均达到了 4.0 以上，特别是在带动周边地区发展这一项达到了 4.56，证明当地旅游景区建设好之后的辐射带动作用非常明显。对于乡村旅游可能带来的负面经济效应，当地居民对生产生活成本增加和村贫富差距增大表示赞同，对物价、土地、房租价格上涨持中立态度。

表 5-8 居民对旅游发展经济效应的感知

影响	变量	均值	标准差	结果
正面经济效应	经济收入增加(X_1)	4.04	0.723	赞同
	就业机会增加(X_2)	4.02	0.664	赞同
	村农副产品销量增加(X_3)	3.34	0.586	中立
	促使村脱贫(X_4)	4.12	0.705	赞同
	带动了村周边地区发展(X_5)	4.56	0.625	赞同
负面经济效应	生产生活成本增加(X_6)	3.62	0.800	赞同
	物价、土地、房租价格上涨(X_7)	3.12	0.540	中立
	村贫富差距增大(X_8)	3.82	0.467	赞同

【案例一】

访谈对象是一名当地女性村民,2014年因为慢性病被认定为建档立卡贫困户,于2017年脱贫,以前她只能通过出售自家的农作物维持家庭一年的支出,现在在村上农家乐帮忙做饭,她将自家土地大部分都流转了,只留下少量菜地,一来是因为靠农作物挣不到钱,再就是随着年龄增大和身体原因,不能继续大量劳作,她表示正是因为村上发展乡村旅游,她家才能顺利脱贫,所以非常支持村上发展旅游业,她每年靠流转土地就能增收3000元,加上在农家乐务工,每年家庭人均年收入可以增加3000元以上。

【案例二】

访谈对象是一名当地中年男性村民,以前外出务工,后因为照顾老人回到村里,农忙时在粮油产业园和草莓园工作,农闲时跑跑运输。他表示,虽然没有直接参与到旅游业工作中,但能够在家就挣到在外面打工一样多的钱全靠村里发展好了,他平时不仅可以运村里的特色农产品出村,还可以在周末和节假日拉载游客前来万寿村旅游,他说特别是春节前后,仅拉载游客就能挣到两三万元,他对万寿村未来旅游业的发展充满希望。

通过调查问卷及深度访谈,万寿村村民普遍认为乡村旅游有力地促进了万寿村经济水平的提高。万寿村大力开发现代生态农业与旅游业,将蜜桃、草莓等品质果蔬种植与旅游业结合生产特色农业旅游商品。2018年1月,万寿养生谷景区被评为国家AAAA级旅游景区,吸引了更多的游客前来游览,增加了居民收入。正因为村上发展旅游业和其他特色农业,许多当地居民大多都将土地流转,自家种植的土地较少,所以对于是否有利于当地农副产品销量增加这一项持中立态度。部分居民反映,通过旅游获益的主要还是部分居民,这说明万寿村在发展旅游业的过程中存在分配不均的现象,这一点需要当地政府重视并加以改进;对于物价、土地、房租价格上涨这一项村民持中立态度的原因,一方面是万寿村实施了土地流转政策,对于土地的宏观调控比较好;另一方面是当地乡村旅游发展还属于前期阶段,外地涌入进行商业活动的人比较少,多数为自家土地和房屋且自家经营,并没有引起生产成本的大幅度增加。除此以外,大部分居民反映随着生活条件的改善,村里超市、饭店、酒店等娱乐休闲场所有所增加,村民除了日常生活支出外,还有一部分花在这些方面,这也从侧面证明村民的可支配收入增加。

5. 被调查者对乡村旅游发展的环境效应分析

如表 5-9 所示，正面环境效应中，居民对发展旅游改善了村公共基础设施、改善了村公共卫生环境、提高了村公共交通水平都表示赞同；负面环境效应中，居民对生产生活垃圾增多、噪声污染加大、村的生态环境被破坏了这三项均持中立态度。环境效应 7 个变量的标准差都比较小，说明村民对环境效应的感知度较高。

表 5-9　居民对旅游发展的环境效应的感知

影响	变量	均值	标准差	结果
正面环境效应	改善了村公共基础设施(X_9)	4.12	0.611	赞同
	改善了村公共卫生环境(X_{10})	3.82	0.712	赞同
	提高了村公共交通水平(X_{11})	3.86	0.800	赞同
负面环境效应	生产生活垃圾增多(X_{12})	3.38	0.605	中立
	噪声污染加大(X_{13})	2.84	0.602	中立
	村的生态环境被破坏了(X_{14})	2.54	0.684	中立

通过调查问卷及深度访谈发现，村民对环境效应感知度较高的原因，一是国家精准扶贫政策实施以来，万寿村进行了综合整治，投入了大量的扶贫资金在基础设施建设上，村通户路、环村路、村文化室、卫生室等基础设施大幅度改善；院坝、厨房、厕所等宜居改造项目实施，乡村风貌大幅度改善；二是万寿村规划乡村旅游后，进行了大范围的民居改造，结合旅游发展需要，独具万寿村特色的土坯房相继而建，巴中市首家"巴山民宿"落户万寿村，为配合乡村旅游活动建设了自行车赛道、村民运动广场等活动场所，旅游的开发，增加了居民的娱乐休闲场所与休闲活动；三是万寿村实行"四级"垃圾处理模式，即户分类、村收集、镇运输、区处理，相较于以前脏、乱、差状况改善了许多，村民们生活环境得到了较大程度的改善。但随着旅游业的发展，村里的游客数量增加，村里的生活垃圾增加了很多，而且存在垃圾处理不及时的现象。而对于噪声污染问题，村民间出现了比较明显的分歧，居住在主干道和民宿附近的居民表示游客过多时容易出现噪声问题，而距离较远的居民则表示没有什么影响。

【案例三】

访谈对象是一位 30 岁左右的男性，他一直在家经营家庭超市，虽然挨着主路，但之前一直是泥巴路，遇上天气不好的时候生意也不好，随着村上主干道和通户路的修建，他家的房屋也跟着翻新了，一改原先又小又旧的模样。村上乡村旅游业发展后，他在万寿湖旁又开了一家超市，邻近两户农家乐，每到旅游旺季，前来观光游览的游客数量增多，大大增加了他的商品销售量；但他也表示，钱挣得多了，但也伴随着垃圾的增多，有些游客乱扔垃圾，而村上垃圾并不是天天都会进行处理，垃圾过多时对村民的正常生活有所影响。

6. 被调查者对乡村旅游发展的社会效应分析

如表 5-10 所示，正面社会效应层面，居民对村传统文化得到发扬、村知名度提高、娱乐休闲活动增多这三项表示赞同，对增加了与外界人员之间的交流持中立态度；负面社会效应层面，居民对本地风俗习惯发生改变、干扰了村民日常生产生活两项持中立态度，对社会不良现象增加持反对态度。

表 5-10 居民对旅游发展的社会效应的感知

影响	变量	均值	标准差	结果
正面社会效应	村传统文化得到发扬(X_{15})	3.62	0.718	赞同
	村知名度提高(X_{16})	3.84	0.602	赞同
	娱乐休闲活动增多(X_{17})	3.66	0.608	赞同
	增加了与外界人员之间的交流(X_{18})	3.38	0.881	中立
负面社会效应	本地风俗习惯发生改变(X_{19})	2.78	0.601	中立
	干扰了村民日常生产生活(X_{20})	2.42	0.551	中立
	社会不良现象增加(X_{21})	2.24	0.691	反对

通过调查问卷及深度访谈发现，发展乡村旅游后，万寿村的知名度有所提高，传统的"长寿"文化得到很好的发扬，特别是近几年万寿养生谷多次举办农民丰收节、采摘节等文化旅游活动，不仅吸引了不少游客的到来，还提高了万寿村的知名度，也增加了居民的收入，所以大部分村民对乡村旅游发展的积极社会效应表示赞同；对于增加了与外界人员的交流这一项，居民持中立态度的原因主要是从旅游发展的影响范围看，现在万寿村只有部分临近万寿湖、万寿养生谷景区等地有较多游客，对于其他相隔较远的居民来说影响并不是很大，大部分还是村内居民流动交流，与外来人员交流机会不是很多。负面社会效应不明显的原因是大部分居民认为并没有太多外来人员到万寿村来，游客主要来自恩阳区等距离较近的地区，对当地人而言，游客的文化习俗、生活方式等方面并没有太大区别，影响并不大，这也说明万寿村旅游业对较远距离的游客吸引度还不够；旅游业的发展和村里新建的产业园，为当地居民提供了很多就业岗位，村民有事做，在家就有收入，整个村子的社会风气变好了很多。

【案例四】

访谈对象为万寿村村委干部，从实施精准扶贫政策以来，该村干部对村上的改变最为感慨，他认为，正是在党和政府的资金、政策、人才等各方面的支持下，加上村上返乡创业带头人的带动，万寿村才实现了从贫困村转变成为现在的四好村，以前街道脏、乱、差，村民间争吵、打架等现象容易出现，随着制定村规民约、评选"五好文明家庭"等一系列农村思想道德建设，创新党建联合机制和公共文化建设，村民之间的关系变得更加和谐友好，但是他认为万寿村想要进一步发展还需要更多的努力。首先是缺乏资金，村上想要围绕万寿水库继续打造旅游项目，但空有规划蓝图，没有更多的资金来投入建设；其次是万寿村的总体知名度还不够，需要扩大旅游影响力，加大宣传力度；再就是村上专业的旅游经营人才匮乏，没有专业人员来规划经营，村上的旅游发展很难再进一步。

7. 被调查者对乡村旅游发展的态度及参与意向分析

对乡村旅游的态度分析得出，旅游发展的积极作用越明显，村民就越愿意支持发展旅游业。当地居民对乡村旅游的态度及其参与旅游业的意愿直接影响到乡村发展的可持续性。从表 5-11 中可以看出，大部分居民认为发展旅游业总体上利大于弊，表示愿意支持旅游业的发展，也愿意为发展旅游业提供土地、劳动力等支持；多数居民认为应该让更多的村民参与到乡村旅游业中，且希望让更多发展旅游业的实惠落实到村民身上；但是被调查居民对现阶段旅游发展状态表示满意和应增加乡村旅游相关培训两项持中立态度，结合访谈得知，有一部分经营旅游业的村民表示游客数量并不是一直都很多，现在的旅游收入并没有达到他们的预期，而有一部分未参与旅游业的居民因为没有太多的收益机会，认为旅游业发展只是少数人获益，并没有使全村人都收获实际经济效益。多数居民还希望政府能够创造更多就业机会，尽量给一些补贴支持。总的来说，当地居民对乡村旅游的发展抱有很大热情，这也反向说明旅游业给村民带来了切实的收益，乡村进一步发展有了产业基础。

表 5-11　居民对旅游发展总体态度

影响	变量	均值	标准差	结果
对发展乡村旅游的态度	支持村发展乡村旅游(X_{22})	3.54	0.820	赞同
	发展旅游是利大于弊(X_{23})	3.76	0.787	赞同
	对现阶段旅游发展状态表示满意(X_{24})	3.12	0.693	中立
	应增加乡村旅游相关培训(X_{25})	3.38	0.614	中立
	应让更多村民参与乡村旅游(X_{26})	3.74	0.755	赞同

对乡村旅游的参与意向分析可知，对于村民是否愿意为发展乡村旅游提供相关支持而言，如图 5-9 所示，土地、劳动力和家庭民宿的支持率均占较大比例，分别占 32.44%、28.43%、10.70%，这一结果也比较符合乡村旅游发展的特性，以居民的自家土地和闲置民居为基础，可以最大限度地利用农村现有闲置资源，为农村经济发展提供新动力。

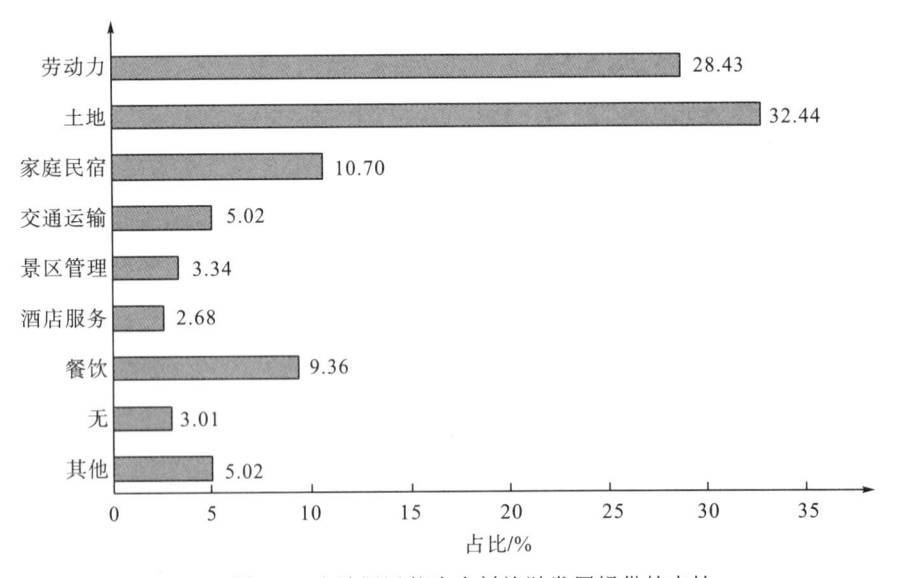

类别	占比/%
劳动力	28.43
土地	32.44
家庭民宿	10.70
交通运输	5.02
景区管理	3.34
酒店服务	2.68
餐饮	9.36
无	3.01
其他	5.02

图 5-9　当地居民能为乡村旅游发展提供的支持

根据图 5-10,34.78%的居民明确表示愿意参与到乡村旅游发展中,他们的从业意向主要是景区的保洁和保安等工作,占比最高;其次是旅游交通和小卖部、饭馆等小商业经营,分别占 17.39%和 16.72%,主要集中在这几项的原因与大部分居民的文化水平不高有很大关系;访谈中发现愿意经营家庭民宿和农家乐的居民也比较多,其原因是万寿村经过乡村宜居工程后大多数村民的房屋都进行了改造,多数新建房屋都是楼房,他们很愿意将闲置的房间用于开设家庭旅馆增加收入。访谈和问卷中都发现,当地居民愿意从事旅游交通和导游工作的很大部分原因是可以吸引游客到他们家农家乐或旅馆所在地进行旅游活动,可以增加一定的游客量。总的来说,乡村旅游的开发有效地激发了当地居民的内生发展动力,居民愿意通过自己的劳动来获取收益,这为乡村可持续发展提供了强有力的动力支撑。

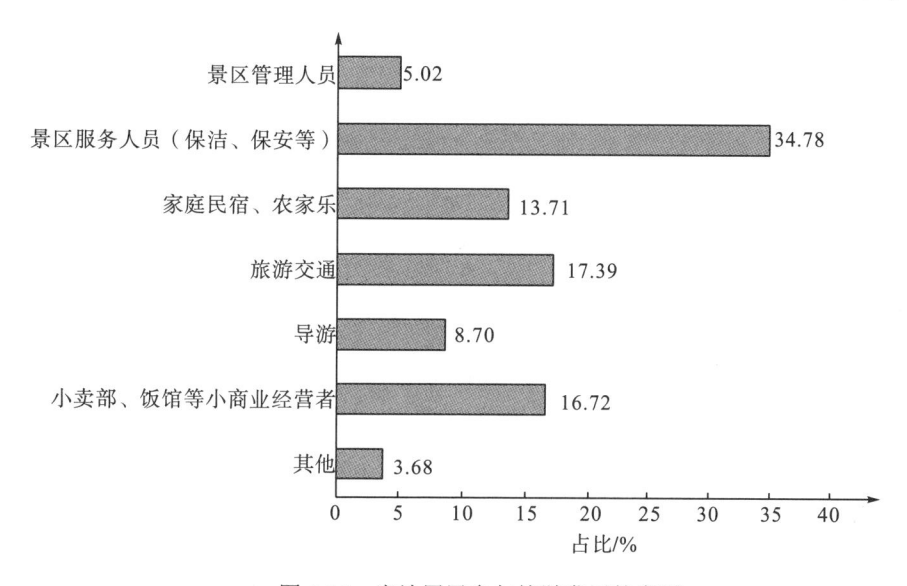

图 5-10 当地居民参与旅游发展的意愿

5.3.3 同类型居民与乡村旅游效应感知差异分析

为检验两个或两个以上样本的 P 值,一般采用的是 F 检验,即方差分析。本书把万寿村被调查居民作为样本,通过性别、年龄、贫困性质、文化水平、是否从事旅游业工作这 5 个特征要素来分析居民对乡村旅游效应感知的差异。在研究方法上,性别、贫困性质和是否从事旅游业工作三项采用独立样本 T 检验;年龄、文化水平则采用单因素分析方法。

1. 不同性别居民的差异分析

利用 SPSS25.0 中独立样本 T 检验的方法比较万寿村不同性别居民对乡村旅游发展感知效应之间是否具有差异。在进行 F 检验前,还需要对样本数据进行齐性检验。采用 Levene 方差齐性检验方法来验证,其 P 值大于 0.05 则表示样本具有方差齐性,两组样本具有一致性分布。再进行均值方差 T 检验,若其 P 值大于 0.05,则说明两组样本之间具有显著差异,反之,表示样本之间无显著性差异。不同性别居民的检验结果见表 5-12。

表 5-12 性别对各因子的独立样本 T 检验

因子	假定方差	Levene 方差齐性检验 F	Levene 方差齐性检验 P 值	均值 T 检验 t	均值 T 检验 自由度	均值 T 检验 P 值
正面经济效应	假定等方差	0.395	0.395	0.895	297	0.942
	不假定等方差	—	—	0.896	207.979	0.941
负面经济效应	假定等方差	0.544	0.544	1.486	297	0.808
	不假定等方差	—	—	1.489	209.864	0.807
正面环境效应	假定等方差	0.847	0.847	0.576	297	0.496
	不假定等方差	—	—	0.564	207.110	0.492
负面环境效应	假定等方差	0.756	0.756	1.631	297	0.676
	不假定等方差	—	—	1.621	210.524	0.669
正面社会效应	假定等方差	0.785	0.346	0.958	297	0.894
	不假定等方差	—	—	0.962	201.340	0.893
负面社会效应	假定等方差	0.521	0.115	1.787	297	0.567
	不假定等方差	—	—	1.741	205.310	0.565
对发展乡村旅游的态度	假定等方差	0.839	0.422	0.497	297	0.781
	不假定等方差	—	—	0.493	206.202	0.786

由表 5-12 可知，万寿村不同性别居民在正面经济效应、负面经济效应、正面环境效应、负面环境效应、正面社会效应、负面社会效应、对发展乡村旅游的态度几项上的 P 值均无差异。因此，假设 A 不成立。

2. 不同年龄居民的差异分析

将被调查者的年龄分为低于 30 岁、31~50 岁、50~60 岁、60 岁以上 4 组进行差异性分析，采用 SPSS25.0 进行单因素方差分析，判断各年龄段村民对各因子之间是否具有显著性差异，若其 P 值小于 0.05，则说明各样本之间具有显著性差异，反之亦然。万寿村不同年龄段居民的单因素差异分析结果见表 5-13。

表 5-13 年龄对各因子的单因素差异分析

因子		平方和	自由度	均方	F	P 值
正面经济效应	组间	7.135	3	0.396	0.356	0.135
	组内	307.385	395	1.114	—	—
	总计	314.520	398	—	—	—
负面经济效应	组间	20.956	3	0.585	0.459	0.03
	组内	257.924	395	1.277	—	—
	总计	278.880	398	—	—	—
正面环境效应	组间	6.754	3	0.662	0.520	0.541
	组内	228.566	395	1.272	—	—
	总计	235.320	398	—	—	—

续表

因子		平方和	自由度	均方	F	P值
负面环境效应	组间	9.291	3	0.396	0.458	0.002
	组内	293.589	395	0.865	—	—
	总计	302.880	398	—	—	—
正面社会效应	组间	7.672	3	0.662	0.787	0.041
	组内	249.248	395	0.842	—	—
	总计	256.920	398	—	—	—
负面社会效应	组间	10.537	3	1.143	1.521	0.044
	组内	352.343	395	0.752	—	—
	总计	362.880	398	—	—	—
对发展乡村旅游的态度	组间	10.999	3	0.660	0.642	0.234
	组内	200.681	395	1.028	—	—
	总计	211.680	398	—	—	—

由表 5-13 可知，不同年龄段居民对负面经济效应、负面环境效应、正面社会效应和负面社会效应具有不同的 P 值，而对于正面经济效应、正面环境效应和对发展乡村旅游的态度，P 值无明显差异。由此，需要对有显著性差异的因子进行组内多重比较。在进行多重比较前，需进行方差齐性检验，若 P 值大于 0.05，则说明该因子具有方差齐性，则用 LSD 方法进行多重比较，若 P 值小于 0.05，则说明该因子不具有方差齐性，则用 TamhaneT2 进行两两比较。具体检验结果见表 5-14。

表 5-14　各年龄段与各因子的方差齐性检验

因子	Levene 方差齐性检验	自由度1	自由度2	P值
负面经济效应	0.650	3	298	0.599
负面环境效应	0.055	3	298	0.267
正面社会效应	0.651	3	298	0.142
负面社会效应	0.522	3	298	0.256

从表 5-14 可以看出，各因子 P 值均大于 0.05，所以该因子具有方差齐性，则采用 LSD 进行多重比较。多重比较中，若 P 值大于 0.05，则说明这一组不具备显著性差异，反之亦然。比较结果见表 5-15。

表 5-15　各年龄段的多重比较分析

因变量	年龄		平均值差值(I-J)	标准错误	P值
负面经济效应	低于 30 岁	31～50 岁	0.500	0.578	0.392
		50～60 岁	0.538	0.555	0.337
		60 岁以上	0.500	0.523	0.004

续表

因变量	年龄		平均值差值(I-J)	标准错误	P 值
负面经济效应	31～50 岁	50～60 岁	0.038	0.444	0.931
	31～50 岁	60 岁以上	0.247	0.402	0.237
	50～60 岁	60 岁以上	-0.038	0.369	0.021
负面环境效应	低于 30 岁	31～50 岁	0.500	0.529	0.350
		50～60 岁	0.892	0.509	0.046
		60 岁以上	0.791	0.479	0.105
	31～50 岁	50～60 岁	0.392	0.407	0.340
		60 岁以上	0.291	0.369	0.434
	50～60 岁	60 岁以上	-0.101	0.338	0.766
正面社会效应	低于 30 岁	31～50 岁	-0.500	0.498	0.321
		50～60 岁	-0.462	0.479	0.340
		60 岁以上	-0.273	0.451	0.548
	31～50 岁	50～60 岁	0.038	0.383	0.920
		60 岁以上	0.227	0.347	0.006
	50～60 岁	60 岁以上	0.273	0.451	0.548
负面社会效应	低于 30 岁	31～50 岁	0.400	0.565	0.482
		50～60 岁	0.615	0.543	0.026
		60 岁以上	0.545	0.511	0.291
	31～50 岁	50～60 岁	0.215	0.434	0.622
		60 岁以上	0.145	0.393	0.713
	50～60 岁	60 岁以上	0.070	0.361	0.847

由表 5-15 可知，对于负面经济效应来说，低于 30 岁与 60 岁以上、50～60 岁与 60 岁以上具有显著差异；对于负面环境效应来说，低于 30 岁与 50～60 岁具有显著差异；对于正面社会效应来说，31～50 岁与 60 岁以上具有显著差异；对于负面社会效应来说，低于 30 岁与 50～60 岁具有显著差异。因此，假设 B 成立。

3. 不同贫困状况居民的差异分析

与性别研究方法相同，对万寿村不同贫困状况居民对乡村旅游效应感知进行独立样本 T 检验，结果见表 5-16。

表 5-16　不同贫困状况对各因子的独立样本 T 检验

因子		Levene 方差齐性检验		均值 T 检验		
	假定方差	F	P 值	t	自由度	P 值
正面经济效应	假定等方差	3.294	0.033	2.066	297	0.041
	不假定等方差	—	—	2.003	278.0478	0.045
负面经济效应	假定等方差	0.850	0.154	1.899	297	0.031
	不假定等方差	—	—	1.828	275.3374	0.037

续表

因子	假定方差	Levene 方差齐性检验		均值 T 检验		
		F	P 值	t	自由度	P 值
正面环境效应	假定等方差	0.924	0.584	0.427	297	0.398
	不假定等方差	—	—	0.459	269.9091	0.389
负面环境效应	假定等方差	0.590	0.045	0.852	297	0.029
	不假定等方差	—	—	0.837	287.7546	0.028
正面社会效应	假定等方差	1.341	0.661	0.661	297	0.042
	不假定等方差	—	—	0.685	281.7546	0.048
负面社会效应	假定等方差	0.669	0.657	1.804	297	0.515
	不假定等方差	—	—	1.798	275.6311	0.514
对发展乡村旅游的态度	假定等方差	0.941	0.043	0.804	297	0.049
	不假定等方差	—	—	0.814	271.2242	0.048

由表 5-16 可知，万寿村不同贫困状态居民对乡村旅游发展效应在正面经济效应、负面经济效应、负面环境效应、正面社会效应、对发展乡村旅游的态度上具有显著性差异。因此，假设 C 成立。

4. 不同文化水平居民的差异分析

与不同年龄层次差异分析一样，采用单因素分析的方法来比较万寿村不同文化水平居民对乡村旅游发展效应感知的差异。对文化水平项共设立小学及以下、初中、高中或职校、中专和大学(本科)及以上 4 个分组，第一步仍是进行单因素方差分析检验，当 P 值小于 0.05 时，说明因子具有差异性，反之亦然，具体结果见表 5-17。

表 5-17 不同文化水平对各因子的单因素方差分析

因子		平方和	自由度	均方	F	P 值
正面经济效应	组间	1.887	3	0.629	0.572	0.636
	组内	252.667	395	1.099	—	—
	总计	254.553	398	—	—	—
负面经济效应	组间	1.640	3	1.547	1.700	0.018
	组内	209.202	395	0.910	—	—
	总计	210.842	398	—	—	—
正面环境效应	组间	1.122	3	1.374	1.801	0.160
	组内	175.488	395	0.763	—	—
	总计	176.610	398	—	—	—
负面环境效应	组间	0.948	3	1.614	3.025	0.039
	组内	232.661	395	0.533	—	—
	总计	233.609	398	—	—	—
正面社会效应	组间	0.922	3	0.868	0.821	0.489
	组内	199.488	395	1.057	—	—
	总计	200.410	398	—	—	—

续表

因子		平方和	自由度	均方	F	P值
负面社会效应	组间	1.376	3	0.665	0.659	0.582
	组内	275.518	395	1.009	—	—
	总计	276.894	398	—	—	—
对发展乡村旅游的态度	组间	0.782	3	0.390	0.448	0.720
	组内	165.488	395	0.871	—	—
	总计	166.270	398	—	—	—

由表 5-17 可知，不同文化水平仅对负面经济效应、负面环境效应具有差异性，而对正面经济效应、正面环境效应、正面社会效应、负面社会效应、对发展乡村旅游的态度这 5 项无显著性差异。对负面经济效应、负面环境效应进行组内多重比较。首先进行方差齐性检验，若 P 值大于 0.05，则说明该因子具有方差齐性，则用 LSD 方法进行多重比较，若小于 0.05，则说明该因子不具有方差齐性，则用 Tamhane T2 进行两两比较。具体检验结果见表 5-18。

表 5-18　不同文化水平对各因子的方差齐性检验

因子	Levene 方差齐性检验	自由度 1	自由度 2	P值
负面经济效应	1.58	3	298	0.625
负面环境效应	0.789	3	298	0.501

由表 5-18 可以看出，这两项因子方差均大于 0.05，则采用 LSD 方法进行多重比较，比较结果见表 5-19。多重比较中，若 P 值大于 0.05，则说明这一组不具备显著性差异，反之亦然。

表 5-19　不同文化水平的多重比较分析

因变量	学历		平均值差值(I-J)	标准错误	P值
负面经济效应	小学及以下	初中	-0.300	0.344	0.387
		高中或职校、中专	-0.075	0.421	0.859
		大学(本科)及以上	-0.843	0.442	0.003
	初中	高中或职校、中专	0.225	0.440	0.612
		大学(本科)及以上	-0.543	0.460	0.244
	高中或职校、中专	大学(本科)及以上	-0.768	0.521	0.147
负面环境效应	小学及以下	初中	-0.133	0.250	0.597
		高中或职校、中专	-0.250	0.306	0.419
		大学(本科)及以上	-0.286	0.322	0.009
	初中	高中或职校、中专	-0.117	0.321	0.718
		大学(本科)及以上	-0.152	0.335	0.651
	高中或职校、中专	大学(本科)及以上	-0.036	0.379	0.925

如表 5-19 所示，不同文化水平与各因子的多重比较结果中，负面经济效应和负面环境效应中，小学及以下与大学（本科）及以上二者均具有显著性差异。因此，假设 D 成立。

5. 是否从事旅游业居民的差异分析

是否从事旅游业居民的差异分析仍选择独立样本 T 检验，结果见表 5-20。

表 5-20 是否从事旅游业对各因子的独立样本 T 检验

因子	方差齐性 Levene 检验			均值 T 检验		
	假定方差	F	P 值	t	自由度	P 值
正面经济效应	假定等方差	0.537	0.467	0.472	297	0.004
	不假定等方差	—	—	0.469	228.9246	0.004
负面经济效应	假定等方差	0.449	0.506	0.601	297	0.003
	不假定等方差	—	—	0.646	229.6637	0.004
正面环境效应	假定等方差	1.519	0.224	0.965	297	0.018
	不假定等方差	—	—	0.959	231.8626	0.017
负面环境效应	假定等方差	0.503	0.976	0.897	297	0.551
	不假定等方差	—	—	0.937	228.4755	0.522
正面社会效应	假定等方差	0.843	0.304	0.524	297	0.340
	不假定等方差	—	—	0.514	227.5954	0.344
负面社会效应	假定等方差	0.981	0.117	-0.646	297	0.043
	不假定等方差	—	—	-0.681	220.2872	0.040
对发展乡村旅游的态度	假定等方差	1.081	0.482	0.419	297	0.007
	不假定等方差	—	—	0.413	226.2245	0.008

如表 5-20 所示，万寿村村民在是否从事乡村旅游业工作对旅游发展效应的差异性分子中，正面经济效应、负面经济效应、正面环境效应、负面社会效应、对发展乡村旅游的态度这 5 个因子有显著性差异，负面环境效应和正面社会效应无显著性差异。因此，假设 E 成立。

5.4 万寿村乡村旅游促进可持续发展感知评价结果

5.4.1 万寿村客观效应评价结果

从客观效应评价量表结果看，乡村旅游在对万寿村进行扶贫脱贫方面的贡献较大。经济效应方面，该村通过发展旅游在增加贫困人口收入，推进村扶贫脱贫方面有较大效用，但在促进整村居民就业方面还需要进一步加强；环境效应方面，通过发展乡村旅游，该村人居环境得到了较大改善，生活垃圾及生活污水都达到了系统化处理，但该村的整体环境改善力度还需要加强，居民的处理覆盖率还有待提高；社会效应方面，该村借助政府支持，社会效应总体上呈现较高的一致性和完成度。说明乡村旅游业的发展对乡村经济、社会、环境起到了较大的推进作用，其中社会效应的感知度最高。

5.4.2 万寿村主观感知效应评价结果

经济效应方面，万寿村乡村旅游业的开展增加了就业岗位，居民可以就近就业，很大程度上提高了当地居民的经济收入；通过旅游业的辐射作用带动了周边地区发展，旅游业为万寿村顺利实现脱贫摘帽做出了较大的贡献，但要注意的是万寿村居民现阶段的主要经济收入并不是以旅游业为主，而且，村贫富差距拉大的现象已经出现，这些问题都需要在后续发展中多加重视。

环境效应方面，随着旅游业的开展，万寿村的基础设施建设得到较大改善，公共卫生环境和交通水平都得到大幅度提升，村民居住的房屋结合旅游特色进行了规划翻新，居民的娱乐休闲场所与休闲活动大幅度增加。但也在一定程度上出现了生活垃圾和噪声污染。

社会效应方面，经济收入的增加，万寿村传统的长寿文化也得到了挖掘与发扬，万寿品牌与万寿村的知名度有了一定程度的提高，其村委班子对乡村综合治理的效果比较好，村不良社会现象并没有大幅度出现，村民日常生活没有受到很大干扰，结合访谈结果总体看来，万寿村的乡村旅游发展联合村"寿文化"工程，在农旅结合的基础上加入文化元素，进一步延伸巩固了文化扶贫成果。

居民参与旅游态度与意愿方面，总体上居民是支持乡村旅游发展的，并且愿意将自家闲置房屋、土地用于旅游开发建设，但旅游对居民的红利普及范围较小，居民认为应该让更多人参与到旅游活动中。但能为村民提供的工作种类集中于保洁、保安等技术水平偏低的岗位，所以乡村旅游在发展过程中要注意引进人才与消化本地就业人口，促进贫困人口受益获利，实现可持续发展。

5.4.3 万寿村不同类型居民对乡村旅游效应感知差异分析结果

根据万寿村居民的基本特征对正面经济效应、负面经济效应、正面环境效应、负面环境效应、正面社会效应、负面社会效应、对发展乡村旅游的态度的差异性分析，得出以下结果。

(1) 不同性别居民对正面经济效应、负面经济效应、正面环境效应、负面环境效应、正面社会效应、负面社会效应、对发展乡村旅游的态度均不存在显著差异，说明万寿村乡村旅游的发展给当地居民带来的影响效果是一致的，也在一定程度上说明旅游有效促进了乡村女性人口的就业。

(2) 不同年龄段居民对负面经济效应、负面环境效应、正面社会效应、负面社会效应具有显著性差异，而其他因子不具有显著性差异，这主要是因为年龄较大的居民认为在乡村发展旅游，能够提供就业岗位、提高收入、改善生活环境，对随之产生的负面经济效应、负面环境效应、负面社会效应有比较大的包容性；而较年轻居民则因为就业机会较多，比较看重乡村的宜居与乡村性感受，故对旅游可能带来的负面影响更加理性。

(3) 不同贫困状况居民对正面经济效应、负面经济效应、负面环境效应、正面社会效应、对发展乡村旅游的态度上具有显著性差异，这跟万寿村发展乡村旅游的大背景相关，为了践行国家脱贫攻坚和乡村振兴战略，万寿村根据地区特色发展乡村旅游，不可避免地将旅游红利偏向贫困户，由此，非贫困户与贫困户之间存在较大的感知差异。

（4）不同文化水平居民在负面经济效应和负面环境效应方面存在显著性差异，而且差异主要体现在小学及以下与大学（本科）及以上之间，这是由于较高学历和较低学历的居民之间对旅游发展认知存在差异，较低学历居民多为年龄较大的居民，对能够增加经济收入、改善村庄环境的乡村旅游比较支持，而较高学历居民对发展旅游产生的影响认识更为客观，更能从专业角度看待旅游发展。

（5）是否从事乡村旅游业工作对正面经济效应、负面经济效应、正面环境效应、负面社会效应、对发展乡村旅游的态度有显著性差异。这是由于参与旅游业活动的居民可以切实获得旅游红利，而未参与旅游业活动的居民仅是从总体和旁观者角度来进行感受，对于旅游产生的积极影响感知不如参与者强烈，故对旅游发展的支持态度没有已参与者强烈。

5.5 乡村旅游促进可持续发展的推进路径

在贫困地区发展乡村旅游不仅仅是为实现既定的脱贫目标，更是在践行乡村振兴战略。旅游发展不是一个独立的个体，需要与其他产业联合形成产业链，以实现区域全面发展。旅游地居民是旅游活动的重要参与主体，要提高当地居民对旅游发展效应的感知态度，增加居民的旅游活动参与度，不断提高当地居民的就业机会，让旅游真正为当地谋福利。应重视当地居民对旅游发展的意见，及时调整旅游发展策略，促使乡村旅游成为促进贫困村可持续发展的重要力量。本节根据上述万寿村乡村旅游对贫困村可持续发展的影响效应研究结果，提出旅游促进贫困村可持续发展的推进路径——产业联合形成产业链，构建利益联结机制，将旅游红利普惠村民，提高旅游发展水平，培养主客共享的休闲理念，以旅游促进乡村可持续发展。

5.5.1 培育农业产业化联合体，促进旅游与多产业融合发展

从旅游发展的效应研究可以看出，经济效应是旅游发展中最明显的特征，不同类型居民对经济正面效应差异分析呈现出较高的统一性，即说明当地居民对旅游带来的正面经济效应比较认可；从分析中也可以看出，当地参与旅游业的居民仍是少数，所以，要提高旅游的就业吸纳能力，增强居民的参与度，这要求乡村旅游必须考虑当地居民发展需求，结合其他产业开发多样化旅游休闲活动，提供更多就业岗位。本书认为，旅游开发区应当明确旅游发展目标，制定好旅游发展规划，并实时进行旅游参与态度与意愿调查，在现有旅游发展基础上做到以下几点。

1. 全力推进农旅融合

贫困地区大多如万寿村一样，第二、三产业发展水平不高，农业以传统种养业为主，在这样的基础条件下开展乡村旅游业，必须要进一步拓展农业功能，推进农业向现代农业

转变,特别是要深化改革,盘活、激活、放活乡村各类资产资源,在休闲农业的基础上发展乡村旅游,实现农业与旅游业的融合发展,推进农村产业转型发展。

2. 创新创业促进文旅融合

贫困地区大多都远离城市,乡村风俗习惯和传统文化习俗大多得以保存,文化是乡村旅游发展的重要资源,而旅游则是传播文化的载体,"乡村旅游+文化"的发展模式可以使乡村文化以旅游产品的形式向消费者传播,将乡村文化转变为实实在在的经济效益和社会效益,而旅游文化产品也是乡村旅游景区区别于其他景区的重要制胜点,如万寿村就是在本村独特的万寿文化的基础上发展成集养生、休闲娱乐、生态养殖等于一体的生态康养产业。贫困区可以根据本村特有的乡俗文化、少数民族风俗、红色文化、饮食文化、民居文化等各种具有本地特色的文化资源,结合旅游业实现文旅融合。

3. 多方式实现工旅融合、商旅融合、体旅融合

贫困地区除了经济水平较低外,往往还伴随着卫生、教育、医疗等多方面问题,尽管国家一系列精准扶贫政策实施后很大程度上改善了这些情况,但要进一步实现振兴目标,需要将乡村旅游业与这些行业紧密联系,"寓教于乐,寓学于乐",实现乡村新兴产业链的横向延伸和扩展,既增加居民收益,又优化乡村生活环境,使居民全方面受益。

推动"旅游+"多产业融合更重要的是需将乡村旅游产业链根植于当地经济基础之中,注重旅游的乡村性特征,充分发挥旅游业综合拉动性强、扶助功能大、受益面宽的特性,通过加强文化、农业、交通、工业、易地扶贫搬迁、美丽乡村建设等与旅游业的融合协调,整合资源,着力推进基础设施向乡村延伸,改善和巩固贫困地区的生产生活条件,突出乡村自然特色,把田园建成公园、把社区建成景区,推动形成生产、生活、生态协调共进,经济、社会、环境良性互动的发展格局,推动地方经济社会和贫困人口全面发展。

5.5.2 加强多路径利益联结,推进乡村旅游成果共享

在贫困村,发展乡村旅游在一定程度上是偏向发展能力较弱的贫困人口,对于其他未参与或没有能力参与旅游活动的居民来说,可能并不能收获旅游带来的同等的正面效应,却要承担其负面效应。乡村旅游的发展,绝不是政府"一竿子全揽",也不是企业"自生自灭",而是要将旅游参与的主体作用都发挥出来,结合实际建立旅游主体利益联结机制,多途径增加农民收益。在走访贵州省黔东南州旅游地时,发现当地通过乡村旅游实现脱贫的有效做法之一就是构建共建、共管、共享"三共"机制和能人带户、景区带村、合作社带区"三带"模式[80],有效调动了农民的内生动力,让群众全程参与旅游发展,共享旅游"红利"。可以借鉴以下几种方式来实现。

1. "企业+农户"联结发展

贫困地区往往存在消息闭塞、市场信息获取不及时的特点,根据乡村旅游发展的现实需求,邀请乡村旅游发展较好地区的村委干部、专业旅游经理人对村里旅游致富带头人和主要管理人员进行定期培训,调动他们促进地区发展的责任感和积极性,善于利用"公司

+基地+贫困村、贫困户+制作能手"的方式带动村民，激发村民的创业就业热情；抓住农村"三变"改革的机会，将企业与农户连接在一起，一方面利用旅游公司专业的经营人才围绕吃、住、行、游、购、娱等各环节，加强对农户的经营管理、食宿服务、接待礼仪、迎宾保卫、传统技艺、导游解说、文艺表演、旅游商品设计、市场营销等各方面进行培训，吸纳当地村民到旅游企业和景区景点就业，让农户通过务工直接增加收入；另一方面引导村民通过房屋出租、土地流转、资产入股、资金入股、就业务工、土特产品对口销售等方式，实现多渠道增收。

2. "景区+农户"联结发展

贫困地区开发旅游业的主要目的是带动一方百姓脱贫致富，以乡村旅游带动、以景区旅游带动、以社区协调发展等方式促进景区社区和谐发展，让景区与社区联动、与社区共享。通过建立有效的利益联结机制，确保景区发展惠及周边农户。以旅游带动全区的发展，可以有效实现区域村庄整治和民居改造，改善人居环境，推动城市化建设；以旅游景区带动贫困村脱贫，积极引导旅游景区为周边农户提供保安、保洁、咨询、导游等岗位和提供旅游商品销售点、旅游餐饮服务点停车位等服务便利，带动景区所在村寨和周边贫困人口就业；景区与村委合作，使用订单式农副产品并发展配套餐饮，新鲜蔬菜、瓜果、家禽，交予村委会村集体经济组织订单式生产销售，直接带动农民生产增收；实现农村剩余劳动力"离土不离乡"的就地转移。

3. "合作社+农户"联结发展

我国农村以合作社形式发展生产的历史由来已久，改革开放之初，农村实行联产承包制度，让普通农户既完成缴纳税赋又实现自给自足。随着社会发展，农业生产已不仅仅局限于基本生存发展上，更多的是寻求个人及家庭更高层次的发展。随着精准扶贫政策的实施，贫困地区开发了一大批特色农业产业，但休闲农庄和乡村旅游的进一步发展需要农业生产向现代农业转变，单个小农户在科技水平、文化水平、发展思路上都较弱，无法靠自身走上现代农业的发展道路，因此，可借助介于农户和政府之间的合作社来整合农户共同发展，万寿村成立了养殖专业合作社、集体经济股份合作社、农机专合社来全面保障村产业发展。通过合作社，一是可以由合作社统一对村民进行专业的技术培训，引导农户学习最新的农业技术和种植管理方法，提高农民生产技术；二是贫困农村大量青壮年劳动力大多在城市务工或创业，农村地区往往出现较大规模的土地抛荒现象以及人才漏损现象，而旅游企业可以依托合作社有组织地、精准地吸引农民工返乡就业；三是国家越来越重视农村地区以合作社形式开展农产品加工、销售、乡村旅游等经营活动，通过合作社，村两委、产业业主、村民可以三方监督实现乡村发展透明化、公开化；并且，通过合作社，乡村旅游经营企业还可以更加快捷有效地获取国家政策信息，有利于争取国家政策与资金的支持。当然，合作社成立后，应当避免闭门造车现象，可以和全区域合作社联合，形成集群规模和联动效应，依托区域乡村旅游资源，以乡村旅游合作社为核心，以乡村旅游合作社联合会为统筹，整合资源，信息共享，层层推进，帮扶共创，共同发展，突破乡村发展瓶颈，为乡村发展增添动力。

5.5.3 提高乡村旅游发展水平，培养主客共享的休闲理念

乡村旅游发展最主要的目的就是要实现本区域进步、本地居民受益，本书对乡村旅游发展进行了主观感知效应分析，从分析结果中可以发现，要实现乡村可持续发展，必须提高居民对乡村旅游发展的认可度与参与度。乡村不仅是旅游景点，更是当地居民的生存环境，提高乡村旅游发展水平，可有效提升旅游地居民的自豪感与发展冲劲，提高居民的内生发展动力，有利于进一步将乡村地区建设成为游客可居、可食、可体验的乡居生活综合体，实现乡村主客共享的发展格局，实现当地群众、游客、公司、合作社等多方共赢，真正实现可持续发展。形成乡村主客共享发展格局，可以从以下几方面入手。

(1) 推动乡村旅游产业本地化。产业资源要为本地人所有，经营过程要有本地人参与，最终的旅游产业链实现本地化，要让乡村的农产品、土地、劳动力等资源参与到旅游产业中，以保证旅游的收益最大限度留在乡村，最大限度地保障乡村旅游的乡村性特征。

(2) 协调好乡村旅游发展过程中各参与主体之间的利益关系。当地村民是乡村旅游活动最广泛的主体，政府应当以人为本推进村民参与机制，让老百姓共享改革发展红利，可以推进村级民俗文化保护机制，提取乡村旅游中的部分收益用来保护乡村特色的民风民俗，一方面营造乡村的淳朴环境，另一方面也始终为乡村旅游保持独特吸引力。可以以股份合作形式为纽带，建立政府、居民和企业互利互惠的联合发展机制，将当地居民联结到产业平台上，实现"联产联业、联股联心"的乡村发展模式；乡村旅游的发展除了当地居民以外，游客也是乡村旅游共享机制中的重要组成部分，乡村旅游的游客多数是来自城市等较发达地区的居民，这就需要旅游地针对这些游客进行全面的市场调研与分析，掌握不同旅游人员的旅游需求，多方位设计乡村旅游产品，如家庭游、亲子教育游、养老养生游、社会实践游等，提供丰富多样的主体性参与体验式旅游活动。

(3) 引导各参与主体转变旅游休闲理念。多数贫困地区发展乡村旅游尚处于初级阶段，不同程度上存在品牌效力、知名度不够的现象，想要持续有力地吸引游客，旅游企业要稳扎稳打，切勿好高骛远，既要做好基础性工作，又要善于学习先进旅游营销技术，根据地区实际情况做规划；政府要支持和引导休闲市场培育，让休闲游融入居民日常生活，除了大力推进经济建设外，还要着重推进乡村休闲旅游的宣传，将政府的精神文明建设融入居民休闲生活中，社区、村委等基层组织应当引领居民共建共享健康的生活环境，倡导慢生活，改变浏览式旅游生活，适当延长假期，让城市居民能够更长时间地享受乡村生活，使城市居民能够融入乡村环境，在参与乡村活动的时候享受纯天然的自然环境，实现乡村旅游的感化教育功能。如此，各旅游主体各司其职，各尽其责，人尽其才，才尽其用，才能让乡村旅游带动贫困地区实现可持续发展。

第6章 产业发展在精准扶贫与乡村振兴衔接中的路径研究——以达川区成都村为例

6.1 研究区概况

6.1.1 成都村概况

成都村位于四川省达州市达川区河市镇南，距主城区17公里，三面临州河形成半岛，平均海拔350米，截至2013年底，成都村有贫困户91户313人，属建档立卡贫困村。成都村耕地面积1218.6亩(其中田720亩、地498.6亩)，森林面积1160亩。堰塘3口，水域面积40亩。村内山清石秀，树木十分茂盛，独特的三面临河地理优势以及紧邻主城区的地域优势造就了成都村丰富的旅游资源。据史料记载，成都村是山冈县遗址，南朝梁大统同三(537年)置县治，到宋熙宁六年(1073年)撤除并入通川县为止，共经历536年县城历史。

(1)地理位置。成都村位于四川省东北部达州市达川区河市镇境内，是达川区贫困村，村域面积2.88平方公里，位于北纬31°，东经107°44′，成都村平均海拔350米。东、南、北面紧临州河合成半岛，东部与龙家庙村接壤，东南部与昌红村相连。

(2)地形与地貌。达川区所处大地构造属新华夏系四川沉降带。全区整个地形总趋势为北西高、东南低。成都村的地形和达川区地形趋势吻合。全区平坝占1%左右，而成都村刚好位于平坝地区，村中东北部具有高山平原，南部和西部主要为平行岭谷(注：以上数据来源于达川区2018年统计年鉴)。

(3)气候与水系。成都村属亚热带湿润季风气候。小气候受铁山、州河地形影响，气候温和，冬暖、春旱、夏热、秋凉，四季分明，无霜期长，热量资源丰富，雨量充沛但时间分布不均，降水集中于夏季，多年平均温度17.2℃，多年平均降水1192.5毫米，多年平均日照1472.2小时。因特殊地质构造和气候特征，境内秋绵雨等灾害天气频繁。成都村邻靠州河，水资源丰富。

(4)自然资源。成都村矿产资源丰富，可开采矿产类型有煤、石灰石等。野生植物资源丰富，有古树树种、国家级保护的植物、名贵中药材资源，如川龙薯芋、天冬、八月瓜等。受国家、省级保护的野生动物有小灵猫、穿山甲、红腹锦鸡、啄木鸟等，常见的野生动物禽纲有燕子、啄木鸟等；兽纲有野兔、野猪、水獭、狐狸等；两栖纲的有青蛙等。列为四川省有益或有重要经济、科学研究价值的陆生野生动物有燕子、八哥、蛇等(注：以上数据来源于达川区2018年统计年鉴)。

6.1.2 社会经济环境概况

1. 行政区划

成都村是四川省达州市达川区河市镇下辖社区,位于四川省东北部,达州市中部,达川区中部。

2. 人口和民族

截至 2018 年底,成都村辖 8 个村民小组,是汉族聚集区,全村 330 户 1202 人,全村劳动力 860 人。

3. 经济概况

2018 年成都村全年总收入达 681167 元,本地务工收入为 163260 元。自 2014 年以来,成都村收入从外出务工和传统种养殖过渡为本地务工以及规模型种植养殖,经济作物价值更高、产量更大、市场竞争力更强。通过打造 4A 级景区、土地流转等措施,集体经济逐年增长。2017 年 3 月经达川区人民政府批准改设河市镇成都村为农村社区,是全国旅游扶贫重点村和省级旅游扶贫示范村。

4. 社会概况

成都村光缆线路和接入设备 365 户,新建自然村生产用电输变电线路和设施 3 千米,新建建档立卡式贫困户生活生产用电输变电线路和设施 0.15 千米,新建镇到自然村光缆线路 5 千米。通过硬化村社道路、生产便民道建设,农户出行、农用物资进出运输更加方便快捷。整治山坪塘、新修灌溉渠道,恢复改善蓄水 6.4 万立方米,新增有效灌面 800 亩。项目实施后,大大增强了项目区抗御自然灾害的能力,增强了农业后劲,提高了土地利用率和农作物的产量,增加了农民群众的经济收入。

5. 贫困状况

成都村是四川集中连片地区秦巴山区达川区河市镇唯一的贫困村,共有建档立卡贫困户 91 户 313 人,贫困发生率 26%,于 2017 年整村脱贫。成都村紧紧围绕基础设施、产业发展、群众增收、民生改善等,强力推进脱贫攻坚,取得了显著成效,根本性改变了无硬化道路、无规模产业、无增收来源和基础差、环境差、发展差的落后面貌。

6. 乡村振兴布局

在达川区乡村振兴战略实施规划(2020 年起)中,成都村规划主要发展近郊旅游。村域布局了东北部玫瑰谷 4A 级景区、蓝莓种植园和草莓种植园,中南部为品尚品农业示范园,西部配猕猴桃种植园、鸿雁养殖场。

6.2 数据来源和处理

6.2.1 调研对象

研究目的为分析四川省连片特困地区秦巴山区成都村能成为全国旅游扶贫重点村、省级旅游扶贫示范村、达川区产业脱贫示范村的原因；内容涉及整村的发展状况、脱贫情况、产业扶贫的作用、产业发展的问题、在精准扶贫与乡村振兴衔接发展中所遇到的问题以及未来可能会出现的问题等；调研对象为达川区扶贫移民局工作人员、成都村的建档立卡户、当地村委和第一书记、当地产业发展带头人这4类。

6.2.2 问卷设计

针对建档立卡户的问卷主要为脱贫情况调研，以国家第三方精准脱贫评估调研及四川省第三方精准脱贫评估调研的问卷为基础，结合国家"五个一批"帮扶、乡村振兴等措施，围绕脱贫情况、帮扶情况、农户认知度等进行问卷设计，内容主要分为农户基本情况、基础设施保障、社会保障政策、扶贫小额信贷政策、产业扶贫政策、就业创业扶贫政策、精准识别和精准退出机制7大部分。因农户认知水平，实地调研中，问卷的提问和答案口语化、简约化，以选择为主。

针对当地村干部，调研问卷主要针对村基本情况、村"五有"情况、认可度调查、产业发展情况、对口帮扶情况、村环境问题6部分进行设计，问卷由选择和自由填空共同构成。另外，针对当地发展和产业发展设计了访谈提纲，因情况可能较为复杂，可根据实际情况变动。

针对当地产业带头人，主要通过访谈提纲进行调研，问题主要是带头人选择产业的原因、来当地发展的原因、发展的情况、产业市场化等产业相关问题。

6.2.3 调研方法及问卷回收情况

调研时间为2019年10~12月，在达州市达川区成都村开展实地调研，主要以干部座谈会、农户问卷填写、走访产业带头人等方式进行。

(1) 干部座谈会。通过与达川区扶贫移民局有关领导以及驻成都村第一书记、成都村村支书等进行会谈，了解成都村总体概况以及成都村脱贫情况、成都村经济发展情况、成都村产业发展情况、成都村实施乡村振兴的总体情况等。

(2) 问卷调查。在当地政府积极配合和村民积极参与的情况下，通过电话访谈、实地调研等方式，实现成都村91户313人建档立卡户普查。本次发放问卷313份，回收311份，筛选后获取有效问卷307份，问卷有效率约98%。根据访谈结果，成都村2014年脱贫84人，2015年脱贫33人，2016年脱贫70人，2017年脱贫57人，2018年脱贫63人，平均年龄约为49.6岁。脱贫户调研样本按照脱贫时间分布见表6-1。

表 6-1 成都村脱贫户调研样本按照脱贫时间分布情况

脱贫年份	样本数/人
2014	84
2015	33
2016	70
2017	57
2018	63

涉及村干部问卷调查发放 2 份,调研对象为驻成都村第一书记和村支书,回收 2 份,均为有效问卷,问卷有效率 100%。

(3)访谈调研。在当地政府的大力支持、当地带头人的积极配合下,完成成都村 3 位带头人和第一书记、村支书的访谈提纲。了解现成都村村情,村发展情况,产业发展的产业选择、产业模式、产业发展问题等。

6.3 成都村发展情况

通过对成都村典型案例样本的分析发现,成都村精准扶贫和乡村振兴衔接情况好、农户收入稳定、乡村发展可持续,与四川省乡村发展相似的问题得到了改善。进一步分析发现,成都村主要通过产业发展主导脱贫,已形成当地经济收入可持续和脱贫经济可持续的局。

6.3.1 成都村精准扶贫和乡村振兴衔接情况好

调研显示,成都村精准扶贫成效较好,体现在脱贫时间早、配套基础设施完善率高。

1. 脱贫时间较早

根据村干部问卷整理显示,成都村于 2017 年完成脱贫。至 2018 年年底,贫困发生率从 2013 年的 26% 已降至 0.33%(表 6-2)。脱贫时间较早,脱贫情况较好。

表 6-2 成都村贫困发生率情况表

年份	贫困发生率/%
2013	26
2018	0.33

2. 基础设施完善率高

根据村干部问卷整理显示,成都村"五有"情况好,基础设施完善率高,生活居住环境较适宜(表 6-3)。

表 6-3　成都村基础设施情况表

名称	具体情况
通信设施	健全
通村硬化路	有且主干道路宽 5 米以上
村硬化路覆盖率	全覆盖
达标卫生室	面积 60 平方米
文化、健身	有基本文化、健身器材，有室外文化、健身活动场地，有老年活动场所
村环境改善	生产生活垃圾统一收集处理、有公共厕所、有统一生活污水排放设施和处理办法、有专职保洁人员

此外，根据达川区乡村振兴规划，达川区主要计划通过产业发展实现乡村振兴，现关于乡村振兴的规划均集中于区域产业规划，于 2020 年形成全域乡村抓点成线阶段，在近郊打造休闲农旅环。成都村正好位于近郊区域，当地的产业发展和这一规划结合度高，持续性强。

【案例一】

调研发现，成都村位于达川区的近郊旅游环带，根据 2020 年开始实施的达川区乡村振兴规划，未来成都村主要发展近郊旅游。

【案例二】

调研发现，成都村在乡村振兴发展中主要依托产业振兴，产业布局为发展旅游，这与 2020 年开始实施的达川区乡村振兴规划不谋而合，但产业发展缺乏商业化和市场化，缺乏人才，农户素质和能力均不足。

6.3.2　成都村农户收入稳定

村干部问卷整理显示（表 6-4），村民收入主要来源于种植养殖，务工，土地流转、股息、利息，集体经济，其中，村集体经济收入 3.5 万元，人均 28.92 元。集体经济收入稳定，主要来源于入股当地产业收益、固定资产出租，农户经济收入可持续。

表 6-4　农户经济收入来源情况表

收入来源	具体情况
种植养殖	其他特色产业种植
务工	外出或本地务工
土地流转、股息、利息	土地流转
集体经济	收入 3.5 万元，人均 28.92 元，收入主要源于入股当地产业收益、固定资产出租

6.3.3　成都村发展可持续

调研显示，成都村基础设施建设情况好，农户人均收入持续增长，农户积极参与当地产业发展，劳动力部分回流，乡村面貌得到改善。2017 年 3 月，经达川区人民政府批准改设河市镇成都村为成都社区。此外,成都村经济收入形成稳定增长,劳动力出现增长,发展产业人数增加,乡村发展可持续。

1. 乡村经济收入可持续

调研发现,成都村脱贫后经济收入呈现缓慢但稳定的增长。如图6-1所示,从成都村全年经济总收入和第二年较前年增加值,能看出成都村经济收入处于缓慢增长。因缺2013年数据,所以2014年增加值暂未知,但从已知情况来看,成都村经济总收入缓慢增长。

	2014年	2015年	2016年	2017年	2018年
收入(单位:元)	554767	605167	632167	661167	681167
增加值(单位:元)	—	50400	27000	29000	20000

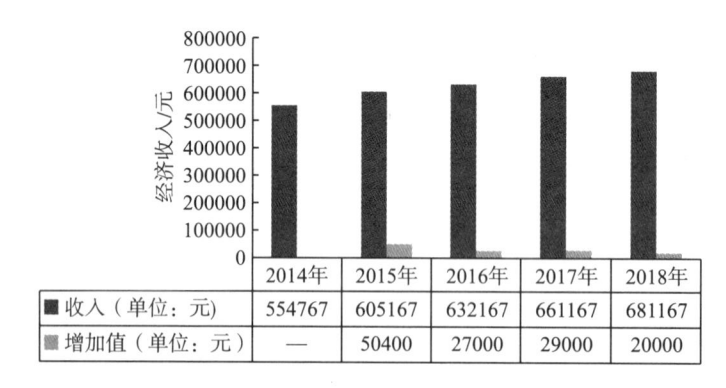

图6-1 成都村2014~2018年全年经济总收入及增加值情况

2. 成都村空心化严重但出现人口回流情况

根据与达川区扶贫移民局及成都村管理人员的座谈了解,成都村空心化严重。根据村干部问卷及访谈情况发现,成都村共有1200余人,2018年底外出务工人数占整村人数的60%,且居家多数为老、幼、病、残。根据成都村统计数据和村干部访谈记录发现,近年成都村出现少量人口回流。具体情况如图6-2所示。

	2016年	2017年	2018年
人数	289	307	320

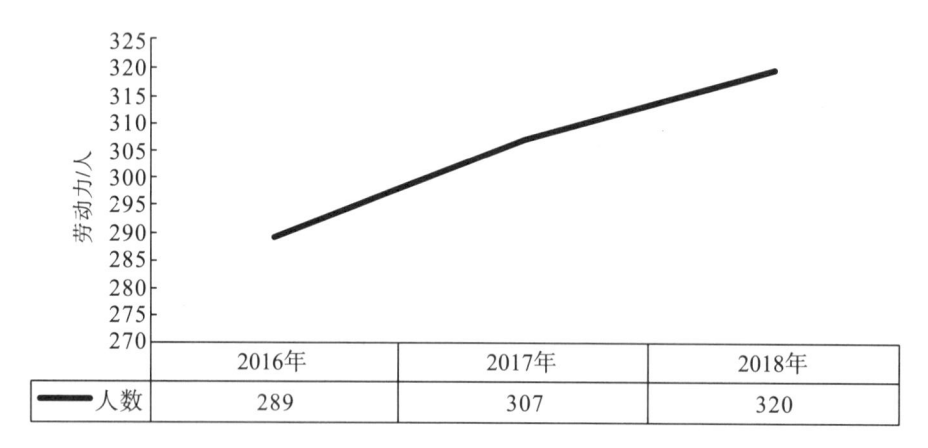

图6-2 成都村在村劳动力变化图

3. 成都村内生动力不足呈现增长趋势

通过达川区扶贫移民局、驻成都村第一书记、村支书座谈会议及访问记录发现,成都村农户内生动力不足，当地农户"等、要、靠"的依赖心较重。在脱贫户评估问卷中发现，仅有少数贫困户自主创业，仅54%的贫困户在带领下发展产业，具体情况如表6-5及访谈案例所示。

表6-5　农户自主创业和发展产业情况表

名称	2014年	2015年	2016年	2017年	2018年	总计	占比/%
自主创业	7	0	4	6	3	20	6
在企业、合作社、大户带领下发展产业	49	18	31	36	42	176	56

【案例一】

在对达川区扶贫移民局工作人员的访谈中了解到，成都村的农户普遍存在"等、要、靠"现象，主要依靠政府救助获取经济，未能自行发展经济，缺乏独立发展能力。

【案例二】

在对驻成都村第一书记的访谈中了解到，脱贫户"等、要、靠"思想严重，脱贫对政府依赖性过强，难以通过政府工作人员的思想劝说，提高工作积极性。成都村为解决这一问题，通过带头人等先发展，获得较高收益后，其他农户积极性得到提高。整体来说，农户素质能力还有待提高。

6.4　产业主导精准脱贫

6.4.1　产业帮扶认可度高

1. "五个一批"中产业帮扶认可高

根据达川区精准脱贫规划"22个专项"和"六个一批"指标，结合国务院精准扶贫脱贫"六个精准"和"五个一批"的要求，整理出达川区在精准扶贫年间"五个一批"的具体作用见表6-6。

表6-6　"五个一批"的作用

指标		选取依据
发展生产脱贫一批	产业发展	①，②
易地搬迁脱贫一批	搬迁、灾后	①，②
生态补偿脱贫一批	生态整治	①，②
发展教育脱贫一批	发展教育	①，②
社会保障兜底一批	医疗低保政策	①，②

①国务院，精准扶贫脱贫的方略是"六个精准"和"五个一批"；②达川区精准脱贫规划"22个专项"和"六个一批"指标。

根据表 6-6 "五个一批"的作用，依照达川区河市镇成都村的统计数据，选取成都村 2014～2017 年"五个一批"的资金投入进行数据统计和调研，结果见表 6-7。

表 6-7 "五个一批"投入金额情况表 （单位：万元）

名称	2014 年	2015 年	2016 年	2017 年	总计
发展产业脱贫	14	171	685	833	1703
易地搬迁脱贫	0	0	1014	420	1434
生态补偿脱贫	10	13	182	50	255
发展教育脱贫	20	124	75	73	292
社会保障兜底	4	36	123	24	187

由表 6-7 可以看出，2014～2017 年每年均有产业投入，除 2014 年外，总额均为"五个一批"中最高，当地政府对产业帮扶投入大，重视程度高。

2. 管理人员认可度高

关于产业扶贫在村干部问卷中的调研结果见表 6-8，成都村本村管理人员认可本村扶贫产业项目，已经成立农民合作组织，实现土地流转，生产过程有专业指导。

表 6-8 关于本村管理人员对产业帮扶评价及生产情况表

名称	具体情况
扶贫产业项目认可度	认可
有无农民合作组织	有
是否实现土地流转	实现
村在生产过程中是否有农技指导	有
生产过程中是否有市场信息渠道引导	有

3. 建档立卡户认可度高，覆盖面广

如表 6-9 所示，2014 年有 77 人，2015 年有 30 人，2016 年有 70 人，2017 年有 57 人，2018 年有 60 人选择了特色产业的发展增加了收入，占比达 95% 以上。2015 年、2016 年、2017 年、2018 年的农户均获得资金或实物支持发展产业，占比为 97% 以上。超过 57% 的农户在企业、合作社、大户的带领下发展产业。2014 年有 64 人，2015 年有 27 人，2016 年有 63 人，2017 年和 2018 年均有 57 人认为产业收入在脱贫中起到主导作用，比值超过 87%。根据对农户的调查问卷显示产业帮扶前后，农户人均年收入的增长分为 1000 元以下：2014～2018 年总数 27 人，比值为 8.8%；1000～2000 元：总数为 26 人，比值为 8.5%；2000～3000 元：出现较大增加，总数为 74 人，占比 24.1%；3000 元以上，出现倍数增加，总数有 158 人，占比 51.5%。

表 6-9 建档立卡户对产业帮扶评价及影响情况表

名称	脱贫时间					总计/人	占比/%
	2014年/人	2015年/人	2016年/人	2017年/人	2018年/人		
特色产业的发展增加了收入	77	30	70	57	60	294	95.8
获得资金或实物支持发展产业	77	33	70	57	63	300	97.7
在企业、合作社、大户带领下发展产业	49	18	32	36	42	177	57.7
产业收入在脱贫中起主导作用	64	27	63	57	57	268	87.3
年收入增长 1000 元以下	21	3	0	0	3	27	8.8
年收入增长 1000~2000 元	14	6	3	3	0	26	8.5
年收入增长 2000~3000 元	28	9	10	12	15	74	24.1
年收入增长 3000 元以上	14	15	42	42	45	158	51.5

6.4.2 产业收入在总收入中占据主导

1. 产业收入在全年总收入的占比超 50%

根据统计数据发现，成都村的产业收入占全年总收入的比例超过 50%且随着全年总收入的增加逐年递增，产业收入和总收入呈正向增加。在 2014 年，产业收入总值为 410547 元，2015 年同比增长 23.37%，总值为 506487 元，2017 年产业总收入已达 548487 元（图 6-3）。

	2014年	2015年	2016年	2017年	2018年
全年总收入/元	554767	605167	632167	661167	681167
产业收入/元	410547	506487	519487	548487	558487

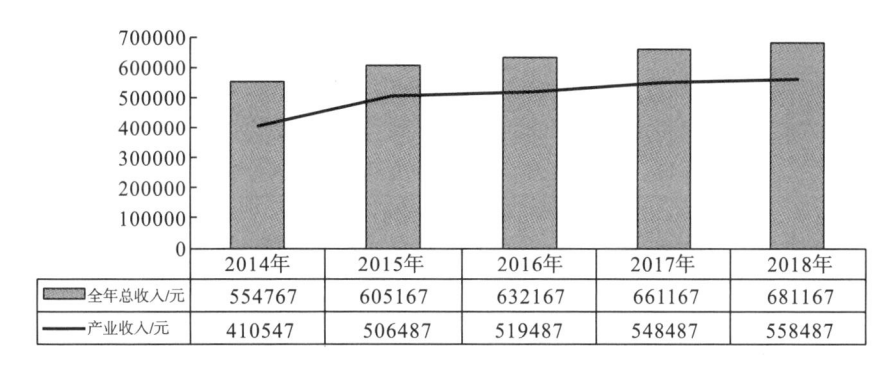

图 6-3 成都村产业收入与全年总收入对比

2. 产业收入在脱贫户收入中占比超 50%

调研显示，政府对产业投入高，当地管理人员及建档立卡户对产业扶贫认可度高。结合表 6-9 可以看出，超过 87%的农户认可产业主导脱贫，且 51%以上的农户年收入增长在 3000 元以上。为弥补问卷调研中所存在的局限性，本书将建档立卡户台账数据作为产业在脱贫中作用的评价数据。

根据精准扶贫理论，指标的建立有以下原则和依据。

(1)全面且科学,能全方面反映产业在脱贫中的作用,能客观、真实、科学地反映具体情况。

(2)地域性和可行性,参考评估时期的背景和区域特点,结合当地现实的具体措施等方面,选取的指标应该为调研或研究时间内可获得,同时需尽量避免采用难以定量化指标,结合当地实际情况,保持独特地域特征。

(3)通过国家精准扶贫政策中"五个一批"的脱贫措施,即发展生产脱贫一批,易地搬迁脱贫一批,生态补偿脱贫一批,发展教育脱贫一批,社会保障兜底一批和达川区"六个一批"帮扶措施选取指标。另外值得注意的是,因基础建设、教育扶贫、产业扶持、生态扶贫、易地搬迁等项目基金投入后,大多投入需在一定周期后才能获取效益,且根据投入的具体类别和具体使用方式,无法估算其周期收益,无法用产出效益估算,同时每年脱贫的人数不同,指标难以评判,研究选用产业收入作为参考指标;因所有调查户均为脱贫户,"一超,两不愁,三保障"均已实现,但每年"一超"标准不同,本节研究选取脱贫户脱贫当年收入作为参考指标。

因此,选用2014~2018年脱贫户脱贫当年年收入中产业收入的占比作为产业在脱贫中作用的评价。因有脱贫人口313人,数据量较大,通过分级别进行图表展示,分为脱贫户中产业收入不足年收入50%、50%~60%、60%~70%、70%~80%、80%~90%、90%以上的。

从表6-10中可以看出,2014~2018年成都村脱贫户脱贫当年产业占年收入比值低于50%的共计21人,占比6.7%;产业收入占比超过50%的共占比93.3%(其中50%~60%的,共30人,占比9.6%;60%~70%的,共46人,占比14.7%,70%~80%的,共138人,占比44.1%;80%~90%的,共53人,占比16.9%;90%以上的,共25人,占比8.0%)。表明成都村仅有7.3%的建档立卡户产业收入在经济收入中不是主要收入,成都村产业在脱贫中起主导作用。

表6-10 2014~2018年脱贫户脱贫当年年收入情况表

产业收入占年收入比值	2014年/人	2015年/人	2016年/人	2017年/人	2018年/人	总数	比值/%
不足50%	12	3	3	0	3	21	6.7
50%~60%	14	6	4	3	3	30	9.6
60%~70%	21	3	10	6	6	46	14.7
70%~80%	14	15	49	39	21	138	44.1
80%~90%	14	6	6	8	19	53	16.9
90%以上	7	0	0	3	15	25	8.0

6.4.3 产业功能性变化

通过调研访谈,发现成都村产业发展的目标,从精准扶贫时期解决绝对贫困,转变为现在的稳定收入、带动就业、提高农户内生动力。

【案例一】

调研发现，成都村的产业发展 2017 年前主要为鼓励所有农户开展种植养殖，2017 年起主要为带头人带领，农户主动参与，政府引导。产业发展从全面覆盖转为针对性发展，农户积极性和收益明显提升。

【案例二】

根据与业主访谈发现，成都村的产业发展从 2017 年开始探索新道路，如新型运营模式的探索、市场化的探索、产品品牌化的建设等。

6.4.4 产业主导精准扶贫与乡村振兴的衔接

对成都村脱贫户的普查调研发现，针对产业在精准扶贫与乡村振兴衔接中起主导作用认可的为 215 人，其中，20 岁以下 23 人，20～40 岁 62 人，40～60 岁 84 人，60 岁以上 46 人，占比 70%。不认可 92 人，其中，20 岁以下为 30 人，20～40 岁 18 人，40～60 岁 14 人，60 岁以上 30 人，占比 30%（表 6-11）。

表 6-11 产业在精准扶贫与乡村振兴衔接中起主导作用的认可度

产业在精准扶贫与乡村振兴衔接中起主导作用	年龄				总计/人	比值/%
	20 岁以下/人	20～40 岁/人	40～60 岁/人	60 岁以上/人		
认可	23	62	84	46	215	70
不认可	30	18	14	30	92	30

6.5 产业发展在精准扶贫与乡村振兴衔接中的作用机制实证分析

本章前面部分已经详细分析了成都村典型案例区的具体状况，明确成都村产业发展的重要性。成都村产业功能性发生改变，已形成衔接精准扶贫与乡村振兴的基础。本节将通过多元 Probit 回归分析，证明产业在精准扶贫与乡村振兴衔接中的主导作用；利用灰色关联分析法，分析产业内部各指标发展和最高显著作用自变量的关联性，得出产业内部的具体发展来实现精准扶贫与乡村振兴的有机衔接；最后通过对产业发展的保障分析得出如何使精准扶贫与乡村振兴持续衔接。

6.5.1 产业在精准扶贫与乡村振兴衔接中的主导作用机制分析

1. 变量选取

变量指标选取依据来源于第 4 章乡村发展的普遍性问题，此外，结合成都村实际情况和建档立卡户经济收入来源，制定以农户情况和产业收入情况为基础的相关自变量指标。调研数据来源于问卷调查、成都村统计资料、贫困户帮扶台账等，通过 EXCEL 软件对数据进行汇总,对自变量和因变量进行量化,利用 SPSS20.0 软件进行多元归回分析(表 6-12)。调研中因变量对产业是否主导精准扶贫与乡村振兴衔接,认为主导取值 1,认为不主导取值 0。对自变量指标进行正指标赋值,数值越大越有利。调研对象为贫困户,所有自变量均与贫困户直接相关。

表 6-12 模型变量赋值表

变量	代码	赋值
产业是否主导精准扶贫与乡村振兴衔接	Y	主导=1;不主导=0
年龄	X_1	20 岁以下=1;20~40 岁=2;40~60 岁=3;60 岁以上=4
参与本村产业生产	X_2	是=2;否=1
在本村务工	X_3	是=2;否=1
在本村产业带动下自主创业	X_4	是=2;否=1
获得产业帮助	X_5	是=2;否=1
年产业增加收入	X_6	年收入增长 1000 元以下=1;年收入增长 1000~2000 元=2;年收入增长 2000~3000 元=3;年收入增长 3000 元以上=4
本村产业模式满意度	X_7	是=2;否=1
经营模式保障农户收益	X_8	是=2;否=1

2. 变量检验

研究选用 8 项自变量,均为产业对农户的影响,为保证各因变量间不存在严重共线,最后影响结果数值,本书采用方差膨胀因子,即 VIF,条件指针 CI。若 VIF≥5,自变量间存在复共线;CI<30,弱共线;30≤CI≤100,中等共线;CI>100,严重共线。通过 SPSS 分析,结果见表 6-13,8 个自变量 VIF 均小于 5,CI 均小于 30,无共线。

表 6-13 各自变量共线性情况表

代码	变量	VIF	CI
X_1	年龄	1.01	1.03
X_2	参与本村产业生产	2.23	7.23
X_3	在本村务工	1.23	3.34
X_4	在本村产业带动下自主创业	1.47	2.76
X_5	获得产业帮助	3.12	8.98
X_6	年产业增加收入	2.47	6.54
X_7	本村产业模式满意度	1.07	3.22
X_8	经营模式保障农户收益	1.45	2.11

对 8 项自变量无共线的探讨后,借鉴学术界的研究发现,通过 H-L 和 Omnibus 可以有效对模型系数进行综合检验,当 H-L 中 P 值>0.05,拟合度高;Omnibus 中 P 值≈0 时,

第 6 章 产业发展在精准扶贫与乡村振兴衔接中的路径研究——以达川区成都村为例

拟合度高。可以看出研究的模型在 H-L 中显示,卡方=13.002,自由度 11,P 值=0.152>0.05;Omnibus 中显示,卡方=40.025,自由度 21,P 值=0.003≈0(表 6-14),代表该模型和实际拟合度高,反映出在 8 项自变量中,有一项自变量能解释产业在精准扶贫与乡村振兴衔接中的主导作用。

表 6-14 模型系数综合检验

检验类型	检验指标		
	卡方	自由度	P 值
H-L	13.002	11	0.152
Omnibus	40.025	21	0.003

3. Probit 回归模型分析

Probit 回归模型即多元概率比回归模型,本书通过对 8 项指标关于无共线和模型拟合性研究后,证明 8 项自变量可以作为对因变量(产业主导精准扶贫与乡村振兴衔接)的研究。通过成都村 307 个调研样本进行 SPSS 回归,因 Y 是二元选择变量,本书采用 Probit 回归分析,结果见表 6-15。

表 6-15 产业主导精准扶贫与乡村振兴衔接模型估计结果

模型	B	标准错误	t	P 值	置信区间上限	置信区间下限
X_1 年龄	-0.0190208	0.0325645	-0.58	0.560	-0.0831064	0.0450648
X_2 参与本村产业生产	0.0242335	0.076674	0.32	0.152	-0.1151246	0.1266576
X_3 在本村务工	0.0296018	0.0772021	0.38	0.102	-0.1015321	0.1223286
X_4 在本村产业带动下自主创业	0.1358594	0.0444429	3.06	0.002	0.0483978	0.2233211
X_5 获得产业帮助	0.1790448	0.0851814	2.10	0.036	0.0114115	0.346678
X_6 年产业增加收入	0.1948124	0.0299139	6.51	0.000	0.135943	0.2536817
X_7 本村产业模式满意度	0.2048156	0.0715634	2.86	0.005	0.0639819	0.3456494
X_8 经营模式保障农户收益	0.1811092	0.0610815	2.97	0.003	0.0609035	0.3013149

4. Probit 回归模型结果分析

(1) 年龄对产业主导精准扶贫与乡村振兴衔接的影响。年龄(X_1)对产业主导精准扶贫与乡村振兴衔接为负向影响,说明农户年龄越大越不认可产业主导精准扶贫与乡村振兴衔接。同时 P 值为 0.56>0.1,$t=-0.58$,年龄这一自变量对产业主导精准扶贫与乡村振兴衔接不显著。数据分析中发现,当地农户年龄越大,对产业在主导精准扶贫与乡村振兴衔接的认知就越不足对产业的积极性也越低,导致年龄产生负向影响。

(2) 参与本村产业生产对产业主导精准扶贫与乡村振兴衔接的影响。参与本村产业生产(X_2)对产业主导精准扶贫与乡村振兴衔接为负向作用,说明参与本村产业生产的劳动人数越多，对产业主导精准扶贫与乡村振兴衔接的影响反而越小。同时 P 值为 0.152＞0.1，$t=0.32$，即参与本村产业生产对产业主导精准扶贫与乡村振兴衔接表现不显著。数据显示，成都村参与本村产业生产的人员整体年龄大，且大多数已超过 55 岁，劳动力产出较低，所以参与本村产业生产对产业主导精准扶贫与乡村振兴衔接为负向作用。

(3) 在本村务工对产业主导精准扶贫与乡村振兴衔接的影响。在本村务工(X_3)对产业主导精准扶贫与乡村振兴衔接为正向作用，说明在本村务工的人数越多，对产业主导精准扶贫与乡村振兴衔接的影响就越大。同时 P 值为 0.102≈0.1，$t=0.38$，在本村务工对产业主导精准扶贫与乡村振兴衔接表现显著。调研样本显示，成都村务工人数越多，农户获取经济收益的渠道越多，同时务工收益显现出稳定可持续态势，人均收益得到提升，当地产业获得稳定持续发展，因此本村务工人数增长对产业主导精准扶贫与乡村振兴衔接显示出正向作用。

(4) 在本村产业带动下自主创业对产业主导精准扶贫与乡村振兴衔接的影响。在本村产业带动下自主创业(X_4)对产业主导精准扶贫与乡村振兴衔接为正向作用，说明在本村产业带动下自主创业的人数越多，对产业主导精准扶贫与乡村振兴衔接的影响就越大。同时 P 值为 0.002＜0.01，$t=3.06$，即在 1% 水平下，在本村产业带动下自主创业对产业主导精准扶贫与乡村振兴衔接表现显著。指标显著性排序为 $X_4＞X_3$。样本数据显示，成都村部分村民在当地产业发展带动下自主创业，且创业产业收益良好，和当地产业发展能形成良性互动，经济增长持续稳定，展现出本村产业带动下自主创业人数越多，对产业主导精准扶贫与乡村振兴衔接越能起到促进作用。

(5) 获得产业帮助对产业主导精准扶贫与乡村振兴衔接的影响。获得产业帮助(X_5)对产业主导精准扶贫与乡村振兴衔接为正向作用，说明获得产业帮助的人数越多，对产业主导精准扶贫与乡村振兴衔接的影响就越大。同时 P 值为 0.036＜0.05，$t=2.10$，即在 5% 水平下，获得产业帮助能对产业主导精准扶贫与乡村振兴衔接表现显著。指标显著性排序为 $X_4＞X_5＞X_3$。样本数据显示，成都村获得产业帮助的人大多为中年人或者半丧失劳动力者，这些产业帮助包括资金支持和技术指导等，大多农户都能获得较大帮助，提升劳动产出率，增加每户经济收入，促使产业发展稳定持续，展现出获得产业帮助的人数越多，产业主导精准扶贫与乡村振兴的正向作用越强。

(6) 年产业增加收入对产业主导精准扶贫与乡村振兴衔接的影响。年产业增加收入(X_6)对产业主导精准扶贫与乡村振兴衔接为正向作用，即当年产业增加收入越多，对产业主导精准扶贫与乡村振兴衔接的影响就越大。同时 P 值为 0.000＜0.01，$t=6.51$，即在 1% 水平下，年产业增加收入对产业主导精准扶贫与乡村振兴衔接的显著最明显，标准错误值低，年产业增加收入这一自变量可以直接显著影响产业主导精准扶贫与乡村振兴衔接这一因变量。指标显著性排序为 $X_6＞X_4＞X_5＞X_3$。在样本数据中，成都村基本 100% 建档立卡户都因产业实现年经济收入增加，同时根据各农户的产业发展选择不同，而获得了不同的收益差异。整体来看成都村实现产业促使整村建档立卡户经济收入增长，因此年产业增加收入对产业主导精准扶贫与乡村振兴衔接的影响不仅为正向且影响强烈。

(7) 本村产业模式满意度对产业主导精准扶贫与乡村振兴衔接的影响。本村产业模式满意度(X_7)对产业主导精准扶贫与乡村振兴衔接为正向作用，说明本村产业模式满意人数越多，对产业主导精准扶贫与乡村振兴衔接的影响就越大。同时 P 值为 $0.005<0.01$，$t=2.86$，即在 1%水平下，本村产业模式满意度对产业主导精准扶贫与乡村振兴衔接的影响显著。指标显著性排序为 $X_6>X_4>X_7>X_5>X_3$。样本数据显示，成都村建档立卡户对产业模式满意度高，同时该产业模式也为农户带来了经济等方面的收益，因此产业模式满意度越高，产业主导精准扶贫与乡村振兴衔接的影响就越大。

(8) 经营模式保障农户收益对产业主导精准扶贫与乡村振兴衔接的影响。经营模式保障农户收益(X_8)对产业主导精准扶贫与乡村振兴衔接为正向作用，说明经营模式保障农户收益人数越多，对产业主导精准扶贫与乡村振兴衔接的影响就越大。同时 P 值为 $0.003<0.01$，$t=2.97$，即在 1%水平下，经营模式保障农户收益对产业主导精准扶贫与乡村振兴衔接的影响显著。指标显著性排序为 $X_6>X_4>X_8>X_7>X_5>X_3$。调研数据显示，成都村的经营模式能有效保障农户收益，从利益分配的监管到最低利益保障，建档立卡户都能获得有效保障，农户对经营模式保障收益的认可度高，显示出农户对经营模式保障农户收益的认可度越高，产业主导精准扶贫与乡村振兴衔接的作用越强。

通过 Probit 回归分析研究显示，成都村通过年产业增加收入＞在本村产业带动下自主创业＞经营模式保障农户收益＞本村产业模式满意度＞获得产业帮助＞本村务工 6 种类型正向影响产业主导精准扶贫与乡村振兴的衔接。成都村已通过产业实现脱贫，农户经济收入增长，带动农户就业，已形成产业在精准扶贫与乡村振兴衔接中的主导作用机制。

6.5.2 产业发展在精准扶贫与乡村振兴中有机衔接作用机制分析的研究设计

1. 指标选取

通过 Probit 回归分析得出 X_6(年产业增加收入)这一自变量对产业主导精准扶贫与乡村振兴衔接的显著性最高。同时为探讨产业内部发展各部分对产业主导精准扶贫与乡村振兴衔接的关联度，但因缺乏精准扶贫与乡村振兴衔接下产业发展的相关研究，本书主要以学术界对农业现代化评价指标体系[70-74]的研究，《四川省实施乡村振兴战略考评激励办法(试行)》中对产业振兴的评价指标，结合当地发展的具体情况，制定产业发展影响因素指标(表 6-16)。

表 6-16　产业兴旺评价指标

	指标	选取依据
固定投入	农机动力(p1)	[68～72]
	灌溉面积比重(p2)	
	各类节水设施控制面积占可灌农田面积比重(p3)	
	滴、渗灌面积在果园中所占比重(p4)	
运营投入	投肥水平(p5)	
	化除面积比重(p6)	
	用电量(p7)	
	农机化水平(p8)	

续表

指标		选取依据
科技投入科技贡献率	良种普及率(p9)	
	科技人员比重(p10)	
总产出	农业总产出占全市生产总值比重(p11)	
	农业总产值较上年增长率(p12)	
科技产出	籽种农业产值占农业产值比(p13)	
	创汇农业产值占农业产值比(p14)	
	精品农业产品的市场占有率(p15)	
劳动生产率	劳动创农业净产值(p16)	
	创汇农业产值占农业产值比(p17)	
	精品农业产品的市场占有率(p18)	
土地生产率	经济作物产值(p19)	
	粮食单产(p20)	
	可食动物蛋白(p21)	
资源转化率	谷 N 比(p22)	
	饲料报酬(p23)	[68～72]
	经济产投比(p24)	
社会经济文化	产业结构(p25)	
	农村生产总值中一、二、三产业比(p26)	
	农村从事一、二、三产业的劳动比农业产值(p27)	
	农村城市化水平(p28)	
	初级产品产值/加工产品产值(p29)	
生态环境	土壤有机质含量(p30)	
	林木覆盖率(p31)	
	观光农业收入与农业产值比(p32)	
	规模畜禽场的粪便处理率(p33)	
农民素质及生活水平	农村劳动力文化水平(p34)	
	农民人均纯收入(p35)	
	恩格尔系数(p36)	
	农民食品结构(p37)	
社会服务体系完善程度	社会服务体系完善程度(p38)	
农业产业化经营组织形式	合作社+公司+农户+……(p39)	[73～76]
农产品区域品牌	三品一标数量(p40)	[77～80]
农业商品化	市场占有率(p41)	[81～84]
	生产规模化、区域化(p42)	

以上 42 个指标的选取主要是乡村振兴中已实现产业振兴的产业指标。实际调研显示，现在成都村的农业发展更多还停留在农业现代化的初级阶段，本书主要针对产业主导精准扶贫与乡村振兴衔接中产业发展的研究，所以对以上 42 个指标进行筛选，通过专家打分

选取其中重要指标(专家小组人员见表 6-17),若三轮后有打分低于 80 分的指标,则暂不使用该指标而进行下一轮研究。采用德尔菲选取法,选取 8 位专家的具体分配及结果选取对指标重新分类,序码 y1 到 y12(表 6-18),选取指标结果热力如图 6-4 所示。

表 6-17 专家小组人员表

来源	入选条件	入选人数/人
基层管理人员	了解并掌握村里情况,从事管理乡村产业发展 5 年以上	2
产业技术机构	产业公司管理人员,有 2~3 项特色产品,从事相关工作 10 年以上	3
产业经济科研人员	从事相关理论教学或研究,具有高级以上职称	3

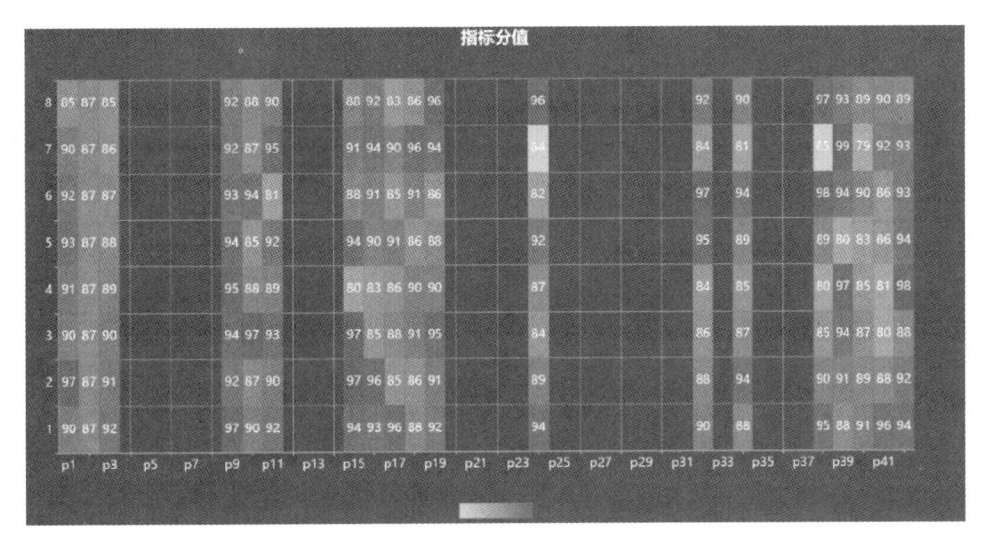

图 6-4 选取指标结果热力图

表 6-18 产业发展在精准扶贫和乡村振兴衔接中的作用

指标		选取依据
农民知识化	专业技术培训率(y1)	[68~72]
农业生产物质现代化	配套设施率(y2)	
	农业劳动力人数(y3)	
农业投入	农业科技投入水平占比总投入率(y4)	
产业结构	农村二、三产业占比(y5)	
	互联网覆盖率(y6)	
农用土地现代化	农用土地使用率(y7)	
	农用土地产出率(y8)	
生态环境	观光农业收入(y9)	
农业产业化经营组织形式	农户+合作社+集体经济+……(y10)	[73~76]
农产品区域品牌	三品一标数量(y11)	[77~80]
农业商品化	生产规模化、区域化数量(y12)	[81~84]

2. 数据处理

根据调研显示，成都村的产业发展大量投入开始于 2016 年（表 6-7）。表 6-18 中，y1～y12 中无法定量的指标为农业产业化经营组织形式，2016 年为"农户+合作社+集体经济"，2017 年为"农户+合作社+集体经济+带头人"，2018 年为"农户+合作社+集体经济+带头人+公司"。为获取定量化数据，通过德尔菲专家打分法，对三年经营模式进行依次打分，8 位专家的情况和打分结果见表 6-19～表 6-22。

表 6-19 专家小组成员构成

来源	入选条件	入选人数/人
基层合作社/农户代表	了解村情，能代表农户意见，负责合作社 5 年以上	3
公司负责人	公司管理人员，公司市场化程度高，从事 10 年以上	3
乡村经济科研人员	从事相关理论教学或研究，具有高级以上职称	2

表 6-20 2016 年"农户+合作社+集体经济"模式

编号	第一次判断 最低分值	第一次判断 最可能分值	第一次判断 最高分值	第二次判断 最低分值	第二次判断 最可能分值	第二次判断 最高分值	第三次判断 最低分值	第三次判断 最可能分值	第三次判断 最高分值
1	50	58	62	55	60	62	60	65	70
2	45	66	65	49	59	61	51	60	63
3	51	62	67	56	63	69	63	69	74
4	41	50	60	50	55	60	60	64	68
5	42	52	60	52	59	60	59	63	70
6	55	63	69	61	68	70	66	68	74
7	54	59	65	63	64	72	63	66	70
8	50	55	60	55	58	63	59	65	69
均值	48.50	58.13	63.50	55.13	60.75	64.63	60.13	65.00	69.75

表 6-21 2017 年"农户+合作社+集体经济+带头人"模式

编号	第一次判断 最低分值	第一次判断 最可能分值	第一次判断 最高分值	第二次判断 最低分值	第二次判断 最可能分值	第二次判断 最高分值	第三次判断 最低分值	第三次判断 最可能分值	第三次判断 最高分值
1	50	55	62	58	63	67	60	65	72
2	53	60	69	61	69	73	63	69	74
3	54	63	72	55	64	71	58	65	71
4	49	53	61	52	61	67	57	69	75
5	52	60	72	60	67	73	60	71	79
6	55	65	70	55	64	69	61	75	78
7	48	54	62	51	60	67	59	64	70
8	50	60	70	52	59	64	66	75	79
均值	51.38	58.75	67.25	55.50	63.38	68.88	60.50	69.13	74.75

表6-22 2018年"农户+合作社+集体经济+带头人+公司"模式

编号	第一次判断			第二次判断			第三次判断		
	最低分值	最可能分值	最高分值	最低分值	最可能分值	最高分值	最低分值	最可能分值	最高分值
1	57	62	72	62	67	70	61	70	73
2	50	60	80	52	60	65	52	65	91
3	54	58	63	61	73	82	63	67	92
4	57	60	64	63	67	73	66	72	77
5	61	65	70	76	81	87	60	67	70
6	62	67	69	70	73	76	68	71	73
7	55	57	60	54	58	62	60	66	70
8	53	58	62	53	61	67	62	67	68
均值	56.13	60.88	67.50	61.37	67.50	72.75	61.50	68.13	76.75

将定性数据定量化处理后,指标y1～y12的数据主要采用成都村精准扶贫项目规划和2014～2018年成都村统计年鉴,参考指标为农户产业收入数据(表6-23)。

表6-23 成都村2016～2018年各产业指标值

指标	2016年	2017年	2018年
农户产业收入/元	204106.32	302710.98	379995.38
专业技术培训率(y1)/%	56	56	62
配套设施率(y2)/%	86	89	92
本村产业劳动力人数(y3)/人	289	307	320
农业科技投入水平占比总投入率(y4)/%	5	10	11.2
农村二、三产业占比(y5)/%	14.00	35.47	48.12
互联网覆盖率(y6)/%	45.00	88.83	100.00
农用土地使用率(y7)/%	64.00	82.11	90.11
农用土地产出率(y8)/%	68	108	163
观光农业收入(y9)/元	3000	48000	48000
经营模式(y10)	64.958	68.125	68.792
三品一标数量(y11)/个	0	0	0
生产规模化、区域化数量(y12)/个	2	11	11

3. 结果和可视化

对上述产业指标无量纲化处理后进行灰色关联度分析,得出与贫困户产业收入相关度高的指标。可以看出,第1位为y3,即本村产业劳动力人数,影响因子为0.978;第2位为y2,配套设施率,影响因子0.941;第3位为y5,农村二、三产业占比,影响因子0.935;第4位为y7,农用土地使用率,影响因子0.893;第5位为y8,农用土地产出率,影响因子 0.889；第 6 位为 y6，互联网覆盖率，影响因子 0.848；第 7 位为 y4，农业科技投入水平占总投入率，影响因子 0.844；第 8 位为 y10，即经营模式，影响因子率为 0.838；第 9 位为 y9 和 y12，观光农业收入和生产规模化、区域化数量，影响因子 0.797；第 11 位为 y1，专业技术培训率，影响因子 0.778。各产业指标影响度热力可视化如图 6-5 所示。

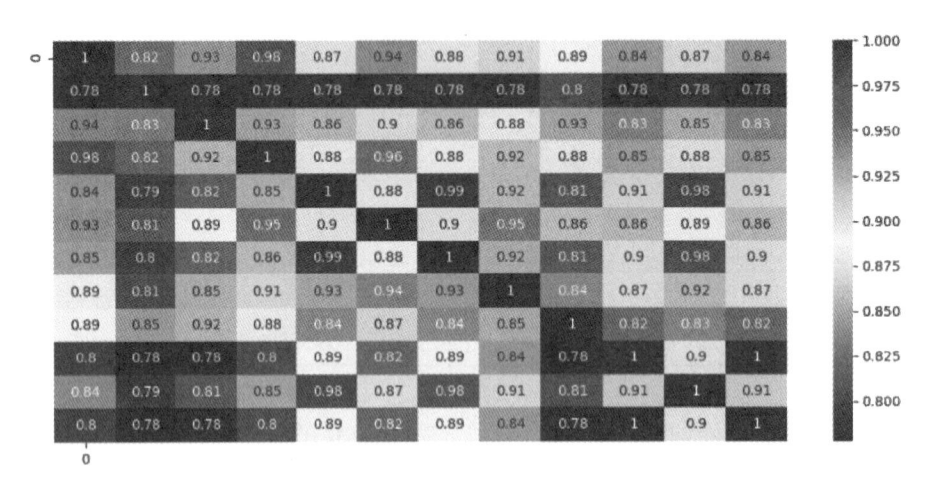

图 6-5 各产业指标影响度热力图

各产业作用指标关联度排序为本村产业劳动力人数＞配套设施率＞农村二、三产业占比＞农用土地使用率＞农用土地产出率＞互联网覆盖率＞农业科技投入水平占总投入率＞经营模式＞观光农业收入＝生产规模化、区域化数量＞专业技术培训率（表 6-24）。

表 6-24 产业发展在精准扶贫和乡村振兴衔接中的关联度顺序

名称	专业技术培训率	配套设施率	本村产业劳动力人数	农业科技投入水平占比总投入率	农村二、三产业占比	互联网覆盖率	农用土地使用率	农用土地产出率	观光农业收入	经营模式	生产规模化、区域化数量	三品一标数量
数值	0.778	0.941	0.978	0.844	0.935	0.848	0.893	0.889	0.797	0.838	0.797	0.000
顺序	11	2	1	7	3	6	4	5	9	8	9	12

4. 各产业因子间相互关系

（1）指标间关联度。对专业技术培训率关联度最大的为农用土地产出率，其余指标均相同。关联配套设施前三的顺序为农用土地产出率，本村产业劳动力人数，农村二、三产业占比；关联本村产业劳动力人数前三的顺序为农村二、三产业占比，配套设施率，农用土地使用率；关联农业科技投入水平占比总投入率前三的顺序为互联网覆盖率，经营模式，观光农业收入与生产规模化、区域化数量并列；关联农村二、三产业占比前三的顺序为本村产业劳动人数、农用土地使用率、互联网覆盖率；关联互联网覆盖率前三的顺序为农业科技投入水平占比总投入率、经营模式、农用土地使用率；关联农用土地使用率前三的顺序为农村二、三产业占比，农业科技投入水平占比总投入率，互联网覆盖率；关联农用土地使用率前三的顺序为互联网覆盖率，本村产业劳动人数，农村二、三产业占比；关联观光农业收入前三的顺序为生产规模化、区域化数量，经营模式，农业科技投入水平占比总投入率；关联经营模式前三的顺序为农业科技投入水平占比总投入率，互联网覆盖率，观光农业收入，生产规模化、区域化数量并列；关联生产规模化、区域化数量前三的顺序为观光农业收入、经营模式、农业科技投入水平占比总投入率（表6-25）。

表6-25 产业内各指标间影响次数表

名称	专业技术培训率	配套设施率	本村产业劳动力人数	农业科技投入水平占比总投入率	农村二、三产业占比	互联网覆盖率	农用土地使用率	农用土地产出率	观光农业收入	经营模式	生产规模化、区域化数量
次数	0	1	3	4	4	5	3	2	2	3	3
顺序	12	11	5	2	2	1	5	9	9	2	5

(2) 指标间关联次数。根据以上前三所占次数排序，可以看出互联网覆盖率，农村二、三产业占比，农业科技投入水平占比总投入率，经营模式，在成都村这些指标内部关联更大。

前述Probit回归分析已说明产业在精准扶贫与乡村振兴衔接中的主导作用机制。如何实现精准扶贫与乡村振兴的有效衔接，随着产业发展，通过灰色关联度进行分析。产业发展内部指标显示，现成都村通过农业产业生产物质现代化、产业结构和农用土地现代化、农业投入、农业产业化经营组织形式来发展产业，显著关联产业主导精准扶贫与乡村振兴衔接，显示出现代农业产业的利益联结机制在精准扶贫与乡村振兴衔接中的有机衔接作用机制。

6.5.3 产业发展在精准扶贫与乡村振兴中的持续衔接作用机制分析

要保障产业发展的持续性，除前述Probit回归分析和灰色关联度中显示出的产业对农户的作用和产业内部的关系外，还应合理整合各方力量，如国家政策、横向帮扶力量及本地资源。根据村干部问卷整理，成都村接受多方力量的帮扶，如省内对口帮扶单位、社会组织或志愿服务机构、民营企业的帮扶，通过资金、人才、技术、设备等方面促进农业技术改进、生活生态环境改善、基础设施完善以及提供就业岗位。多维度帮扶有效促进成都村各方面发展，提高人居条件，提升生产技术，增加人均收入，实现发展可持续（表6-26）。

表6-26 帮扶力量情况表

帮扶单位	帮扶方面	帮扶促进作用
省内对口帮扶单位	资金、人才、技术、设备	改进农业技术、改善生态环境、完善基础设施
社会组织或志愿服务机构	技术	改善生活环境
民营企业	技术	提供就业岗位

贫困村要实现乡村振兴离不开"五个一批"精准帮扶，调研显示，成都村除受到国家政策的帮扶外，还受到当地政府帮扶，包括各类企业、各类高校、各类组织等社会横向帮

扶力量，共同促进当地发展产业，解决发展问题，帮助成都村实现产业主导的脱贫。本书已通过 Probit 回归分析证明产业在精准扶贫与乡村振兴衔接中的主导作用机制，通过灰色关联度证明了现代农业产业的利益联结机制在精准扶贫与乡村振兴衔接中的有效作用机制。为使衔接持续，要让国家政策、横向帮扶力量和当地资源整合持续成为当地产业发展的吸引力和优势，形成产业发展的可持续。产业发展需要当地劳动力，劳动力人数的增加能促使当地产业进一步发展。成都村的情况显示出国家政策、横向帮扶及本地资源在精准扶贫与乡村振兴衔接中的持续作用机制。

6.6 产业发展在精准扶贫与乡村振兴衔接中的路径研究

8.5 节得出产业在精准扶贫与乡村振兴衔接中的主导作用机制，现代农业产业的发展模式在精准扶贫与乡村振兴中的有效衔接作用机制，国家政策、横向帮扶及本地资源在精准扶贫与乡村振兴中的持续衔接作用机制。本节将结合产业发展内部村产业带动下自主创业、经营模式保障农户收益、本村产业模式满意度、获得产业帮助、本村务工 5 种类型的产业作用及精准扶贫与乡村振兴衔接不结合、农户收入不稳定、乡村发展不持续等问题，对成都村进行实践调研，分析产业发展衔接精准扶贫与乡村振兴的路径。

6.6.1 通过产业模式路径变化衔接精准扶贫与乡村振兴

成都村产业发展立足于本村资源禀赋和市场需求，脱贫成效好，配套设施完善程度高，产业发展必备条件完善。可以看出，成都村形成特色休闲观光农业结合乡村旅游的产业模式有市场、可持续。

1. 传统种植养殖转为特色休闲观光农业结合乡村旅游

实践调研发现，成都村由传统种植养殖变为特色休闲观光农业结合乡村旅游，发展 1100 亩玫瑰谷，建立玫瑰主题农场，种植山地玫瑰，为周边地区市民提供观赏；修建 400 亩猕猴桃、100 余亩蔬菜种养殖等 11 个规范园区，提供农情体验、乡村料理；开展少儿拓展训练、农业科普、农业教育、亲子互动等项目，已初步实现产业收益从传统第一产业低收益转为第三产业带动第一产业混合发展的较高收益，收益增长得到保障。

【案例一】

成都村共建设 11 个产业规范园。2016 年建设 2 个，玫瑰种植基地约 400 亩，种植地点 1~4 组；红心猕猴桃约 400 亩，栽植地点 5~8 组。2017 年新建 9 个，蔬菜种植 124.5 亩。种植塔罗科血橙 570 株，蓝莓种植园、草莓种植园、雁鸿养殖场等鱼塘养殖规范园。走访发现成都村产业发展以旅游为主导，但当地政府发展旅游的同时也建设农业。调研发现，成都村开展以玫瑰谷为主的观赏旅游，以蔬菜种养殖规范园为主的农情体验、乡村料理，以专业林业规范园为主的少儿拓展训练，在猕猴桃、蓝莓等产业规范园内开展农业科普、农业教育、亲子互动等项目，大多农户从事相关旅游活动。

2. 立足成都村资源禀赋结合市场需求保障产业发展

成都村形成特色休闲观光农业结合乡村旅游产业主要源于成都村独特的地域、资源优势以及市场需求。

(1) 区位优势。水路距河市镇仅有 2 公里，离达州市仅 12 公里；公路距达川区 14 公里；紧邻达州市唯一机场——达州河市机场；交通方式多样化，近郊地区，交通发达。

(2) 自身地理环境优势。成都村位于达川区的高山平原地区，且紧邻州河，人居环境舒适，适合发展旅游业。

(3) 区域市场唯一性。达州市整个市区无鲜花旅游业和户外拓展，成都村独特气候适宜种植玫瑰，发展鲜花旅游市场。

(4) 土地资源优势。当地近郊地区，土地价格比同片区低，适合吸引外来投资。

【案例一】

成都村发展以旅游为主的产业。产业发展规划邀请了专家制定，主要依据成都村在达川区的区位优势，临州河，水路距河市镇仅有 2 公里，离达州市仅 12 公里，公路距达川区 14 公里；紧邻达州市唯一机场——达州河市机场；当地处于高山平原小气候，适合发展旅游；当地山地适合于玫瑰种植，调研发现，成都村旅游产业依托鲜花旅游为主的原因是市场缺乏。

【案例二】

通过对成都山玫瑰谷业主访谈了解到来当地发展的原因，主要是当地具有区位和资源优势，土地流转价格比同片区便宜，同时该业主是本地村民，带有回乡情怀。

【案例三】

调研发现成都村于 2017 年开始发展旅游，首先进行了种植养殖，其次对玫瑰谷进行打造；2018 年，玫瑰谷品牌化打造成功，宣传力度不足，部分农户开始自营民宿、农家乐等。产业发展已展现由带头人带动其他农户发展的趋势。

【案例四】

调研成都村采摘园业主得知，发展采摘园投入 800 万元，主要经营采摘农家乐乡村旅游。选择此产业的原因是当地发展旅游有森林资源优势。

【案例五】

据了解，成都村拓展训练业主现已投入 1000 万元发展户外培训、户外活动以及户外教育。选择该行业的原因是周边无此类型行业且当地开始做旅游。

3. 配套基础设施完善保障产业发展

成都村通过发展产业扶贫，实现依托产业发展主导脱贫的方式，基本实现基础配套设施完善，村社道、入户路实现全硬化，农业耕种配套必备设施，机耕道、灌溉设备完善，建立污水处理中心、农村新居、垃圾处理中心，人居环境改善，产业生产条件提高。应产业发展软件需求，实现互联网基本全覆盖。旅游产业发展必备条件基本完善。

【案例一】

配套设施的完善使成都村焕发新活力，村貌大变样。2015 年，成都村开始修建公路；

2016年，按照产业园的标准要求，修建机耕道、灌溉设施等；2017年修建污水处理中心、农村新居等；2018年，实现全区社道、入户路全硬化，垃圾实现统一处理，基本实现配套设施完善。农户生活生产硬件设施得到保障。

【案例二】

调研发现，2018年，成都村实现互联网全覆盖。主要为满足当地旅游产业发展需求；同时可供农户用于从事"互联网+农产品"的销售，实现当地产业发展软件设施保障。

6.6.2 通过现代农业产业的发展运营模式路径保障农户收益衔接精准扶贫与乡村振兴

产业的经营模式要保障农户的收益。成都村优势在于廉价劳动力，大量政策、资金倾斜，大量未开发市场和大量低成本投入（如土地费用等）；劣势在于缺乏市场化布局，产业商品化率低，农产品产业化程度不足，产品市场化规模小，缺乏专业知识和人才，农户素质水平不高，农户积极性和内生动力差、缺乏长远性视野和布局。

成都村通过吸引公司合作，促使旅游产业形成公司规模化管理和规模化运营，打开成都村已有特色产业——玫瑰谷旅游景区市场化规模。公司拥有专业知识和人才，通过这些人员来到成都村长期指导和监督，农户技术水平得到提升。集体经济、合作社、村内管理者通过长期和公司管理层共事，对经济产品市场提高了解，长期合作可使管理层视野和布局的长远性和市场性得到提升。公司的监管和要求，促使农业产业化程度得到提升，土地产出率增加。公司的包装和运营，促使产业商品化率提升，附加值显著增加。带头人、公司的带领，让当地农户增长信心，提高劳动积极性，增加内生动力。

1. 由政府主导转为"政府+市场"共同作用

成都村产业发展由精准扶贫时期政府决策决定转为市场需求引导、政府政策支持。建立政府补贴下的红心猕猴桃、塔罗科血橙、蓝莓、草莓等11个市场高价值产品种植养殖规范园，也为成都村提供了农业休闲观光产业。

2. 由单一帮扶农户转变为"农户+龙头企业+带头人"帮扶模式

精准扶贫时期，成都村通过产业帮扶实现脱贫，主要由政府直接鼓励帮扶农户发展产业，农户表现出积极性差、缺乏种养殖技术等问题，成都村结合带头人、龙头企业带动农户发展，实现新型"农户+龙头企业+带头人"联结帮扶模式，提高农户产业发展积极性，提供农户产业发展引导。

【案例一】

成都村农户普遍愿意参与当地产业发展，对产业模式认可度高。调研发现，当地依托带头人优先发展，结合龙头企业商业化进行农产品、玫瑰谷等包装打造，实现经济收入增加较大，经济收入可持续。带头人带动其他贫困户共同发展，做好示范作用，最后形成"农户+龙头企业+带头人"的联结帮扶模式，大大提升了农户的参与感和积极性。

3. 自产自销转变为"农户+合作社+集体经济+带头人+龙头企业"经营模式

成都村对产业经营模式一直保持着随时根据需求调整的状态,在以农户为核心的基础上,通过合作社和集体经济让农户在产业模式中从政策、监管和收益方面都得到保障,通过带头人和企业混合的产业经营模式,可以从市场化、专业化的角度对产业发展提供帮助。集体经济单独运转,用于投资获取收益,保障了农户的最低收益。

【案例一】

成都村玫瑰谷等旅游及部分农副产品已市场化,为保障农户经济收入及整村经济可持续增长,成都村形成"农户+合作社+集体经济+带头人+公司"的经营模式。2016年,建立新式公开透明合作社,农户对合作社事项可进行投票表决,进行农户利益监管;通过集体经济兜底保障农户最低收益,2017年通过招商引资,引入3位致富带头人,带领农户发展产业,提供就业岗位,每月需求50~80人,普通工7元每小时,技术工200元每小时,旅游旺季时期每月需求达到80~90人。部分农户还自主经营民宿等旅游周边产业。2018年,为使旅游领头玫瑰谷实现品牌化和公司化运营,引入公司合作,实现了品牌化打造和技术指导。

6.6.3 通过国家政策、横向帮扶及本地资源多方联动发展模式路径衔接精准扶贫与乡村振兴

实践调研中发现,成都村出现劳动力回流现象,原因在于:①乡村发展提升,当地在脱贫时期,基础设施得到显著提升,农户回乡后生活水平质量得到显著提升;②国家政策优势,当地业主来成都村发展的部分原因是成都村有较大的政策优势,而成都村业主投资人数的增长,为当地增加了就业岗位;③社会横向帮扶力量,成都村结合国家政策的优势,引入企业等社会横向帮扶力量,使当地产业发展类型发生变化,早期参与农户已产生收益,其他农户参与意愿增强,带动出现本地农户;④本地资源(劳动力)参与度提高,农户参与性增强,通过共同运营,显著增强农户在当地产业发展中的参与感。

【案例一】

调研发现成都村回村劳动力人数增加,主要因当地生活条件得到改善,主要体现在道路和易地搬迁方面;人口群居,实现附近就业机会增多,2017年带头人回乡发展,增加当地就业机会;农户在文化程度较低、消费较高、成本较高的情况下,选择回乡就业;当地制定较多产业发展政策,如种水果补贴等,农户愿意回乡发展产业,已有20余人回乡发展;乡村人口增加,乡村经济市场化改善。

【案例二】

调研中发现,成都村的产业发展从传统的种植养殖转为由"企业+带头人"以旅游业为主导的产业,产业类型发生变化。产业水平由原来的粗耕粗种转变为规范化种植养殖,种养水平得到提升;产业质量从传统自然生长转变为精细培育,产品质量明显得到提升;产品选种从传统的土生土长转变为科技化选种,选种品质得到提升。实现产业水平、类型、质量变化的主要原因是成都村通过国家、当地政策优势,结合企业等横向帮扶力量,大力带领和鼓励当地劳动力开展产业劳动。乡村发展明显出现变化。农村的发展根本是农户的

发展，外出务工虽能增加收入使当地农户快速脱贫，但是乡村发展依然十分缓慢，调研发展成都村通过引进业主(致富带头人)，为当地提供大量就业机会。在乡村基础设施得到明显改善、向农村城市化迈进的过程中，部分农户回乡就业，人口数量出现回流趋势，人口回流使经济市场活动增加，生活形态变得多样化，居住环境得到进一步改善，乡村类型从单一务工输出转变为鼓励当地乡村旅游特色化发展的复合型[85]。

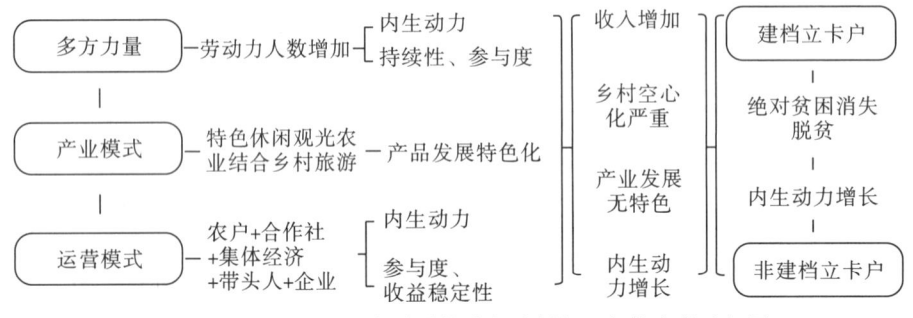

6.7 产业发展在精准扶贫与乡村振兴衔接中的路径研究总结

6.7.1 成都村实现产业主导脱贫和产业主导精准扶贫与乡村振兴的衔接，产业发展成为成都村精准扶贫与乡村振兴衔接中的主导

四川省连片特困地区秦巴山区成都村能成为全国旅游扶贫重点村、省级旅游扶贫示范村、达川区产业脱贫示范村的原因，主要体现在成都村在精准扶贫与乡村振兴衔接、收入稳定、乡村发展方面的持续，体现在脱贫时间早、脱贫后基础设施完善率高、乡村发展多样性等优势。形成这些优势的原因是成都村2017年依托产业主导脱贫，其产业选择和产业发展规划都与达川区依托旅游主导产业发展实现乡村振兴这一规划结合度高、持续性强，使产业功能性出现改变，实现了产业主导脱贫和产业主导精准扶贫与乡村振兴的衔接。

对产业内部进行灰色关联度分析得出现代农业产业的利益联结机制在精准扶贫与乡村振兴衔接中的有效作用机制，通过问卷调研得出国家政策、横向帮扶及本地资源(劳动力)在精准扶贫与乡村振兴衔接中的持续作用机制。

对成都村实证研究显示，成都村依托发展产业脱贫，解决乡村发展共性问题，从提升农户内部动力、增加农户收益、稳定产业发展可持续等方向，从产业内部发展推动解决外部需求问题，最终实现产业在精准扶贫与乡村振兴中的衔接作用机制。

6.7.2 成都村形成多条独特的产业发展路径

实证研究显示，成都村为解决产业产品重复、价格低，农户参与度不足、积极性差、坚持力度低，产品与市场需求不匹配、生产销售困难，乡村空心化严重等问题，以自身优势从产业主体、产业选择、产业运营模式的方向，通过产业发展带动形成了独特的产业发展路径(图6-6)，具体有如下表现。

图6-6 产业发展在精准扶贫与乡村振兴衔接中的路径图

成都村立足当地资源禀赋和市场需求,结合实际情况,形成由传统种植养殖转为特色休闲观光农业结合乡村旅游的产业模式。通过配套建设各类基础设施保障产业模式的转变,使产业收入从传统第一产业低收益转为第三产业带动第一产业混合发展的较高收益。产业模式变化符合市场、当地资源需求,在一定程度上实现产业可持续发展,解决精准扶贫与乡村振兴衔接中产业产品重复、价格低的问题,提高建档立卡户对产业模式的满意度,提升年产业增加收入,支撑产业主导精准扶贫与乡村振兴衔接。

在产业可持续发展的基础上,成都村为保障农户收益,通过运营模式的变化,形成以农户为基础的"农户+合作社+集体经济+带头人+企业"运营模式,为农户引入产业发展带动者、产业销售引导者、产业利益保障者,实现农户在产业发展中直接获取收益,实现经济收入可持续增长。通过运营模式解决精准扶贫与乡村振兴衔接中农户参与度不足、积极性差、坚持力度低,生产销售困难,农户收益难稳定可持续增加等问题,带动农户自主创业,参与本村生产,保障农户基本收益,提升年产业增加收入,支撑现代农业产业的发展运营模式在精准扶贫与乡村振兴的有机衔接。

成都村通过结合国家政策、利用社会横向帮扶力量,鼓励当地劳动力共同发展;促使成都村出现人口回流,这些回乡农户为当地产业发展带来新的劳动力,本村务工人数和参与本村产业生产人数增加;形成多类型产业联动发展,促使产业水平和质量不断提升,乡村活力重新焕发,通过人口回流解决精准扶贫与乡村振兴衔接中农户内生动力不足、乡村缺乏活力、乡村空心化等问题。多类型产业联动发展,支撑国家政策、横向帮扶及本地资源(劳动力)在精准扶贫与乡村振兴的持续衔接。

第7章　四川集中连片特困地区脱贫攻坚与乡村振兴衔接机制回顾

7.1　四川集中连片特困地区脱贫攻坚与乡村振兴衔接实证研究

7.1.1　研究区概况

本书选择四川省集中连片特困地区作为研究区，主要基于其独特的自然人文地理环境、复杂的致贫原因以及脱贫攻坚成效的借鉴性与差异性。对于研究贫困地区脱贫攻坚与乡村振兴的衔接，集中连片特困地区具有典型性。

1. 地理区位

四川有四大集中连片特困地区：川东北秦巴山区、川西高原藏族聚居区、川西南大小凉山彝族聚居区及川南乌蒙山区，涵盖88个贫困县335.13万贫困人口，辖区面积占全省总面积的68.3%。分别位于四川盆地东北部、四川西部、四川西南部及南部，东部紧连重庆，南部毗邻云南、贵州两省，西接西藏，北连陕西、甘肃、青海三省，地形跨度大，地貌类型多样。本书主要研究脱贫攻坚与乡村振兴衔接机制，综合考虑研究区地形地貌、贫困成因以及数据可得性等原因，选择秦巴山区的达川区和恩阳区、高原藏族聚居区理塘县、大小凉山彝族聚居区普格县作为研究区（以下简称贫困县）。

2. 自然环境状况

研究区的高原藏族聚居区和大小凉山彝族聚居区位于我国地势一、二级阶梯过渡地带，秦巴山区则属于秦岭—大巴山系，形成相应的高原、山地、丘陵地貌，由于海拔不一样，也导致了气候上的差异，丘陵和山地亚热带季风气候显著，高原地区则形成独特的高原气候。

达川区属四川省达州市辖区，位于四川省东北部，介于北纬30°49′~31°33′，东经106°59′~107°50′，往东是宣汉与开江县，往南与大竹县、重庆市梁平区相接，往西是渠县，往北则是平昌和开江县。地势由西北向东南逐渐降低；气候属亚热带季风性湿润气候，温和多雨。热量丰富，年总日照时数为1146.5小时；年降水量1086.2毫米，降水季节分配不均匀，夏季受东南季风和地形地势影响，多地形雨，冬季受西北季风影响，寒冷干燥。农业灾害性天气频繁，山区立体气候明显。

恩阳区位于四川省东北部，属巴中市辖区，地处东经106°37′41″，北纬31°47′39″。往东是巴州区，往南为南充仪陇县，往西与广元苍溪县、南充阆中市接壤，往北则是巴中南江县。地处四川盆地北部的低山丘陵区，地势总体北高南低，丘陵地貌，平坝较少。气候属亚热带季风性湿润气候，温和多雨，年平均日照时数1460小时，热量丰富，无霜期长；

降水多集中于夏季，多地形雨，年均降水量1050毫米；适宜农作物生长的气温与降水组合，为恩阳区多种农作物的种植提供有利条件。

理塘县位于四川省西部、甘孜藏族自治州西南部，地处东经99°19′~100°56′、北纬28°57′~30°43′；地貌以丘状高原和山原地貌为主，山脉和水系呈南北走向，东西排列，内部地貌复杂，山地垂直分布明显，按海拔高度可划分为中山、高山、极高山等类型，按地形又可分为台地、平坝和高山等类型。气候属高原气候区，无霜期短，冬季干冷漫长，暖季温凉短暂，年平均气温仅3.0℃，年平均地面温度5.9℃，适宜耐寒植物生长；年降雨量为722.2毫米，适宜多种牧草生长；海拔高，空气稀薄，日照时间长，年平均日照时数2600余小时。

普格县隶属四川凉山彝族自治州，地处凉山彝族自治州东南部，北纬27°13′~27°30′、东经102°26′~102°46′。东邻布拖、南邻宁南、西接德昌，西北和东北分别与西昌、昭觉接壤。地处云贵高原之横断山脉，地形起伏大，以中山、亚高山为主；地貌上山脉和河流在南北方向平行且交错分布，河流以下蚀为主，形成"三山二水"深切割、狭长河谷地貌；气候上属亚热带季风气候区，年平均气温16.8℃，年均降水量1164.4毫米，无霜期达300余天，年温差较小，日较差较大。

3. 社会经济状况

研究区域面积共19619平方公里，2019年，总人口213.44万人，平均地区生产总值106.73亿元，人均可支配收入城镇居民为34138.75元，农村居民13502.75元。

以2019年为例，其中，达川区总人口122万人，拥有729个行政村。实现地区生产总值293.1亿元，全社会固定资产投资210.3亿元。三次产业结构比调整为17.9：31.7：50.4，产业结构持续改善，经济态势持续向好。成功创建国家农产品质量安全县，跻身全省蔬菜发展示范县，达川青花椒被认定为第二批省级特色农产品。恩阳区总人口63万人，拥有439个行政村。始终坚持发展为要，落实稳增长政策，实现地区生产总值87.1亿元，社会消费品零售总额27.43亿元，地方一般公共预算收入6.53亿元，三次产业结构调整为22.6：28.3：49.1，经济结构持续优化，特色农业不断壮大。理塘县总人口7.3万人拥有214个行政村。全县地区生产总值14.26亿元，全社会固定资产投资14.49亿元，人均可支配收入持续增长，以特色种植业为主的农业规模不断扩大。普格县总人口为21.1万人拥有161个行政村，是一个以彝族为主的少数民族聚居县、山区农业县、深度贫困县。全县地区生产总值25.63亿元、全社会固定资产投资15.02亿元。全县城镇居民人均可支配收入26508元、农村居民人均可支配收入10193元。农业态势良好，农业总产值不断增长，2019年达14.58亿元。各区县基本经济情况见表7-1。

4. 脱贫攻坚与乡村振兴概况

2010年达川区作为秦巴山区扶贫开发的片区县被纳入四川省规划。2018年，达川区达到摘帽标准，贫困发生率降至0.6%以下。脱贫后达川区紧接着出台《达川区乡村振兴战略发展规划》，全面实施乡村振兴战略。在粮食安全上，出台撂荒地复耕办法，确保粮食产量稳定；在产业发展上，实施农业"5+5"工程，打造"安仁柚"国家地理标志保护产品，积极创建省级示范家庭农场、现代农业园区、有机产品认证示范区等市级以上龙头企业、示范家庭农场。

表 7-1　研究区县域经济基本情况

贫困区县	民族	面积/平方公里	人口/万人	行政村/个	固定资产投资/亿元	地区生产总值/亿元	城镇居民人均可支配收入/元	农村居民人均可支配收入/元
达川区	汉	2245	122.0	729	210.30	293.10	36677	17178
恩阳区	汉	1156	63.0	439	128.08	87.10	33398	13499
理塘县	藏	14300	7.3	214	14.49	14.26	37685	11917
普格县	彝	1918	21.1	161	15.02	25.63	26508	10193

注：数据来源于 2019 年各贫困区县政府工作报告。

引进农产品加工企业，提高农产品附加值。培育新型业态，发展"农业+互联网""农业+旅游、康养"等，促进一产"接二连三"；在乡村基础设施建设方面，持续推进农村地区宽带全覆盖，提高宽带质量；支持农网改造升级，提高农村输配电质量，保证农村用电安全稳定、满足基本生产生活需求。在乡村治理上，争创全省乡村振兴先进县(区)，开展"宜居乡村美丽达川十大行动"，龙会乡花石岩村等 5 个村被评为 2019 年度省级乡村振兴示范村。

2014 年，恩阳区贫困发生率为 15.4%。经过脱贫攻坚，2016 年，恩阳区被评为"全省县域经济发展先进县(区)""脱贫攻坚先进县(区)"。2017 年，贫困发生率降至 1.6%，实现贫困村 91 个、贫困户 19716 户、贫困人口 72177 人脱贫退出，取得了历史性的成果。2018 年 7 月，四川省政府批准恩阳区退出贫困县序列。脱贫后恩阳区成为四川省第一批乡村振兴规划试点县(区)，建立"1+6+N"乡村振兴规划并通过省级评审，稳步实施乡村振兴战略，启动柳林、渔溪等 10 个省级特色小镇规划编制。坚持对标达标，建设"五大工程"，实施"五大振兴"，按照"三类九带"①加快 41 个乡村振兴示范村成型。新(改)建农村户用卫生厕所，安装聚居点污水处理设施，配备村垃圾清运设施，建成畜禽标准化养殖场(小区)。2019 年，恩阳区入选全国村庄清洁行动先进县(区)，2020 年，下巴庙镇万寿村、安居村入选 2019 年度省级乡村振兴示范村。

2011 年，理塘县被纳入国家扶贫连片特困地区重点县。2014 年全县贫困发生率为 38.1%。通过精准施策、全面帮扶，2014 年实现 261 户 1441 人脱贫，2015 年实现 523 户 2409 人脱贫，2016 年实现 624 户 2985 人脱贫，2017 年实现 1207 户 5493 人脱贫，2018 年实现 1113 户 5154 人脱贫，2019 年底实现全县摘帽、132 个贫困村全部退出、5130 户 22851 名贫困人口全部脱贫。2020 年 2 月 18 日，经四川省人民政府批准，理塘县退出贫困县序列，乡村振兴逐渐起步。

普格县共有贫困村 103 个，2014 年全县贫困发生率 37.34%。普格和其他贫困地区一样，受自然条件限制及两千多年奴隶制社会的禁锢，普格的彝族先民长期与世隔绝，交通闭塞是发展的主要难题，并由此引发的基础设施建设不足、社会事业难以实现突破等问题，村民思想落后，疾病、毒品等问题复杂交织。彝族聚居区作为脱贫攻坚的主战场，新阶段扶贫开发以来，通过政策、项目、人才和资金等一系列措施帮扶，到 2020 年 7 月，普格县已退出贫困村 88 个，贫困发生率降至 9.57%，实现历史性的突破。2020 年 11 月 16 日，普格县同凉山州其他 6 个贫困县一道退出贫困县序列。在以上贫困区县内，选择 9 个贫困村作为样本研究区域，其脱贫攻坚与乡村振兴概况见表 7-2。

---

① 三类九带："三类"即三产(农旅)融合类、特色产业提升类、城郊结合类；"九带"即成巴高速沿线农旅融合示范带、唐巴公路特色产业示范带、机场周边及恩玉线休闲体验示范带、休闲观光农业示范带、2 万亩高端芦笋产业带、优质水果产业带、宜居乡村示范带、城郊融合发展示范带等。

表 7-2(a) 调研脱贫攻坚情况

	退出时间	总人口/人	建档立卡贫困户/户	村干部高中以上文化水平/人	人均耕地面积/亩	所在村庄距场镇距离/km	距交通主干道距离/km	2018年底贫困发生率	硬化路入户率	卫生室面积/m²	文化室面积/m²	通信网络全覆度
成都村	2017	1202	91	5	1.01	<3.0	1.3	0.0033	1	60	110	1
花石岩村	2017	1235	75	5	1.22	6.0	4.0	0	1	60	75	1
肖家村	2017	727	51	3	2.14	8.0	4.5	0	0.98	70	60	1
安居村	2016	2017	—	4	0.68	1.5	1.5	0	1	70	60	1
万寿村	2016	1623	84	3	0.85	5.0	2.0	0	1	75	50	1
若西村	2019	295	11	3	0.74	>10.0	4.0	0.149	0.29	50	80	1
江达村	2016	265	19	3	—	5.0~10.0	1.2	0	1	65	20	1
卡娘村	2018	567	45	3	1.00	<3.0	0.8	0	1	68	45	1
阿木村	2016	1745	73	2	1.06	<3.0	0	0.023	0.95	100	50	1

表 7-2(b) 调研脱贫攻坚乡村振兴概况

	生活垃圾处理农户覆盖度	生活污水处理农户覆盖度	农村产业个数/个	粮食单产/(kg/亩)	农田灌溉设施覆盖度	旅游接待人次/(万人次)	人均森林面积/亩	人均年收入/元	农村人均消费水平/元	产业发展方式
成都村	1	1	2	613.57	0.93	15.0000	0.9651	10799	6932	近郊休闲娱乐产业
花石岩村	1	1	2	610.39	1	0.7500	1.4575	11216	6386	生态农业+乡村旅游
肖家村	1	0.98	4	607.42	0.97	0.4500	7.5653	11893	6670	特色种养业+乡村旅游
安居村	1	1	10	614.55	0.99	10.0000	0.6827	13000	9153	种养殖业
万寿村	1	0.99	4	615.74	0.98	12.0000	0.8503	12579	8732	生态农业+乡村旅游
若西村	1	0	1	224.48	0.76	0.0012	244.5661	5200	2182	特色种养殖业
江达村	1	0	3	235.56	0.87	0.0074	92.8302	7453	4435	特色种养殖业
卡娘村	1	0	2	237.89	0.92	0.0070	34.5591	7300	4282	特色种养殖业
阿木村	1	0	5	288.86	0.96	0.0065	8.5960	6140	2925	特色种养殖业

注：以上数据来源于实地调研。

7.1.2 数据来源

本章数据源于实地调研。2019 年 9～12 月，依托四川省哲学社会科学规划项目"四川集中连片特困地区脱贫攻坚与乡村振兴衔接机制研究"，深入到达州市达川区、巴中市恩阳区、甘孜州理塘县以及凉山州普格县 9 个贫困村，发放贫困户问卷 424 份，回收有效问卷 412 份，有效率为 97.17%；发放村干部与业主访谈 25 份。调研执行区域见表 7-3。

表 7-3 调研执行区域

调查县域	调查村域	脱贫时间
秦巴山区	恩阳区	万寿村、安居村	2018 年 7 月
	达川区	成都村、花石岩村、肖家村	2019 年 4 月
高原藏族聚居区	理塘县	若西村、江达村、卡娘村	2020 年 2 月
大小凉山彝族聚居区	普格县	阿木村	2020 年 11 月

7.1.3 研究方法

1. 熵权法

本书选用熵权法对问卷结果进行客观赋权，然后计算脱贫攻坚与乡村振兴各指标权重，计算步骤如下。

(1) 指标数据的标准化。

正向指标：
$$\lambda_{ij} = \frac{x_{ij} - \min(x_j)}{\max(x_j) - \min(x_j)} \tag{9-1}$$

负向指标：
$$\lambda_{ij} = \frac{\max(x_j) - x_{ij}}{\max(x_j) - \min(x_j)} \tag{9-2}$$

式中，x_{ij} 为 i 个村第 j 个指标的原始数据；$\max(x_j)$ 为所有贫困村第 j 个脱贫攻坚成效与乡村振兴水平相对应数据的最大值；$\min(x_j)$ 为脱贫攻坚与乡村振兴数据的最小值；λ_{ij} 为第 i 个村第 j 个指标的得分；最后得到指标矩阵 $(\lambda_{ij})_{m \times n}$，$m$ 表示样本村的个数，n 表示评价指标的个数。经过上述处理，各项得分均与脱贫攻坚和乡村振兴呈正相关，即得分越高，脱贫攻坚与乡村振兴水平越高；反之越低[99]。

(2) 计算第 j 个指标下第 i 个村的指标值比重 P_{ij}：
$$P_{ij} = \lambda_{ij} / \sum_{i=1}^{m} \lambda_{ij} \tag{9-3}$$

(3) 计算第 j 项指标的熵值 e_j：
$$e_j = -\frac{1}{\ln m} \sum_{i=1}^{m} P_{ij} \ln P_{ij} \tag{9-4}$$

(4) 计算各指标权重 ω_j：
$$\omega_j = (1 - e_j) / \sum_{j=1}^{n} (1 - e_j) \tag{9-5}$$

式中，$(1-e_j)$ 为第 j 项指标的效用价值；$(1-e_j)$ 越大，指标的重要性越大。

2. 综合水平指数模型

对属于同一维度的几个指数加权求和，得到维度指数，再分别将脱贫攻坚成效和乡村振兴水平的各个维度加权求和，得到各贫困村脱贫攻坚与乡村振兴综合指数。

$$U_{ij} = \sum_{i=1}^{n} \omega_j \times \lambda_{ij} \tag{9-6}$$

3. 耦合度模型

为了了解脱贫攻坚与乡村振兴的相互作用，本书从系统科学观点出发，使用经典的耦合度模型进行测算，耦合度函数公式为

$$C = \frac{\sqrt{U_1 \times U_2}}{U_1 + U_2} \tag{9-7}$$

式中，C 为脱贫攻坚与乡村振兴交互作用的耦合度；U_1 为脱贫攻坚综合评价值；U_2 为乡村振兴综合评价值。由耦合模型公式(9-7)可知，耦合度 $C \in (0,1)$ 越接近 1，表明二者之间的交互耦合效果越好；反之，表明交互耦合效果越差，即 $C \in (0,0.42)$，低度耦合；$C \in (0.43, 0.51)$，中度耦合；$C \in (0.52, 0.81)$，高度耦合；$C \in (0.83, 1)$，极度耦合。

4. 耦合协调度模型

传统耦合揭示的是两者交互耦合的程度，当两个系统的发展水平均处于较低时，如果表现出较高的耦合性，则为"伪耦合"，难以反映系统与整体的协调效应，会给研究结论带来一定的误导。基于此，本书同时引入了协调度模型，目的是更加精确地判定脱贫攻坚与乡村振兴的耦合协调程度。计算公式为

$$D = \sqrt{C \times T}, \quad T = \alpha U_1 + \beta U_2 \tag{9-8}$$

式中，D 为脱贫攻坚与乡村振兴的耦合协调度；T 为脱贫攻坚与乡村振兴综合发展水平；α 和 β 为待定系数，表示二者对脱贫攻坚与乡村振兴的贡献份额，$\alpha+\beta=1$。D 值越接近 1，表明协调发展水平越好。

耦合协调度指数 D 是用来衡量脱贫攻坚与乡村振兴这两个系统的衔接程度的指标，其衡量标准见表 7-4。

表 7-4 脱贫攻坚与乡村振兴统筹衔接评价标准

耦合协调度 D 值	衔接类型	$U_1 \geqslant U_2$	$U_2 \geqslant U_1$
0.90~1.00	优质衔接		
0.80~0.89	良好衔接		
0.70~0.79	中级衔接	乡村振兴水平较低	脱贫攻坚水平较低
0.60~0.69	初级衔接		
0.50~0.59	勉强衔接		
0.40~0.49	衔接濒临失调		

续表

耦合协调度 D 值	衔接类型	$U_1 \geqslant U_2$	$U_2 \geqslant U_1$
0.30~0.39	衔接轻度失调		
0.20~0.29	衔接中度失调		
0.10~0.19	衔接严重失调		
0.00~0.09	衔接极度失调		

7.1.4 指标选取与权重计算

1. 指标选取原则

脱贫攻坚与乡村振兴，其演化与发展具有复杂性和多因素性，为了能客观合理地对两大战略进行评价，建立指标体系时应遵循以下原则。

(1) 科学性。评价的各项指标应具有科学性，尽可能科学合理地反映脱贫攻坚与乡村振兴水平，每个指标概念必须清晰、内涵明确；对处理指标体系的计量方法也应具有科学性，保证计算结果尽量精确。

(2) 综合性。脱贫攻坚与乡村振兴其本身包含了许多子系统，两大战略的推进过程是各子系统共同作用的结果，在指标选取时不能以偏概全，应综合考虑区域脱贫的政策与措施，如住房、医疗、教育等，乡村振兴则可从"二十字方针"出发，对研究区进行综合全面的评价与分析，确保评价目的和选取指标联系成一个有机整体。

(3) 代表性。纵观国内外现有的脱贫攻坚与乡村振兴相关研究文献发现，还没有一套完整而权威的指标体系，选择评价指标时，要在综合性的基础上选择具有典型性和代表性的指标来客观反映集中连片特困地区脱贫攻坚与乡村振兴的水平。

(4) 可操作性。数据的可获得性和可操作性是一个指标体系能够成立的必备条件。因此，在构建脱贫攻坚与乡村振兴评价指标体系时，应充分考虑各指标的可获得性和真实性，为有效地分析与评价打下基础。

(5) 政策相关性。指标体系的选取要与当时当地的政策相协调。如在选取脱贫攻坚与乡村振兴两个系统的评价指标时，指标不仅要全面客观地反映两个系统之间互动作用的各方面，还要符合两者统筹发展的政策目标。

2. 脱贫攻坚指标的选取

目前学术界尚缺乏脱贫攻坚指标的统一标准，贫困指标因贫困对象不同而有所差别，如贫困人口的脱贫指标为"一超过、两不愁、三保障"[86]，贫困村和贫困县的脱贫指标分别为"一个确保、两个完善"和"三率一度"，贫困县则以贫困发生率为退出标准，除西部地区为3%以外，其余为2%[87]。本书立足于村域层面，参考相关学者基于层次分析法的脱贫攻坚成效评价指标体系[88]，选择"两不愁三保障"完成度、基础设施建设、政策落实状况、权益保障情况以及帮扶满意度5个方面来建立贫困村脱贫攻坚成效的评估指标。

(1) "两不愁三保障"完成度。采用"两不愁"满意度、农村义务教育普及程度、新农合参保度以及安全住房满意度4个指标。①"两不愁"满意度：吃穿不愁，反映贫困户最基本的物质保障情况,满意度越高说明贫困户生存状况越好;②义务教育普及程度:适龄儿童入学率,反映一个地区教育事业发展程度,另外包括"三免一补助"实现程度等,一般来说,普及度越高,教育事业发展越好;③新农合参保度:一个地区购买农村基本医疗保险的人数与总人数的比值,比值越大,参保程度越高,表明人们医疗保险意识越强;④安全住房满意度:农户是否有安全住房及对安全住房的满意程度。

(2)基础设施建设。采用硬化路入户情况、卫生室满意度、文化室使用程度、通信网络覆盖程度、农田灌溉设施覆盖程度5个指标。①硬化路入户情况:农户住宅到村道路程的硬化情况;②卫生室满意度:包括对卫生室与公共卫生室满意度;③文化室使用情况:反映一个村的文化基础设施建设和村民对于提高自身文化程度的心理需求情况;④通信网络覆盖程度:体现农村接收信息的便捷程度,一般信息化程度越高,经济发展就越快;⑤农田灌溉设施覆盖程度:农田灌溉设施灌溉面积与农田面积的比值,体现农田灌溉实施程度。

(3)政策落实状况。包括劳务输出、发展产业、易地搬迁/住房改造、社会保障、小额信贷增收5个指标。①劳务输出:鼓励外出务工政策、当地政府为贫困户提供公益岗位政策等的落实情况;②发展产业:政府为促进贫困村发展而实行的一系列政策,包括产业规划、产业带头人的引进政策、产业扶持基金等的落实情况;③易地搬迁/住房改造:贫困户通过易地扶贫搬迁政策或住房改造政策实现安全住房;④社会保障:包括低保兜底等政策,覆盖程度越高,表明政策对贫困户特别是低保户实现可持续脱贫的作用越强;⑤小额信贷增收:贫困户通过小额信贷政策实现增收的幅度,增收幅度越大,表明小额信贷政策实施效果越好。

(4)权益保障情况。采用贫困户确立公正程度、脱贫退出程序公正程度、参与村事村务程度3个指标衡量。①贫困户确立公正程度、脱贫退出程序公正程度:按照精准识别、精准退出的原则,贫困户确立/退出的公正程度越高,权益保障越好;②参与村事村务程度:参与村事村务是农户权益的组成部分,参与程度越高,表明其在村治理上的权益保障越好。

(5)帮扶满意度。采用对驻村工作队、村两委、帮扶责任人的满意度3个指标来衡量,体现村干部、帮扶人对贫困户的负责任程度,贫困户满意度越高,表明驻村工作队、村两委以及帮扶责任人促进贫困户脱贫的效果就越好。

3. 乡村振兴指标体系选取

在乡村振兴指标体系的构建上,学者们普遍将乡村振兴的"二十字"方针作为5个一级指标来构建乡村振兴评价指标体系[89-93],本书从这"二十字"方针出发,结合四川集中连片特困地区的特点,将产业兴旺、生态宜居、乡风文明、治理有效、生活富裕作为5个二级指标,在三级指标上参考全面建成小康社会指标和现有乡村振兴指标体系研究成果。

(1)产业兴旺。采用农业规模程度、产业增收程度、农产品商品率和农业机械化程度等6个指标。①农业规模程度:既能反映家庭农业种植面积大小,也能反映种植面积满足家庭需要的程度;②产业增收程度:家庭通过产业发展带来的收入;③农产品商品率:农产品销售所得与总产值的比重,可以反映一个地区单位面积的土地产出和劳动生产率的大小,农产品商品率越高,表示这个地区的产业发展越好;④粮食单产情况:因不同地区粮食作物种植存在差异,采用农户满意度侧面反映该地区单位面积粮食产量,满意度越高,农业生产能力越强;⑤农业机械化程度:农户在农业种植和生产过程中使用农业机械的情况,满意度越高,表明农业机械使用越多,农业和农村的机械化水平越高;⑥旅游业发展情况:既能表示乡村旅游产业的发展情况,也能体现农户参与旅游业发展的情况。

(2)生态宜居。采用医疗服务便捷程度、交通便捷程度、地区生态建设、乡村居住环境 4 个指标。①医疗服务便捷程度:反映贫困户家庭住址到村/乡卫生室的距离远近及交通可达性;②交通便捷程度:贫困户对于家庭住址到主要交通干线的距离远近以及对这一段路程使用交通方式的满意程度,可反映出一个地区的交通基础设施建设程度;③地区生态建设:贫困户对当地人均林地面积、退耕还林还草等的满意度,能反映一个地区的生态宜居条件;④乡村居住环境:包括对村容村貌、生产生活垃圾处理、环境卫生、废弃物回收利用等的满意程度。

(3)乡风文明。采用农户邻里和谐程度、农户受教育程度、农户受职业培训程度 3 个指标。①农户邻里和谐程度:是和谐村庄的重要体现,农户之间和谐程度越高,文明程度也越高;②农户受教育程度:一般农户学历越高,对乡风文明起到的正向引导作用越强;③农户受职业培训程度:"三会一课"、农民夜校等对农户文化素质、职业技能的提升程度。

(4)治理有效。采用扶贫干部与农户关系评价、农户参与基层自治程度、乡村治理评价 3 个指标。①扶贫干部与农户关系评价:包括农户对扶贫干部工作成效、个人作风等的认可度,直接影响到基层工作的开展;②农户参与基层自治程度:农户参与民主选举、民主监督以及自主管理的程度,参与度越高,农户的主人翁意识越强;③乡村治理评价:农户对乡村治理的总体评价,包括对乡村基层党组织、村民委员会等治理主体、乡村公共产品和公共服务等治理成效的评价。

(5)生活富裕。采用农村人均消费水平、农村居民人均用电量、城乡收入比 3 个指标。①农村人均消费水平:侧面反映农村居民收入水平,消费水平越高表示农村居民的收入状况越好;②农村居民人均用电量:一方面反映农村生产水平,用电量越高说明农村的机械化水平和电气化水平越高;另一方面反映农村居民生活水平的高低,用电量越高表示农村居民家庭的家电配备齐全,生活质量高;③城乡收入比:是城乡收入差距的体现,由城镇人均居民收入除以乡村人均居民收入得到,数值越大,表明城乡收入差距越大,反映的具体数字为恩格尔系数。

4. 权重的测算

(1)指标赋值。指标数据主要采用李克特 5 点量表来计算,非常满意为 5 分,比较满意为 4 分,以此类推,负向指标则反之。脱贫攻坚各指标赋值除劳务输出外(调研中发现每个家庭实际外出务工数均不超过 5 人,故以每个家庭实际外出务工人数作为测算数据),其余各指标均采用李克特 5 点量表进行打分。乡村振兴各指标赋值见表 7-5。

表 7-5 乡村振兴各指标赋值

一级指标	二级指标	三级指标	指标赋值
乡村振兴水平 B	产业兴旺 B1	农业规模程度 B11	很不满意=1；不太满意=2；一般满意=3；比较满意=4；非常满意=5
		产业增收程度 B12	发展产业为家庭增收/元(0~2000,1；2000~4000,2；4000~6000,3；6000~8000,4；≥8000,5)
		农产品商品率 B13	很不满意=1；不太满意=2；一般满意=3；比较满意=4；非常满意=5
		粮食单产情况 B14	很不满意=1；不太满意=2；一般满意=3；比较满意=4；非常满意=5
		农业机械化程度 B15	很不满意=1；不太满意=2；一般满意=3；比较满意=4；非常满意=5
		旅游业发展情况 B16	很不满意=1；不太满意=2；一般满意=3；比较满意=4；非常满意=5
	生态宜居 B2	医疗服务便捷程度 B21	很不满意=1；不太满意=2；一般满意=3；比较满意=4；非常满意=5
		交通便捷程度 B22	很不满意=1；不太满意=2；一般满意=3；比较满意=4；非常满意=5
		地区生态建设 B23	很不满意=1；不太满意=2；一般满意=3；比较满意=4；非常满意=5
		乡村居住环境 B24	很不满意=1；不太满意=2；一般满意=3；比较满意=4；非常满意=5
	乡风文明 B3	农户邻里和谐程度 B31	很不满意=1；不太满意=2；一般满意=3；比较满意=4；非常满意=5
		农户受教育程度 B32	受访者学历[小学及以下,1；初中,2；高中,3；职校、中专,4；本科(大专)及以上,5]
		农户受职业培训程度 B33	很不满意=1；不太满意=2；一般满意=3；比较满意=4；非常满意=5
	治理有效 B4	扶贫干部与农户关系评价 B41	很不满意=1；不太满意=2；一般满意=3；比较满意=4；非常满意=5
		农户参与基层自治程度 B42	很不满意=1；不太满意=2；一般满意=3；比较满意=4；非常满意=5
		乡村治理评价 B43	很不满意=1；不太满意=2；一般满意=3；比较满意=4；非常满意=5
	生活富裕 B5	农村人均消费水平 B51	农村人均消费/元(0~2000,1；2000~4000,2；4000~6000,3；6000~8000,4；≥8000,5)
		农村居民人均用电量 B52	农村居民每月人均用电量/千瓦时(0~10,1；10~20,2；20~30,3；30~40,4；≥40,5)
		城乡收入比 B53	城镇居民与农村居民人均可支配收入比值(1~1.5,1；1.5~2,2；2~2.5,3；2.5~3,4；3~3.5,5)

(2)数据检验。将收集整理好的问卷数据，通过 SPSS25.0 做问卷的信度和效度检验。检验结果显示，脱贫攻坚、乡村振兴的克隆巴赫(信度)系数(Cronbach's alpha)分别为 0.746、0.799，可信度都大于 0.7，表明问卷内部一致性较好，符合信度检验标准。为了测量调查内容的合理性还需要对问卷进行效度检验，本书主要采用 KMO 和 Bartlett 的球形度检验来衡量，结果分别为 0.767 和 0.814，二者均通过检验。

(3)权重测算。通过熵权法计算出各指标的平均权重见表 7-6。

表 7-6 脱贫攻坚-乡村振兴各指标设计及平均权重

一级指标	二级指标	权重	三级指标	性质	平均权重
脱贫攻坚成效 A	"两不愁三保障"完成度 A1	0.1998	"两不愁"满意度 A11	+	0.2460
			义务教育普及度 A12	+	0.2471
			新农合参保度 A13	+	0.2582
			安全住房满意度 A14	+	0.2489
	基础设施建设 A2	0.2506	硬化路入户情况 A21	+	0.1988
			卫生室满意度 A22	+	0.2011
			文化室使用情况 A23	+	0.2066
			通信网络覆盖程度 A24	+	0.1942
			农田灌溉设施覆盖程度 A25	+	0.1994
	政策落实状况 A3	0.2452	劳务输出 A31	+	0.2014
			发展产业 A32	+	0.2006
			易地搬迁/住房改造 A33	+	0.2053
			社会保障 A34	+	0.1945
			小额信贷增收 A35	+	0.1983
	权益保障 A4	0.1546	脱贫对象确立公正程度 A41	+	0.3324
			脱贫退出程序公正程度 A42	+	0.3379
			参与村事村务程度 A43	+	0.3296
	帮扶满意度 A5	0.1498	对驻村工作队的满意度 A51	+	0.3368
			对村两委的满意度 A52	+	0.3312
			对帮扶责任人的满意度 A53	+	0.3317
乡村振兴水平 B	产业兴旺 B1	0.3138	农业规模程度 B11	+	0.1630
			产业增收程度 B12	+	0.1630
			农产品商品率 B13	+	0.1674
			粮食单产情况 B14	+	0.1667
			农业机械化程度 B15	+	0.1693
			旅游业发展情况 B16	+	0.1709
	生态宜居 B2	0.2084	医疗服务便捷程度 B21	+	0.2427
			交通便捷程度 B22	+	0.2486
			地区生态建设 B23	+	0.2468
			乡村居住环境 B24	+	0.2620
	乡风文明 B3	0.1642	农户邻里和谐程度 B31	+	0.3292
			农户受教育程度 B32	+	0.3315
			农户受职业培训程度 B33	+	0.3396
	治理有效 B4	0.1583	扶贫干部与农户关系评价 B41	+	0.3302
			农户参与基层自治程度 B42	+	0.3411
			乡村治理评价 B43	+	0.3272
	生活富裕 B5	0.1553	农村人均消费水平 B51	+	0.3339
			农村居民人均用电量 B52	+	0.3377
			城乡收入比 B53	−	0.3284

7.2 实证研究结果

本书以四川集中连片特困地区的秦巴山区、高原藏族聚居区以及大小凉山彝族聚居区的4个贫困县、9个贫困村作为研究区域,在构建脱贫攻坚-乡村振兴指标体系的基础上,利用权重测算得出脱贫攻坚成效与乡村振兴水平,再利用耦合协调度模型测度脱贫攻坚-乡村振兴的衔接状况,从而进一步分析不同连片特困区域的空间差异,通过分析得出:四川集中连片特困地区脱贫攻坚与乡村振兴的衔接已有一定基础,贫困地区基础设施建设逐步完善,政策落实情况较好,"两不愁三保障"基本实现;脱贫攻坚与乡村振兴的目标、内容相互嵌套,产业兴旺、乡风文明、生态建设良好;各级政府已开始着手谋划实施两者衔接。但由于衔接时间短、脱贫时间差异以及资源约束等,尤其是在高原藏族聚居区和大小凉山彝族聚居区脱贫攻坚与乡村振兴的衔接还存在许多挑战。

7.2.1 脱贫攻坚成效与乡村振兴水平测度结果

研究结果表明,在脱贫攻坚成效方面,基础设施建设、政策落实状况以及"两不愁三保障"对脱贫攻坚成效水平影响较大,而权益保障和帮扶满意度对脱贫攻坚成效影响则相对较小。说明贫困地区在后续巩固脱贫成果、促进乡村发展方面,要更注重贫困户权益保障和帮扶的成效,如帮扶措施、帮扶可持续性等(图7-1)。

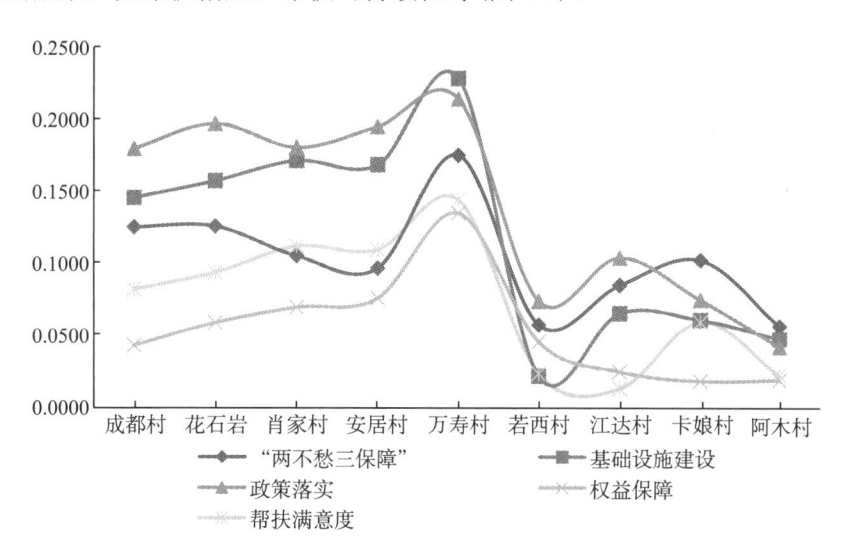

图7-1 四川集中连片特困地区贫困村脱贫攻坚成效指数五个维度的数据

在乡村振兴水平方面,产业兴旺、生态宜居对乡村振兴水平影响较大,而乡风文明、治理有效、生活富裕对乡村振兴水平的影响则相对较小。表明在今后的乡村发展中既要继续重视乡村产业的发展和宜居乡村建设,同时也要注重提高乡村文明程度、基层治理与群众生活富裕度(图7-2)。

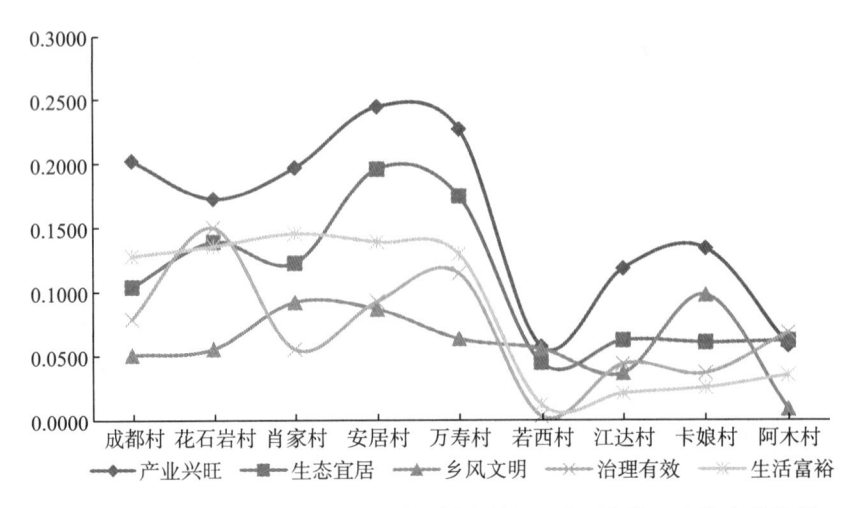

图 7-2 四川省集中连片特困地区贫困村乡村振兴水平指数五个维度的数据

通过控制样本,将不同贫困地区的脱贫攻坚成效和乡村振兴水平作平均值,得出不同区域脱贫攻坚成效与乡村振兴水平存在明显空间差异,总体而言,秦巴山区大于高原藏族聚居区和大小凉山彝族聚居区。主要原因有三个方面:一是各个区域脱贫时序存在差异;二是自然条件差异导致的经济发展基础的差异;三是受传统习俗等的影响,人们发展积极性存在差异。

7.2.2 脱贫攻坚与乡村振兴耦合度结果

通过对四川集中连片特困地区贫困村脱贫攻坚水平与乡村振兴成效的耦合度分析,两个战略耦合度为 0.4976~0.5000,属于中度耦合状态,表明四川集中连片特困地区脱贫攻坚与乡村振兴有机衔接虽有一定基础,但是离有效衔接还有一定距离。究其原因,乡村振兴战略实施时间不长,州、县(区)层面在脱贫攻坚与乡村振兴衔接方面的政策还有待完善,衔接导向作用不足;在实地调研中也发现许多干部对脱贫攻坚与乡村振兴的概念比较模糊,主动衔接的意识不足,部分乡镇干部甚至认为"一脱了之",对二者衔接缺乏长远的计划。各级党委和政府是两大战略实现衔接的掌舵人,要充分发挥导向作用,抓紧制定相关政策文件,充分调动全社会力量参与贫困地区由脱贫攻坚向乡村振兴的过渡与衔接。

7.2.3 脱贫攻坚与乡村振兴耦合协调度结果

根据脱贫攻坚成效和乡村振兴水平的耦合协调度分析,可得四川省三个集中连片特困地区的脱贫攻坚-乡村振兴耦合协调度水平,两个战略间的协调度为 0.3265~0.6314,处于初级衔接、勉强衔接、衔接濒临失调、衔接轻度失调 4 个阶段,其中,初级衔接类有万寿村,勉强衔接类有安居村、花石岩村、肖家村与成都村,衔接濒临失调类为卡娘村,衔接轻度失调类有江达村、若西村和阿木村。通过对贫困村的耦合协调度分析,得到的结果如图 7-3 所示。

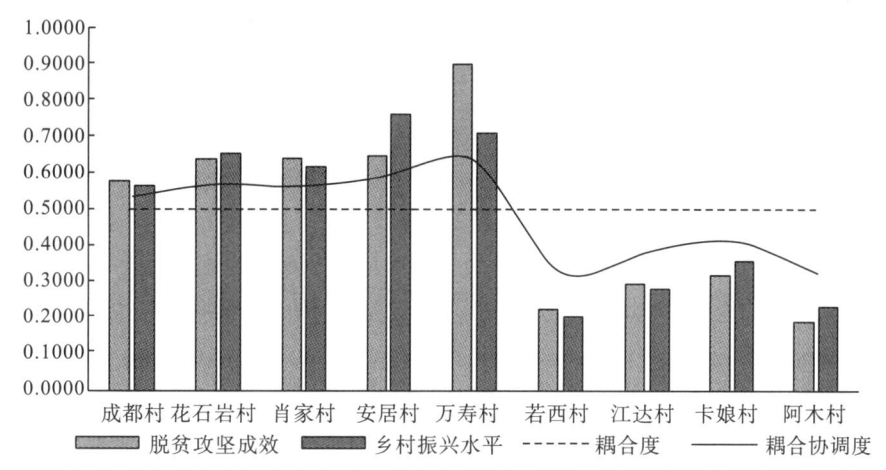

图 7-3 四川集中连片特困地区贫困村脱贫攻坚与乡村振兴综合评价、耦合度及耦合协调度

(1) 初级衔接类。对处于初级衔接类贫困村的建议：①充分利用国家政策和当地生态农业资源，通过落实各种产业扶贫政策、小额信贷政策等，促进产业发展条件建设，提高农副产品商品率、促进农户产业等收入增加；②通过基础设施建设、生态建设、危房改造、易地搬迁等，改善乡村居住环境；③通过"农民夜校"等提高农民职业技能，提升农民精神风貌，不断提高乡村文明程度；④通过农户参与基层治理、干部驻村帮扶、精准扶贫、精准脱贫等，构筑起民主、法制、公正、有效的乡村治理格局；⑤通过基础设施建设、产业扶贫、转移贫困人口就业、完善的社会保障体系、医疗保障体系等民生扶贫工程，提高农民群众收入水平，缩小城乡差距。

(2) 勉强衔接类。对处于勉强衔接类贫困村的建议：因地制宜继续发挥优势主导产业的带动作用，培育新型经营主体，在主体带头下鼓励农户积极参与产业发展和自主创业，完善利益联结机制，推动产业扶贫与产业兴旺相衔接；面对部分贫困村村民对村干部认可度不高、参与基层自治不足的问题，基层领导干部要加强对相关国家政策的宣传力度，普及公民的权利与义务知识，鼓励村民积极参与基层治理。

(3) 衔接濒临失调类。对处于衔接濒临失调类贫困村的建议：①在产业上要继续落实产业帮扶政策，完善利益联结机制，拓展市场销售渠道；②充分发挥长江上游生态保护屏障的作用，在强调生态保护的同时，进一步完善基础设施建设，推进基础设施建设、生态建设向生态宜居衔接；③加强农民职业培训，在提高农民技能水平的同时也要穿插汉语教育、讲解相关法律法规、乡规民约等，促进群众懂法、守法以及用法，不断提高少数民族居民的素质水平和内生发展动力。

(4) 衔接轻度失调类。对处于衔接轻度失调类贫困村的建议：充分发挥藏族聚居区、彝族聚居区特色农产品的吸引力，扩大产业种植规模，吸纳更多贫困户参与；始终以生态保护为主，尤其是针对突出的土地荒漠化、水土流失等环境问题，要进行生态修复，采取植树造林、休耕轮作、划区放牧等，实现在保护中发展，推进经济效益和生态效益统一；持续开展藏族聚居区和彝族聚居区贫困群众职业培训和脱贫攻坚与乡村振兴相关政策普及度，促进贫困户主动参与产业发展和自主创业，提高产业收入，加深贫困户对两大战略的理解，推进文明和谐乡村建设。

通过以上结论发现，四川集中连片特困地区脱贫攻坚与乡村振兴耦合协调度存在差异。初级衔接类和勉强衔接类村均属秦巴山区，衔接濒临失调类和轻度失调类村则属于高原藏族聚居区和大小凉山彝族聚居区，这主要是因为高原藏族聚居区和大小凉山彝族聚居区两大战略协调虽有一定基础，但受到自然地理条件和民族习俗等的制约；另外，秦巴山区脱贫时间较早、与乡村振兴衔接意识较好，充分发挥产业发展在贫困村中的脱贫作用，注重生态保护、提高贫困群众生活富裕度，同时，秦巴山区位于川东北出川通道，交通条件较好、群众思想较为开放，如万寿村借助成巴高速大力发展乡村旅游。

7.3 四川集中连片特困地区脱贫攻坚与乡村振兴有效衔接机制回顾

截至 2020 年，四川省有四大连片特困地区，由于地理位置偏远、自然生态条件较差、区域生计系统脆弱，虽然 2020 年贫困人口已全部脱贫，绝对贫困问题得到基本解决，但许多地区依然面临着返贫以及脱贫后的可持续发展问题，减贫振兴相互交织。本书主要在于总结四川省贫困地区脱贫与乡村发展的状况，破解脱贫攻坚与乡村振兴两大战略如何实现统筹衔接的难题。研究发现，一方面，集中连片特困地区对于防返贫监测机制、后续可持续发展等缺乏统一规划；另一方面，四川集中连片特困地区脱贫攻坚与乡村振兴虽已实现初步衔接，但由于自然地理条件和历史文化发展存在较大差异，导致不同地区的衔接程度存在差异。

解决这一难题的着眼点在于构建区域脱贫攻坚与乡村振兴有效衔接机制，从机制层面保障两大战略实现有效衔接。脱贫攻坚与乡村振兴不是相互独立的个体，两者目标一致，即实现"两个一百年"奋斗目标；内容相通，即脱贫攻坚成效的五大指标（"两不愁三保障"、基础设施建设、政策落实、权益保障、帮扶满意度）与乡村振兴水平的五大指标（产业兴旺、生态宜居、乡风文明、治理有效、生活富裕）相互融合、相互贯通，已实现初步衔接。本节提出二者的有效衔接机制可以从多元行为主体，构建主体共融机制，从产业、生态、乡风、治理、生活五大方面构建内容互通机制，从不同区域层面构建区域重心发展机制，促进脱贫攻坚与乡村振兴实现有效衔接（图 7-4）。

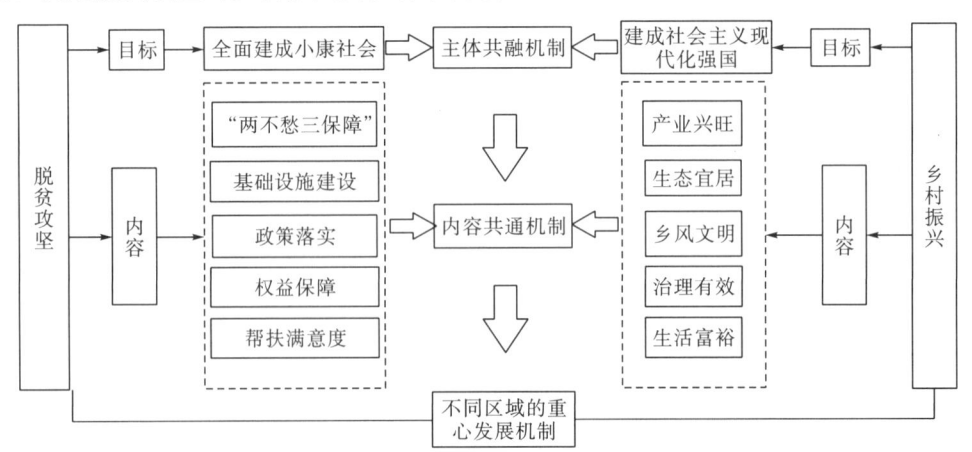

图 7-4 脱贫攻坚与乡村振兴衔接机制构建

7.3.1 主体共融机制

1. 发挥政府主导作用

脱贫攻坚取得的巨大成果证明，党的领导是我国脱贫攻坚最大的政治优势，政府主导是我国脱贫攻坚的特征，脱贫攻坚与乡村振兴衔接要想取得成功，必须发挥各级党委和基层政府的主导作用[94]。2021 年中央一号文件的出台，在顶层设计上提出要设立衔接过渡期，实现巩固拓展脱贫攻坚成果同乡村振兴有效衔接。脱贫地区各级党委和政府在过渡期内要始终以巩固脱贫攻坚成果、推进脱贫地区乡村振兴为目标，深刻领会党中央精神，在保持现有帮扶政策总体稳定的前提下，统筹制定脱贫攻坚与乡村振兴衔接的发展战略和制度规划，逐步实现资源重心由脱贫攻坚向全面推进乡村振兴平稳过渡。各级基层干部要组织学习相关理论知识，加强基层党组织建设，强化导向思维，树立衔接意识，时刻关注原贫困地区脱贫户情况，对于易返贫致贫人口及时发现、及时帮扶；鼓励脱贫户在企业带领下发展产业和带动务工，积极拓展农产品消费渠道，广泛开展农产品产销对接；实行农村低收入人口分层分类帮扶常态化。

2. 充分调动全社会力量，发挥多元行为主体作用

充分调动政府、社会、农民个体等不同主体，积极参与脱贫攻坚与乡村振兴衔接，形成政府、社会、市场参与的多元主体格局。

(1) 企业层面，国有企业、民营企业和金融机构等要继续充分利用自身资金、技术、人才等要素，促进原贫困县、原贫困村的土地、劳动力、资源优势转化为产业优势，推动产业扶贫与产业兴旺的有效衔接。

(2) 高校层面要充分发挥高校服务地方的社会责任感，通过大学生支教团、教师培训、干部培训、派驻村干部、捐赠图书室等，推动教育扶贫与乡风文明、治理有效等有效衔接。

(3) 广大农民群众是脱贫攻坚与乡村振兴衔接的真正主体与受益者，要培养农民群众的主体意识，充分利用中央和地方的各项扶贫工程与各种帮扶力量，调动其参与生产发展的积极性、主动性与创造性，最终实现生活富裕。

7.3.2 内容共通机制

1. 推动产业扶贫、生态扶贫与产业兴旺衔接

(1) 因地制宜，发展特色产业。产业是发展的主导，不同地区因自然条件、历史文化以及交通状况等的因素，导致生产条件存在区域差异。在发展过程中要扬长避短，突出区域优势，结合区域独特的自然资源、历史人文资源、民风民俗、交通条件等，确立主导产业或优势特色产业，并在此基础上大力发展各种新兴产业，如发展休闲农业和乡村旅游，促进农旅融合；鼓励有条件地区开展农产品原产地初加工，延伸产业链，这既可以增加就业岗位，又能提高产品附加值；繁荣农村电子商务，推动农产品进城和工业品下乡，拓宽产业发展形势和销售渠道；推动养老服务稳定发展，既解决本村孤寡老人养老问题，又利用乡村优美的自然环境和完善的养老设施吸引市退休老人来乡养老;开发农村文化创意产业,可以促进乡村传统文化传承,丰富乡村旅游形式;推动农村三产融合发展,形成"一村一品""多村一品""一乡一业"的产业发展格局。如肖家村结合乌梅种植发展乌梅产业,形成乌梅加工业;万寿村结合独特"寿文化"资源发展旅游业;安居村以特色种养殖业为主导,结合"巴山文化"发展乡村旅游;原藏族聚居区贫困村结合独特的高原气候发展中药材种植等。

【案例一】

恩阳区安居村以原乡农庄为核心,结合巴南高速与联社主干道贯通全境的交通优势,因地制宜发展有机水稻300亩、水产养殖200亩、生态养殖150亩、芦笋等有机蔬菜种植150亩,春见、葡萄等有机水果栽植5500余亩,形成了以有机优质粮油和特色养殖为主导的产业;结合独特的"巴山文化",转型升级融合发展乡村旅游。调研发现,截至2019年,安居村有巴山民宿3个,年接待游客10万人次。

(2)积极培育新型经营主体提升产业组织体系。产业的持续健康发展离不开经营主体带动。当地政府要以放活土地承包经营权为突破口,积极协调农户与业主间土地流转,为产业发展提供土地载体;积极培育龙头企业、产业扶贫类合作社、种养大户、家庭农场等新型农业经营主体,采取"龙头企业+合作社+农户"等合作方式,通过龙头企业、种养大户等带动农户发展产业和就地就业,推动完善利益联结机制,带动群众增收致富,加快推进乡村振兴进程。

【案例二】

通过对村支书的访谈了解到,安居村通过村主任联系本地业主回乡创业和外乡有资本业主来乡创业,截至2019年已发展了10家产业业主,其中6家为本村人,4家为外乡人。为各产业业主流转土地共计1700余亩,土地流转价格平均600元一亩,土地流转后农户家庭出现剩余劳动力,年轻劳动力一般会选择外出务工,在家的一般为50岁以上的中老年人。村支书提到,一般80岁以下,只要还有劳动能力的都可以去村上产业务工,这样既可以提高村民收入,还可以通过每天的上工情况及时了解这些中老年人的身体状况。肉牛场业主提到,村民务工一般为70元/天,一年可以为村上提供15万元左右的收入,增加集体经济收入。

(3)加强农业科技投入,提高农业生产效率。健全农业产业发展技术支撑体系,配齐配强乡镇农技人员,优化配置驻村农技员、农业技术巡回服务小组和农业专家服务团,帮助脱贫户协调解决生产经营问题;大力培育新型职业农民,把符合条件的农户优先列为新型职业农民培育对象;针对农业生产薄弱环节,支持丘陵山区小型农机装备研发制造,提高农业灌溉设施覆盖面,加强高标准农田、农产品初加工设施等建设,提供农户农机购置补贴,大力提升农机装备水平。

【案例三】

水源是产业发展必不可少的一环,安居村十分注重水源供给。据葡萄种植业主介绍,所有的葡萄园都铺设有自来水管道,这种设施也覆盖其他种植业,主要防范需水季节降水不足的问题;灌溉时采取喷灌形式,节约用水。

(4) 以绿色发展理念促进农业可持续发展。将绿色发展贯穿到农业生产经营的全过程，大力推行生态农业。生态农业是生态系统的观点，顾名思义，它通过模拟自然生态系统的结构和功能，将农、林、牧、副、渔相结合，协调农村经济发展与生态保护，实现农业的可持续发展。大力推进农业清洁生产，开发利用沼气池、太阳能等新能源，加强家禽粪便资源化利用，推广使用有机肥，改变农田的施肥结构，集中处理和回收废旧地膜和农药包装废弃物，保护土地资源。在生态农业的基础上实施绿色农产品品牌战略，加快无公害、绿色农畜产品认证和农畜产品宣传，强化本地知名产品、名牌产品打造，按照"三品一标"标准，积极开展特色农产品建设，打造一批农产品区域公用品牌和农产品品牌，注册推行扶贫产品公益性集体商标。

【案例四】

安居村以立体种养模式，发展果林生态鸡养殖基地；以林里共享模式，发展多彩森林；以稻渔共生模式，发展特色稻渔种养基地；以稻渔景观模式，发展景观粮油种植基地。

2. 整合基础设施建设、危房改造、易地搬迁、生态建设等扶贫政策与生态宜居衔接

生态宜居包含有两层含义：一是生态环境优美，二是居住环境好。

(1) 推进基础设施建设和农村环境建设提档升级。继续推进公共基础服务均等化，实施农村硬化路、电力、通信网络、安全饮水等全覆盖，推动农村机耕道、旅游道、村内主干道建设，加强道路维修管护；加大农村电网改造力度，提高电力保障水平；将信息建设与农村电商、农业产业相结合，推动数字乡村建设；农村饮水始终做到安全稳定，水价水费定制标准合情合理，要控制在农村居民可承受范围；卫生室、文化室满足村民基本的医疗需要和精神需求。改善脱贫地区居住环境，持续推进连片特困地区农村改厨改厕力度，推进农村地区垃圾分类，实行"户分类、村收集、镇转运、区处理"模式，日清日转；因地制宜建立农村生活污水集中处理智能净化系统以实现雨污分流；设立村庄保洁员，深入推进村庄保洁和绿化，全面提升乡村人居环境，建设美丽新村。

【案例一】

花石岩村在2019年已实现硬化路、自来水、网络、电力通到每家每户，每一田坎、地坎也都有水泥路连通，燃料上改变了以前早出晚归在"铁山"挑煤的历史，全村使用天然气；此外还进行了电压扩容，修建了12口用于灌溉的小微水池和3口深井水，以满足生产需要；卫生室和文化室占地面积分别为70平方米和60平方米；生活污水统一排放到本村修建的污水处理池处理，生活垃圾通过统一回收处理；设置有两名保洁员，负责村庄日常的道路维修和垃圾清扫，农村干净整洁，居住环境得到质的提升。

(2) 深入推进危房改造和易地搬迁。因地制宜解决危房建设的资金和标准问题，逐步扩大改造农村危旧房屋范围，提高危房改造补助标准，确保农户住得安全、住得舒适[95]。按照生态宜居可持续的原则，搬迁新建聚居点的基础设施建设、产业建设等要满足脱贫户发展需求，确保脱贫户搬出后有稳定的收入、有和谐的邻里关系等。

【案例二】

花石岩村在村里修建集中安置房，对住房存在安全隐患且愿意搬迁的农户实行易地搬迁，安置点选址上既考虑聚居状况、基础设施建设、与国土规划的衔接等，又考虑自

然灾害、交通便利等要素。据村支书介绍，花石岩村在脱贫前，有建档立卡贫困户79户，其中19户实行了易地搬迁；对于不愿搬迁户实施危房改造，严格按照国家标准进行补助。

(3) 加强生态建设。部分脱贫地区承担着保持生态功能的作用，面临着生态环境脆弱问题，因此生态脆弱地区的环境治理，要坚持生态工程建设、保护与恢复重建并举。①持续推进林业生态工程建设。开展森林管护、生态公益林建设、新一轮退耕还林工程、中幼林抚育、低产低效林改造等重大生态工程建设，结合农户需求，各项重点工程尽量向原贫困村倾斜。利用脱贫攻坚造林合作社实施造林项目，积极开展林业造林技术培训及其服务，注重原贫困村、非贫困村建档立卡脱贫人口的脱贫成果巩固和脱贫增收。②进一步强化生态工程保护。通过国家生态保护专项资金统筹生态保护，为有劳动能力的脱贫户提供生态护林员职位并发放护林报酬，既保护脱贫地区生态环境，又解决了就业问题；按时足额发放国有、集体以及个人的公益林生态效益补偿资金。③逐步推进受损生态工程恢复重建。加强区域受损生态恢复重建，使生态功能得到进一步提升。

3. 强化教育扶贫、职业技能培训与乡风文明衔接

(1) 坚持扶贫同扶智相结合。在学生层面，要严格落实国家学前教育、义务教育、高等教育和职业教育政策，确保每一个孩子都有享受义务教育的权利，拓宽孩子知识眼界，奠定发展基础，不重蹈上一辈人走过的贫困路，从根源阻断贫困的代际传递[96]。在教师层面，通过选派教师参加国培计划、特岗计划等能力提升工程，提高教师职业素养与教学能力；加大对连片特困地区乡村教师的补助力度，提高补助标准，对于教师子女上学问题，给予一定的优惠政策，如户籍地上学优先择校、学费减免等，吸引优秀人才稳定长期在脱贫地区任教。

【案例一】

扶贫先扶智，阿木村与某高校成立结对帮扶，始终坚持以教育帮扶为抓手，在"顶岗实习""大学生支教计划""暑期社会实践"等活动中，宣讲相关政策文件精神、对彝族学生进行心理访谈等。据村支书介绍，截至2019年，已实现全村无适龄儿童辍学，原建档立卡贫困户学生也都申请并享受到教育扶贫救助金。

【案例二】

阿木村为提高脱贫地区教师教学能力，积极选派教师到帮扶单位参与"国培""省培""一村一幼"等教师素质能力提升培训工程。

(2) 重视农民职业技能培训。一是针对农业种植技术水平不高的情况，建立"夜校+远教、产业基地、专业合作社"三种不同的职业技能培训工程，坚持产教融合、校企合作，按照分类指导、按需施教原则，开展创业就业专题培训、实用技术专题培训和经营管理专题培训，理论与实践相结合，培育新型职业农民、农村实用人才，让培养出来的人才既能扎根于土地，又不局限于土地，推动乡村产业朝着质量高、形式多元方向发展。二是在培训过程中，坚持职业技能培训与文明素质培训相结合，融入和谐乡村、法治乡村、文明乡村的理念，移风易俗，不断提高乡村文明程度。

【案例三】

阿木村党支部和帮扶高校综合扶贫工作队利用"三会一课"、党建月会、农民夜校、大走访等平台，积极传输现代文明知识，大力开展"四好创建"，不断提高村民素质，鼓励有劳动能力的脱贫人口外出务工；鼓励党员带头发展产业、带头勤劳致富、带头参加合作社、带头整治房前屋后环境、带头养成生活好习惯、带头遵纪守法、带头移风易俗，发挥党员的示范带头作用。

4. 推进干部领导、村民参与治理有效衔接

(1) 强化组织领导。要坚持党的领导，加强基层党组织在村事村务管理上的领导作用，继续完善乡村发展相关事项、重大问题由党组织讨论决定的机制；推进在乡村大型产业企业建立党组织。要选好配强村级领导班子，改善领导班子老年化和学历不高的问题，鼓励和选派真心为群众服务、致力于农村事业的优秀高校毕业生、退伍军人等进入农村工作，尤其是对于从原贫困村走出去的高校人才，要重视回引工作。面对原贫困村部分基层组织涣散、干部思想懈怠等问题，要逐步探索向贫困村派驻村干部、成立跨村党组织、强村弱村结对帮扶等办法，加强村干部思想培训，防止部分同志思想滑坡，努力把村级党组织建成听得见民意、肯吃苦、能致富的"战斗堡垒"。

【案例一】

万寿村以村党支部为核心，村民委员会和村务监督委员会为基础，集体经济组织和农民合作组织为纽带，经济社会组织为补充，形成"一核多元"的组织体系，加强党组织建设；促进党组织深度融合，形成以"强村+弱村""富村+穷村"为载体，组织建设促能力提升、经济发展促同步小康为目标，集发展规划、基础建设、产业培育为一体的联合党总支；提高村级班子领导水平，据万寿村统计数据，2018年全覆盖培训村干部24人次，选拔培养储备后备干部5人，参加村干部学历提升教育2人，选拔3名优秀人才进入村两委班子。

(2) 突出群众主体。农民群众既是脱贫攻坚与乡村振兴的参与者，也是主体，中央与地方的各项政策举措最终都要落实到群众身上。要坚持自治为基础，扩大村民参与基层治理的程度，建立"村民议事会""村务监督委员会"等自治组织，通过"村委信箱"、院坝会、"群众会+"等形式，制定透明有效的民主评议通道，强化群众监督和群众评价，提高群众民主评议参与度；创新乡村治理，加强农村群众性自治组织建设，建立老年干部协会，创新群众参与治理的方法，让村民自主管理，实现政通民畅、民心相通。

5. 聚力各项民生扶贫工程与生活富裕衔接

基础设施建设是地区发展的基本条件，要通过完善脱贫地区交通、水、电、文化室、卫生室、农田水利设施建设等，补齐脱贫地区尤其是藏族聚居区、彝族聚居区的基础设施短板；通过本地产业扶贫政策促进本地就业和转移富余劳动力就业等，使人均可支配收入不断提高，城乡差距逐渐缩小，幸福指数不断提升；通过多层次的社会保障体系，为缺乏劳动能力的农户提供低保兜底等政策，保障其基本的生活需求；建立完善全覆盖的医疗保障体系，加大对重大疾病、慢性病和地方性病的救助，防止因病返贫情况发生。

【案例一】

万寿村在乡村治理过程中非常重视村民的参与程度，通过"双轮驱动"创新乡村治理。一是组建老年干部协会，主要是通过退休的老干部组建协会，现阶段有19名老干部参与乡村治理，主要职责是监督党务村务、帮带年轻干部、宣传政策法规、调解矛盾纠纷和引领文明新风；二是众口调解法，对于村里的矛盾纠纷，先通过村干部宣传相关法律知识，村民不理解的地方由律师进行解释，然后由乡贤进行评理，最后是亲友劝和。

7.3.3 不同区域的重心发展机制

1. 秦巴山区、乌蒙山区以产业为主导的脱贫攻坚与乡村振兴衔接机制

通过实地调研和定量研究发现，秦巴山区主要处于初级衔接和勉强衔接状态，在这一时期，产业发展成为脱贫和振兴的主要方式，由此形成了以产业为主导的脱贫攻坚与乡村振兴有机衔接。

(1)充分依托自身交通优势，大力发展种养殖业。交通是一个地区发展必不可少的条件，"要想富先修路"，川东北现已打造了比较完备的高速公路—铁路网：连接甘肃的广甘高速，连接陕西的巴陕高速、广陕高速、达陕高速、西成高铁、宝成铁路，连接重庆的南大梁高速，连接成都的成巴高速、成达铁路等。交通网络的完备改善了这一地区交通不便的历史，为扩大农产品销售市场提供了有利条件。秦巴山区结合便捷的高速公路与铁路体系以及独特的地形气候资源，大力发展特色种养殖业，辐射甘肃、陕西、重庆、成都等地市场。

(2)结合良好的生态环境和自身文化底蕴，转型升级融合发展乡村旅游，大力提升旅游业态。随着交通网络的完备，拉近了旅游地与客源地的距离，旅游市场逐步扩大；随着经济的发展，物质生活水平的提高，人们对生活品质的追求越来越高，旅游需求越来越旺盛，旅游发展条件逐渐成熟。秦岭—大巴山脉位于亚热带季风气候区，自然资源丰富，开发时间晚，生态环境好，有独特的"巴文化"、红色文化以及区域特色文化，可利用丰富的生态资源和文化资源，推动文旅融合；在以农业种植为主的基础上，通过基础设施的完善、科学技术的投入，拓展农业的多种功能，促进农旅融合，推动现代农业的发展；脱贫地区在脱贫攻坚后，卫生、教育、医疗等问题已经得到大幅度的改善，但是与发达地区相比，差距仍然很大，还需进一步推动农业与这些行业融合，实现工旅融合、商旅融合、体旅融合，推动乡村振兴目标实现。

(3)积极培育产业主体带头人，推动产业多元平衡发展。针对产业发展过程中出现的缺乏技术人才、管理人才等，通过乡情感召本地、外地人才回乡，引进合作伙伴等渠道，以培养和考察的方式，鼓励他们创办家庭农场、农产品加工企业，投资种养殖业等，形成多元化产业布局，助推本地经济发展；抓好农户与现代农业的有机衔接，通过创新现代农业模式，建立健全农户发展机制，在提升农户自身发展能力的同时，鼓励农户与企业建立合作关系，形成企业带动农户发展的新模式，加速农户融入现代农业的步伐，助推脱贫人口持续发展。

(4) 划定乡村产业发展布局，因地制宜发展不同产业类型。不同乡村之间存在差异，要统筹做好具有地方特色的产业规划，实现产业发展有规划、有目标、有引领，逐步扩大产业发展规模，更好地发挥特色产业的辐射带动作用，吸引更多脱贫人口就业，提高收入水平，推动两大战略深层次衔接；乡村内部也存在局部差异，尤其是丘陵地区，可按照"丘上林草丘间塘，缓坡沟谷鱼果粮"的农业耕作模式，沟谷地区因地势低洼、排水不畅，可以进行鱼、鸭、虾等养殖和水稻等耐涝作物种植，缓坡地区地形平坦，灌溉水源也较方便，可进行玉米、高粱以及蔬菜种植，丘上地区坡度较大，可进行牛、羊养殖或果木种植。江西省千烟洲的立体农业发展模式正是乡村内部差异性的体现。

2. 高原藏族聚居区、大小凉山彝族聚居区以生态为基础、以人才为动力的脱贫攻坚与乡村振兴衔接机制

高原藏族聚居区与大小凉山彝族聚居区处于濒临失调和轻度失调状态，究其原因主要是二者受自然环境限制和民族风俗的影响，农业发展所需的热量和水分不足，且位于长江上游生态保护区，发展上以生态保护为基础，推进农业绿色可持续发展；民族上受风俗习惯的影响，文化水平低、思想落后为普遍情况。要通过加强教育，激发脱贫群众内生动力，为乡村振兴提供人才动力。

(1) 以生态为基础的脱贫攻坚与乡村振兴衔接。高原藏族聚居区和大小凉山彝族聚居区要做好长江上游生态保护屏障工作，坚持生态优先、绿色发展，加大对空气污染、土地荒漠化的控制和治理；建立城乡环卫一体化、农村生活污水集中处理一体化、厕所革命、森林资源保护、土壤保护等生态治理模式；针对普遍存在的脏、乱、差现象，通过农户居住环境评比和设立村保洁员等，整治村容村貌；进一步完善基础设施建设，新建聚居点与改造农房，打造生态宜居的乡村居住环境。

(2) 以人才为动力的脱贫攻坚与乡村振兴衔接。一是针对藏族聚居区、彝族聚居区教育问题，要完善教学硬件条件，确保脱贫地区学生均衡享受教学条件，提高教学硬实力；在教师教学上，要提高教师水平，鼓励本地大学生自愿回来参与基础教育事业、鼓励在校大学生积极参与支教活动，帮助乡镇中小学教师了解基础教育发展前沿、拓宽视野，提高教学软实力，从根源阻隔贫困的代际传递。二是要解决农户文化水平低、思想落后、传统陋习依然存在的问题，积极开展汉语教育和通识教育，普及相关法律法规、乡规民约，不断提高藏族聚居区、彝族聚居区脱贫群众的文化水平和发展内生动力，移风易俗改变传统陋习，树立良好习惯。三是继续开展干部乡村振兴业务培训，让广大干部掌握政策，在乡村发展的各个方面做到心中有数。

7.4 政策建议

为了保持机制衔接的有序性，脱贫地区扶持政策需保持总体稳定，同时，结合乡村振兴的要求，完善相关普惠性政策，推动脱贫地区与非贫困地区农业、农村、农民协调稳步发展，为全面推进农业农村现代化奠定扎实基础。

7.4.1 持续巩固脱贫成果,建立健全防止返贫和农户收入不增长的动态监测和帮扶机制

从地方实情出发,在坚持国家和四川省要求的基础上,从主要考虑收入标准全面拓展到既关注收入增长又聚焦重点人群,省市县乡村五级及各级相关行业行政管理部门建立信息共享共用机制,依托科技手段,对重点人群随时采集信息,实时监测分析,收集困难需求;对行业部门筛查反馈、日常灾情监测等重点信息实现随时导入和常态化填报,提高监测准确性与时效性。在省级层面,可以通过医保、教育、民政、人社、残联、扶贫等部门建立信息定期比对和风险筛查制度,依托部门信息筛查疑似符合条件对象,对易返贫致贫人口及时发现、及时帮扶,守住防止规模性返贫底线。

7.4.2 落实相关政策,确保衔接机制稳定运行

1. 凝聚全社会力量促进乡村振兴

乡村振兴是一项关系国计民生的大事,对于推进农业农村现代化、建设社会主义现代化强国具有重要作用,必须动员全社会力量共同参与。在坚持政府主导的基础上,充分调动政府、社会、市场以及农民个体等不同主体,积极参与脱贫攻坚与乡村振兴衔接,形成政府、社会、市场等多方参与的多元主体格局。

在继续强化党的领导、发挥政治优势和制度优势的基础上,更加注重市场在资源配置中的决定性作用,地方政府要依靠全面深化城乡联动性、整体性与协同性改革,激活要素、主体与市场,逐步建立农民持续稳定增收和缓解相对贫困的长效机制。进一步鼓励基层探索创新,推动"放管服"改革向纵深发展,充分发挥政府采购的支持作用,利用税收杠杆等政策工具,把社会力量促进乡村振兴的潜力充分挖掘出来,构建政府、市场、社会相互协作的发展格局。强化群众主体意识,不断完善正向激励机制,深入开展感恩奋进教育,切实强化典型示范作用,进一步激发广大乡村地区的内生动力。

2. 统筹谋划四川省促进乡村振兴长效政策

在全面建成小康社会后,农业农村现代化成为全面实现现代化的关键任务,四川省要在深入领会近两年中央一号文件、中央"三农"工作会议等精神的基础上,贯彻落实中央方针政策,成立省专项领导小组,根据四川省2020年乡村发展状况,出台产业、就业、金融、消费、区域、生态等相关协调意见,指导各地整合优化政策资源,推进城市与乡村、原贫困村与非贫困村统筹协调发展,为各市、县(区)、乡(镇)提供衔接思想指导。如高原藏族聚居区和大小凉山彝区的一些脱贫县由于经济社会发展条件较差,脱贫时间晚,在如期脱贫之后,经济社会发展仍然相对落后,应当继续把这些脱贫县作为乡村振兴的重点来抓,尽早明确脱贫成果巩固支持政策,并给予适当政策倾斜,为脱贫县实现乡村振兴提供持久动力。调研团队在恩阳区下巴庙镇安居村了解到,现阶段原贫困村和非贫困村在基础设施建设、产业扶持政策等方面存在较大差距,许多非贫困村通村公路仍为泥巴路,生活

垃圾和生活污水处理欠缺。要强化均衡发展观念，持续完善脱贫地区与非贫困地区、原贫困村与非贫困村交通、饮水、用电、医疗、教育等基础设施条件，整体提升乡村公共服务水平。

3. 完善乡村振兴绩效考核评估体系

建立适宜四川省的脱贫攻坚与乡村振兴衔接评估标准，推动脱贫攻坚与乡村振兴衔接的绩效评估体系不断完善。从社会主义现代化建设的总体战略要求出发，按照农业农村现代化建设要求，制定乡村经济、文化、生态、社会治理等方面的绩效考核标准，充分发挥第三方评估的作用，为推动各地区乡村振兴提供科学权威依据；要加强考核机制监控，对程序复杂、形式主义浓厚的考核给予及时纠正。要建立健全衔接工作的责任清单，强化绩效管理，推进脱贫攻坚与乡村振兴衔接发展的功能协同和责任倒逼，尤其要考察干部的责任担当行为，要将脱贫攻坚与乡村振兴衔接发展作为党政干部评议考核的重要内容，并将考核结果作为干部任用和选拔的重要标准。要强化对基层干部思想意识和责任意识的培育。提升基层干部的党性修养，充分利用党校、高校等学习平台，加大对基层干部新发展理念的教育培训，通过不断更新基层干部的知识库，激发其干事创业的激情和动力。

7.4.3 因地制宜，补齐地区发展短板

1. 以产业为主导，提高脱贫地区生活富裕程度

脱贫地区要坚持把发展产业作为促进脱贫地区发展、增加脱贫户收入的重要途径，通过产业发展实现可持续增收。调研发现，无论是秦巴山区，还是高原藏族聚居区和大小凉山彝族聚居区，产业都是推动地区经济增长、脱贫户稳定脱贫增收的重要影响因素。

要深入推进农业供给侧结构性改革，坚持农业科技自立自强，加快推进农业关键核心技术攻关。围绕市场需求发展生产，推进农业由"生产导向"向"市场和消费导向"转变，形成结构更加合理、保障更加有力的农产品有效供给，提高农业供给体系的质量和效率。加大政策扶持力度，推行科技特派员制度，鼓励科研人员在科研单位和农业企业之间双向流动，完善知识产权入股、分红等激励机制，激发科技人员的创新积极性。地方政府要深化与农林院校的合作，加大农业科技推广服务和新型农民培育力度。要充分运用互联网、大数据和云计算等新一代信息技术，健全农产品营销体系，推广农超、农企等形式的产销对接，鼓励在城市社区设立鲜活农产品直销网点[97]。

要加强农业与多产业融合。以产业融合推动乡村振兴，培育产业主体带头人和龙头企业，充分发挥脱贫地区龙头企业在产业融合中的作用，走市场化道路，采取公司化运作；形成"龙头企业/集体经济+带头人+农户"的产业发展模式，完善利益联结机制；结合地区丰富的自然资源、历史文化资源、民俗资源等，充分发挥乡村旅游在产业融合中的连接作用，鼓励农户通过所在地区发展旅游业的背景，积极发展民宿、农家乐，开展农事体验等，增加收入渠道；在国家大力推动脱贫地区基础设施完善的基础上，鼓励农户大力发展

电子商务，将农业与电商相结合，拓宽农产品销售渠道。

2. 对于初级衔接和勉强衔接类的秦巴山区，扩大农产品销售渠道，提高产品市场竞争能力

调研发现衔接程度较好的秦巴山区在产业发展过程中的主要方式为"特色种养业+旅游业"，但由于各脱贫区域自然地理条件具有相似性，产业发展上也具有相似性。当地政府应当组织力量，做好市场调研，为企业主、农户提供参考，尽量避免产品同质化现象，提高产品市场竞争力；同时也应认识到市场的局限性，避免过度倾向发展第三产业，在旅游资源不足、交通偏远的地区谨慎发展乡村旅游。在衔接程度较差的高原藏族聚居区和大小凉山彝族聚居区以特色种养殖业为主，农产品销售主要依赖帮扶单位"以购代捐""以购代销"，缺乏市场竞争力，农户增收可持续性不能得到保证。由于脱贫地区大多位于偏远山区，农产品距离主要销售市场较远，运输成本高。脱贫地区应该抓住国家大力发展基础设施建设和电商扶贫的契机，引导农户学习电商知识，了解相关法律法规，通过手机发展电商，拓宽农产品销售渠道，同时制定合理的电商补助标准，提高农户自我发展能力，促进稳定脱贫，逐步实现乡村振兴。

3. 对于勉强衔接和衔接轻度失调类的高原藏族聚居区、大小凉山彝族聚居区，要继续弥补地区发展短板，促进脱贫攻坚向乡村振兴平稳过渡

要以生态保护为前提。作为长江和黄河的上游地区，四川具有重要的生态保护屏障作用，在脱贫攻坚与乡村振兴衔接程度较差的高原藏族聚居区和大小凉山彝族聚居区以特色种养殖业为主，对土地、水源的影响较大，由于生态环境脆弱和人类不合理的农业种植，存在水土流失、土壤污染、地下水位下降等问题。要协调好种植与生态环境的关系，将绿色发展贯穿到农业生产经营的全过程，在严格落实现有生态保护政策前提下，定期对空气、水源、土壤等展开质量检测，对于不合格的地区要及时找出原因，并因地制宜采取应对措施。

要补齐教育短板。发展教育是阻断贫困代际传递的根本举措。脱贫地区以前普遍存在教育资源短缺的现象，尤其是藏族聚居区和彝族聚居区，一个教师教多个学科，甚至一个教师教整个学校的现象普遍存在，现阶段脱贫地区的师资、教育资源、教学设备、教学环境等都得到了很大改善，但是优质教育资源大多集中在城市，特别是一些经济发达的地区，脱贫地区的孩子则难以享有优质教育资源。所以，促进教育公平、补齐教育短板，根本在于缩小城乡教育资源差距。必须加大对脱贫村办学条件的政策、资金投入，按照"缺什么，补什么"的原则，切实改善城乡教育资源不均衡的局面，让落后地区孩子获得与城市孩子一样的优质教育资源。促进教育公平、补齐教育短板，最关键的环节还在于教师。受城乡发展不平衡、交通地理条件不便等因素影响，脱贫地区办学条件相对较差，乡村教师队伍仍存在着职业吸引力不强、补充渠道不畅、优质资源配置不足、结构不尽合理、整体素质不高等突出问题。加快推进教育扶贫，切断贫困代际传递，必须合理规划乡村教师队伍规模，加强脱贫地区优质教师资源配置，持续优化乡村教师队伍结构，努力解决脱贫地区教师短缺问题[98]。要加强高校宣传动员，提高当地工资待遇、

实行优惠住房政策、解决子女上学问题等，通过政策形式确定下来并严格执行，回引本地大学生回到家乡，引进外地优秀大学生支援偏远地区教育事业等，扩大教师队伍，优化队伍结构。

参 考 文 献

[1] 李莎莎. 四川农村改革40年回眸[N]. 四川日报(05版)，2018-10-30.

[2] 谢海彬. 新中国成立以来农村扶贫的四川实践及启示[J]. 农村经济，2019(11)：86-92.

[3] 四川省农村扶贫开发纲要(2011-2020年)[N]. 四川日报(05版)，2012-03-26.

[4] 万君，张琦. 区域发展视角下我国连片特困地区精准扶贫及脱贫的思考[J]. 中国农业大学学报(社会科学版)，2016，33(5)：10.

[5] 鲁洲. 脱贫攻坚：彰显制度优势的伟大实践[OL]. [2021-03-22]. http://news.youth.cn/gn/202103/t20210322_12789800.htm.

[6] 方圆震. 习近平：脱贫攻坚战冲锋号已经吹响全党全国咬定目标苦干实干[OL]. [2015-11-28]. http://www.gov.cn/xinwen/2015-11/28/content_5017921.htm.

[7] 白婉苹. 最大的政治责任——四川全面打赢脱贫攻坚战综述（上）[OL]. [2021-04-19]. https://www.sc.gov.cn/10462/12771/2021/4/19/683bdce2590d42f0845d247f2f3403f2.shtml.

[8] 黄薇. 省政府副秘书长、省扶贫移民局局长张谷深度解读脱贫攻坚[OL]. [2017-07-05]. https://www.scdjw.com.cn/article/49381.

[9] 严江. 四川贫困地区基本特征及扶贫思路[J]. 农村经济，2005(12)：46-48.

[10] 李慧. 四川省农村贫困问题及反贫困对策研究[J]. 安徽农业科学，2012(32)：15963-15965，15981.

[11] 梁平. 新阶段西部农村反贫困研究[D]. 重庆：西南大学，2009.

[12] 陈晓莉. 凉山自然地理环境对彝族文化的影响——凉山彝区移民扶贫的必然性[J]. 安徽农业科学，2008：14343-14344，14349.

[13] 徐孝勇，曾恒源. 四川秦巴山区贫困现状及乡村振兴路径选择[J]. 重庆师范大学学报(社会科学版)，2019(6)：104.

[14] 周盛君. 精准扶贫视野下深度贫困地区妇女对家庭贫困的影响研究[D]. 成都：四川师范大学，2019.

[15] 王思铁. 乌蒙山区与全省同步建小康[J]. 四川党的建设(城市版)，2014(7)：44.

[16] 李吟. 四川乌蒙山区已减贫逾25万人，今年9.4万人踏上脱贫征程[OL]. [2015-07-07]. https://news.beiww.com/scxw1761/201507/t20150707_407209.html.

[17] 西南民族大学. 四川省连片特困地区经济社会发展综合调查报告[R]. 成都：西南民族大学，2013.

[18] 杨莉芸，徐晓宗. 四川藏区城市发展：现状、原因及制度保障[J]. 四川民族学院学报，2018(2)：54-60.

[19] 廖桂蓉. 四川藏区贫困状况及脱贫障碍分析[J]. 农村经济，2014(1)：53-55.

[20] 董晓尚. 脱贫攻坚进入"升级版"，大小凉山彝区如何与四川全省同步致富奔康？[OL]. [2016-05-23]. https://cbgc.scol.com.cn/news/34330.

[21] 十年扶贫大跨越 四川省扶贫开发工作综述[J]. 中国扶贫，2011(23):8-15.

[22] 晏丕振. 弘扬红军长征精神打赢乌蒙山片区脱贫攻坚战.云南农业大学老教授协会[A]. 第五届云南省科协学术年会暨乌蒙山片区发展论坛，2015.

[23] 石小杰. 乌蒙山片区推进脱贫攻坚取得阶段性显著成效[OL]. [2018-12-05]. https://www.chinanews.com.cn/gn/2018/12-05/8693592.shtml.

[24] 陈驰. 四川省返贫成因及对策思考[J]. 绵阳师范学院学报，2020(6)：140-146.

[25] 杨媛媛. 四川藏区全部脱贫：32个贫困县全部摘帽[OL]. http://www.qnmeitiyun.com/p/44105.html.

[26] 千帆. 凝聚强大合力 大小凉山彝区脱贫攻坚坚定前行-面向2020年的冲刺[OL]. [2016-08-08]. https://m.huanqiu.com/article/9CaKrnJWVf8.

[27] 李莎莎. 打赢大小凉山彝区脱贫攻坚首战[OL]. [2016-06-28]. https://www.sc.gov.cn/10462/10778/10876/2018/4/19/10386093.shtml.

[28] 付若愚. 中共中央 国务院关于打赢脱贫攻坚战的决定[2015-11-29]. https://news.cnr.cn.native/gd/20151207/t20151207_520718112.shtml.

[29] 孟钟黎. 中共中央 国务院关于全面推进乡村振兴加快农业农村现代化的意见[OL]. [2021-03-22]. http://www.gov.cn/zhengce/2021-02/21/content_5588098.htm.

[30] 司徒宇乾. 关于全面做好扶贫开发金融服务工作的指导意见[OL]. [2014-04-10]. http://www.gov.cn/xinwen/2014-04/10/content_2656095.htm.

[31] 川观新闻小编. 未来五年,"三农"工作这么干[OL]. [2021-12-25]. https://cbgc.scol.com.cn/news/897410.

[32] 刘洋. 我省已下达3.26亿元工业产业扶贫资金 超额完成年度目标[OL]. [2018-08-05]. https://www.sc.gov.cn/10462/10464/10797/2018/8/5/10456385.shtml.

[33] 姜晨. 四川实施深度贫困县人才振兴工程[OL]. [2018-01-15]. http://www.gov.cn/xinwen/2018-01/15/content_5256604.htm.

[34] 李艳芝. "六保"财政政策护航"三农"发展[J]. 中国财政, 2021: 51-54.

[35] 赵楠. 关于四川省径流式水电站碳平衡相关指标的研究[D]. 成都: 四川农业大学, 2014.

[36] 曹惠君. 2018年凉山州19.9万贫困老乡摘下"穷帽"[N]. 四川日报, 2019.

[37] 龚晓松. 秦巴山区药用动植物资源的开发[J]. 安徽农业科学, 2006, 34(16): 4084, 4102.

[38] 侯云春. 宜宾富硒土地占全市总面积近30%[OL]. [2018-05-16]. https://cbgc.scol.com.cn/news/80099.

[39] 何虹江. 脱贫奔康崛起在"硒旺"的田野上[N]. 四川农村日报, 2016.

[40] 褚福灵. 灾难性医疗风险家庭的认定[J]. 中国医疗保险, 2016(11)13-16.

[41] 张竞. 四川脱贫攻坚的财政札记[N]. 四川日报, 2020.

[42] 郭瑞轩. 砥砺五载便民惠万家 踵事增华春风暖人心[N]. 中国税务报, 2020.

[43] 李晓东. 小康路上我们携手同行[N]. 光明日报, 2017.

[44] 李莎莎. 我省出台省内对口帮扶实施方案 全域结对帮扶藏彝区贫困县[N]. 四川日报, 2018.

[45] 国家3000亿元扶持乡村旅游振兴计划——旅游局金融支持加大旅游深度扶贫[J]. 中国合作经济, 2018.

[46] 曹立, 石霞. 小康路上一个不能少(精准扶贫案例)[M]. 北京: 人民出版社, 2017.

[47] 林凌. 未来5年 四川超百万贫困人口有望"旅游脱贫"[N]. 四川日报, 2015.

[48] 林凌. 我省启动"两新联万村·党建助振兴"[N]. 四川日报, 2018.

[49] 丁峰. 国务院办公厅关于进一步动员社会各方面力量参与扶贫开发的意见[OL]. [2014-12-04]. http://www.xinhuanet.com/politics/2014-12/04/c_1113518098.htm.

[50] 陆茜. 中办 国办印发《关于进一步加强东西部扶贫协作工作的指导意见》[OL]. [2016-12-07]. http://www.gov.cn/xinwen/2016-12/07/content_5144678.htm.

[51] 赵军雷. 社会工作参与西部地区贫困治理[J]. 开发研究, 2020(6): 152-160.

[52] 中办印发《关于进一步激励广大干部新时代新担当新作为的意见》[OL]. [2018-05-20]. https://www.gov.cn/zhengce/2018-05/20/content_5292263.htm.

[53] 刘淼. 中办国办出台意见建立贫困退出机制[OL]. [2016-04-28]. http://www.gov.cn/xinwen/2016-04/28/content_5068891.htm.

[54] 缪昕. 贫困治理的中国方案及其世界意义探究[D]. 银川: 宁夏大学, 2020.

参考文献

[55] 张凤志. 加强扶志与扶智 激发贫困群众内生动力——会宁县精准扶贫工作的思路与对策研究[J]. 发展, 2018(12): 23-24.

[56] 关于开展扶贫扶志行动的意见[OL]. [2018-11-19]. http://www.scio.gov.cn/xwfbh/xwbfbh/wqfbh/42311/44591/xgzc44598/Document/1695446/1695446.htm.

[57] 达州市达川区就业局. 达川区: 就业扶贫"四大行动"见实效[J]. 四川劳动保障, 2018(9): 22.

[58] 陈小平. 一路铿锵踏歌行 达州市达川区脱贫攻坚工作纪实[J]. 经营管理者, 2019: 34-35.

[59] 曹建. 教育部等六部门印发关于加强新时代乡村教师队伍建设的意见[OL]. [2020-09-04]. http://www.moe.gov.cn/jyb_xwfb/gzdt_gzdt/s5987/202009/t20200904_485110.html.

[60] 俞飞霞. 一种防止交叉感染的艾滋病血液抽取装置[P]. CN202020595527.4.UTILITY_MODEL.2020.

[61] 邓强. 四川批准凉山7县摘帽脱贫！全省88个贫困县全部清零[OL]. [2020-11-17]. https://sichuan.scol.com.cn/ggxw/202011/57955521.html.

[62] 贾林瑞, 刘彦随, 刘继来, 等. 中国集中连片特困地区贫困户致贫原因诊断及其帮扶需求分析[J]. 人文地理, 2018, 33(1): 85-93, 151.

[63] 伍策, 楠雪. 2019四川旅游总收入超万亿元，同比增长14.7%[OL]. [2020-11-17]. http://www.china.com.cn/txt/2020-01/17/content_75623467.html.

[64] 黎郡英. 乡村旅游对贫困村可持续发展的效应及路径研究[D]. 成都: 四川师范大学, 2020.

[65] 史磊. 世界自然遗产地居民对旅游影响的感知研究[D]. 南昌: 江西财经大学, 2019.

[66] 甘萍萍, 唐丽平, 邵华国. 旅游区发展对居民地教育影响的实证分析——以湖北赤壁镇为例[J]. 知识经济, 2008(4): 124-125.

[67] 燕华康. 基于全局主成分分析的城市化质量测度与比较——以河南省为例[J]. 济源职业技术学院学报, 2019, 18(4): 50-59.

[68] 蒋和平, 黄德林. 中国农业现代化发展水平的定量综合评价[J]. 农业现代化研究, 2006(2): 9-13.

[69] 谭波, 罗庆成, 徐迪新. 地区农业现代化指标体系框架及其量化[J]. 农业系统科学与综合研究, 2000(1): 23-24, 29.

[70] 赵建梅, 文化, 钱友山. 北京农业现代化指标体系的改进[J]. 农业现代化研究, 1999, 20(5): 278-280.

[71] 程智强, 程序. 农业现代化指标体系的设计[J]. 农业技术经济, 2003(2): 1-4.

[72] 辛岭, 蒋和平. 我国农业现代化发展水平评价指标体系的构建和测算[J]. 农业现代化研究, 2010, 31(6): 646-650.

[73] 侯宗肇, 范佳凤. 论农业产业化经营组织形式[J]. 五邑大学学报(社会科学版), 2003, 5(3): 59-61.

[74] 蔡海龙. 农业产业化经营组织形式及其创新路径[J]. 中国农村经济, 2013(11): 4-11.

[75] 罗必良, 吴晨, 刘成香. 论两种不同农业产业化经营组织形式的选择[J]. 经济前沿, 2007(4): 13-15.

[76] 宋斌. 现代农业产业化经营组织形式创新与实践[J]. 农技服务, 2017(16): 152-153.

[77] 黄祖辉, 王祖锁. 从不完全合约看农业产业化经营的组织方式[J]. 农业经济问题, 2002(3): 29-32.

[78] 侯军岐. 论农业产业化的组织形式与农民利益的保护[J]. 农业经济问题, 2003(2): 51-54, 80.

[79] 张传统. 农产品区域品牌发展研究[D]. 北京: 中国农业大学, 2015.

[80] 刘丽, 周静. 基于产业集群农产品区域品牌建设的几点思考[J]. 农业经济, 2006(11): 52-53.

[81] 周发明. 论农产品区域品牌建设[J]. 经济师, 2006(12): 235-236.

[82] 熊明华. 地域品牌的形象建设与农业产业化[J]. 中国农业大学学报(社会科学版), 2004(2): 26-29.

[83] 温铁军. "三农"问题与制度变迁[M]. 北京: 中国经济出版社, 2009.

[84] 钟太洋, 黄贤金, 陈志刚, 等. 区域农地市场发育对农业商品化的影响——基于农户层次的分析[J]. 经济地理, 2009, 29(3): 461-465, 488.

[85] 张韵. 产业发展在精准扶贫与乡村振兴衔接中的作用机制与路径研究——以成都村为例[D]. 成都: 四川师范大学, 2020.

[86]张香. 贵州省黔东南州镇远县报京乡精准扶贫研究[D]. 贵阳：贵州民族大学，2019.

[87]王晓蕾. 贫困地区农村留守儿童福利保障研究[D]. 贵阳：贵州财经大学，2017.

[88]刘俊艳，张晔，秦善琪. 基于层次分析法的新疆 H 县脱贫攻坚成效评价[J]. 江西农业学报，2020，32(2)：145-150.

[89]浙江省课题统计组，方腾高，王兆雄. 浙江乡村振兴评价指标体系研究[J]. 统计科学与实践，2019(1)：8-11.

[90]郑兴明. 基于分类推进的乡村振兴潜力评价指标体系研究——来自福建省 3 县市 6 个村庄的调查数据[J]. 社会科学，2019(6)：36-47.

[91]闫周府，吴方卫. 从二元分割走向融合发展——乡村振兴评价指标体系研究[J]. 经济学家，2019(6)：90-103.

[92]韦家华，连漪. 乡村振兴评价指标体系研究[J]. 价格理论与实践，2018(9)：82-85.

[93]张挺，李闽榕，徐艳梅. 乡村振兴评价指标体系构建与实证研究[J]. 管理世界，2018，34(8)：99-105.

[94]苏礼和. 新中国成立以来中国共产党扶贫思想与实践研究[D]. 福州：福建师范大学，2017.

[95]王国丽，罗以洪. 打赢脱贫攻坚战与实施乡村振兴战略衔接耦合机制研究[J]. 农业经济，2021：35-37.

[96]洪业应. 贵州省农村贫困结构特征及反贫困治理建议[J]. 湖南农业科学，2019(2)：102-105，110.

[97]杨博. 以农村产业融合发展助推乡村振兴[N]. 经济日报(11 版)，2020.

[98]沈小平. 加快补齐贫困地区教育发展短板[N]. 甘肃日报(10 版)，2020.

附录 1

四川集中连片特困地区稳定脱贫机制和模式研究
调查问卷

您好！调研团队组织本次脱贫户调研是为了准确了解贫困村发展的真实状况，并及时掌握您对本村发展建设的心声和期盼，从而为更好地规划建设本村提供有效的决策依据。本问卷共有七个部分，包含较多题项，请您耐心作答，谢谢您的配合！

本调查仅作为开展科研工作的需要，调研团队承诺会为您做好问卷内容保密工作，请您放心填写！请您务必根据自身的真实感受作答，再次感谢您对本次调查工作的支持！

A 农户基本情况

a1 您的姓名：_____ 性别：___ 民族：_____
所在地区：_____市（州）_____县（市、区）_____乡（镇）_____村社（组）

a2 您的文化程度
☐ 小学及以下 ☐ 职校、中专
☐ 初中 ☐ 本科（大专）及以上
☐ 高中

a3 您家户籍人口_____人，其中60岁以上老人_____人，16岁以下未成年人_____人；
具有劳动能力_____人，其中常年在家务农_____人，常年在外打工_____人；
家庭常住人口_____人。

a4 您家哪一年被确定为建档立卡户？
☐ 2014年 ☐ 2016年 ☐ 2018年
☐ 2015年 ☐ 2017年

a5 您家建档立卡的人数是_____人。

a6 是哪一年脱贫的？
☐ 2014年 ☐ 2016年 ☐ 2018年
☐ 2015年 ☐ 2017年

a7 您家脱贫前的主要致贫原因是什么（可多选）？
☐ 因病 ☐ 缺土地 ☐ 缺资金
☐ 因残 ☐ 缺水 ☐ 其他
☐ 因学 ☐ 缺技术
☐ 因灾 ☐ 缺劳力

a8 您家顺利实现脱贫的主要途径是什么？（可多选）
☐ 特色产业的发展增加了收入 ☐ 生态补偿
☐ 外出务工 ☐ 子女上学负担减轻

- ☐ 看病有保障
- ☐ 居住条件改善
- ☐ 养老保险减轻了赡养老人的负担
- ☐ 其他

B 基础设施保障

b1 您家是否有安全住房？
- ☐ 是
- ☐ 否

b2 您家住房是否满足生产生活需要？
- ☐ 满足
- ☐ 不满足

b3 2014 年以来是否享受以下住房改造政策？
- ☐ 易地扶贫搬迁
- ☐ 危房改造
- ☐ 地质灾害避险搬迁
- ☐ 没有享受
- ☐ 彝家新寨
- ☐ 藏族聚居区新居
- ☐ 其他

b3.1 若有，您是哪一年开始享受的？
- ☐ 2014 年
- ☐ 2015 年
- ☐ 2016 年
- ☐ 2017 年
- ☐ 2018 年

b3.2 政府补贴_____元，补贴是否到位？
- ☐ 是
- ☐ 否

b3.3 若借钱建房，金额是_____万元？

b3.4 若为易地扶贫搬迁，扶贫搬迁后您家的收入来源是什么？（可多选）
- ☐ 务工
- ☐ 务农
- ☐ 政府提供的生活保障性资金
- ☐ 其他

b3.5 易地扶贫搬迁后政府解决了哪些问题？（可多选）
- ☐ 就业
- ☐ 医疗
- ☐ 教育
- ☐ 无
- ☐ 其他

b3.6 您现在对易地扶贫搬迁是否满意？
- ☐ 是
- ☐ 否

若否，原因是_____。

b4 您家有没有义务教育阶段辍学的孩子（一般指 6～16 岁）？
- ☐ 有
- ☐ 没有

b4.1 若有，辍学主要原因是什么？
- ☐ 家庭负担不起
- ☐ 不想上学
- ☐ 上学不便
- ☐ 身体条件不允许（生病、做手术等）
- ☐ 其他

b4.2 在义务教育阶段，您家孩子享受过哪些政策？（可多选）
- ☐ 免学杂费
- ☐ 寄宿补贴
- ☐ 免书本费
- ☐ 其他
- ☐ 免费营养餐

b5 您家是否购买城乡居民基本医疗保险（新农合）、大病医疗保险？
- ☐ 是
- ☐ 否
- ☐ 不知道

b6 家里是否有人患慢性病或大病？
- ☐ 是
- ☐ 否

b6.1 患病期间，是否得到过医疗救助或补助？
- ☐ 是
- ☐ 否

b7 家庭饮用水来源是什么？（可多选）
- ☐ 自来水厂供水（村组蓄水池集中供应的山泉水）
- ☐ 井水（沟塘河等地表水）
- ☐ 其他

b8 缺水程度情况是什么？
- ☐ 常年均有水喝
- ☐ 有缺水的时候，但连续时间不到 30 天
- ☐ 一年连续 30 天以上时间缺水

b9 是否通电？
- ☐ 是
- ☐ 否

b10 是否能接收到广播电视信号？
- ☐ 是
- ☐ 否

b11 硬化道路是否通到您家？
- ☐ 是
- ☐ 否

C 社会保障政策

c1 您家是否属于五保户/低保户？
- ☐ 是
- ☐ 否

c1.1 若是，享受了_____年。享受五保/低保的原因是什么？（可多选）
- ☐ 无劳动能力
- ☐ 因灾
- ☐ 其他
- ☐ 因病
- ☐ 因残

D 扶贫小额信贷政策

d1 您是否知道扶贫小额信贷？
- □ 是
- □ 否

d2 您家是否借过扶贫小额贷款？
- □ 是
- □ 否

d2.1 若是，是否享受政府贴息？
- □ 政府全额贴息
- □ 政府部分贴息
- □ 政府不贴息
- □ 不清楚

d2.2 使用方式是什么？
- □ 自贷自用
- □ 户贷企用或类似情况

d2.3 能按期还款？
- □ 是
- □ 否

E 产业扶贫政策

e1 您村是否有外来产业入驻？
- □ 是
- □ 否

e2 是否获得资金或实物支持独立发展产业？
- □ 是
- □ 否

e2.1 若是，自己发展了什么产业？（可多选）
- □ 种植和养殖业
- □ 加工业
- □ 旅游和其他服务业
- □ 其他

e2.2 现在该产业是否还在继续做？
- □ 是
- □ 否

e2.3 是否接受过专业的产业技术指导？
- □ 是
- □ 否

e3 是否在企业、合作社、大户的带领下发展产业？
- □ 是

□ 否

e4 是否加入了合作社（成为社员）？
□ 是
□ 否

e5 您是否知道产业扶持基金？
□ 是
□ 否

e5.1 您家是否向村上借过产业扶持基金？
□ 是
□ 否

e6 产业帮扶前，您家人均年收入为_____元；帮扶后，人均年收入为_____元。

F 就业创业扶贫政策

f1 建档立卡以来，家里有没有人参加过就业培训？若有，_____人？
□ 有
□ 没有

f2 是否通过参加培训找到了工作或提高了就业收入？
□ 是
□ 否

f3 建档立卡以来，家里有人通过政府安排外出务工吗？
□ 是
□ 否

f4 建档立卡以来，家里有人获得了稳定的本地就业机会吗？
□ 是
□ 否

其中：家里人是否获得公益岗位（如保洁员护林员等）？
□ 是
□ 否

f5 知不知道有扶贫车间？
□ 知道
□ 不知道

f6 您家是否有自主创业？
□ 是
□ 否

G 精准识别和精准退出机制

g1 是否在识别程序中有召开村民代表大会进行民主评议？
□ 是
□ 否

g2 是否在识别程序中进行认定公示？
- □ 是
- □ 否

g3 脱贫退出时您村是否召开村民代表大会？
- □ 是
- □ 否

g4 脱贫退出时您家是否签字或者按手印认可？
- □ 是
- □ 否

g5 贫困户退出结果是否公示公告？
- □ 是
- □ 否

g6 您家对脱贫退出是否满意？
- □ 是
- □ 否

g7 您认为您家现阶段进一步发展最需要的帮助是什么？（可多选）
- □ 加大资金支持力度
- □ 提高社会保障力度和覆盖率
- □ 积极培育和推进产业发展
- □ 加强生产和生活设施建设
- □ 解决子女上学难的问题
- □ 提供技能培训和技术指导
- □ 其他需求

四川集中连片特困地区稳定脱贫机制和模式研究
村干部调查问卷

您好！调研团队组织本次村干部调研是为了准确了解贫困村发展的真实状况，并及时掌握您对本村发展建设的心声和期盼，从而为更好地规划建设本村提供有效的决策依据。本问卷共有六个部分，包含较多题项，请您耐心作答，谢谢您的配合！

本调查仅作为开展科研工作，调研团队承诺会为您做好问卷内容保密工作，请您放心填写！请您务必根据自身的真实感受作答，再次感谢您对本次调查工作的支持！

A 村基本情况

a1 您村脱贫退出时间是_____。
- ☐ 2016 年　　　　☐ 2018 年　　　　☐ 2020 年
- ☐ 2017 年　　　　☐ 2019 年

a2 您村 2014 年底农业户籍人口_____人，贫困户_____人。

a3 您村 60 岁以上的老年人占人口总数的_____%。

a4 您村外出打工人员占全村总人口_____%。

a5 2018 年底本村有建档立卡户_____户_____人。

a6 2018 年底剩余贫困户_____人。

a7 2018 年底贫困发生率为_____%。

a8 您村村民的主要收入来源为_____。（可多选）
- ☐ 种植业　　　　　　　　　　☐ 务工收入
- ☐ 养殖业　　　　　　　　　　☐ 土地流转、股息、利息
- ☐ 自主经营　　　　　　　　　☐ 其他

B 村"五有"情况

b1 您村村集体经济收入_____元，人均_____元？

主要构成明细：1.
　　　　　　　2.
　　　　　　　3.

b2 村集体收入来源是否合理、持续稳定？
- ☐ 是
- ☐ 否

b3 村集体经济收入是否有健全的运行机制？
- ☐ 是
- ☐ 否

b4 您村通信设施是否健全？
- ☐ 是
- ☐ 否

b5 是否有通村硬化路？
  □ 是
  □ 否
b5.1　2018 年底村硬化路入户率为_____%。
b5.2　您所在村庄距离乡镇所在地的距离_____。
  □ 3 公里以内　　　□ 5～10 公里　　　□ 10 公里以上
b5.3　您所在村庄主干道宽度为_____。
  □ 3～5 米
  □ 5 米以上
b6 是否有达标卫生室？
  □ 是
  □ 否
b7 村卫生室业务用房面积_____平方米。
b8 有_____位合格乡村医生/执业（助理）医生或巡回医生。
b9 文化室建筑面积是_____平方米。
b10 是否有基本文化、健身器材？
  □ 是
  □ 否
b11 是否有室外文化、健身活动场地？
  □ 是
  □ 否
b12 您所在村庄是否有老年活动场所？
  □ 是
  □ 否
b13 规章制度是否健全？
  □ 是
  □ 否

C 认可度调查

c1 您对本村实施的扶贫政策是否了解？
  □ 是
  □ 否
c2 您对本村扶贫产业项目是否认可？
  □ 认可
  □ 比较认可
  □ 不认可
c3 您对本村基础设施和公共服务设施改善状况是否认可？
  □ 认可　　　　　□ 比较认可　　　　　□ 不认可

c4 建档立卡以来您村人均纯收入变化情况如何？
- □ 大幅度提高
- □ 变化不大
- □ 有所提高
- □ 没有变化

C5 您对本村脱贫攻坚工作成效是否认可？
- □ 认可
- □ 比较认可
- □ 不认可

C6 根据您个人了解的相关信息，您认为目前的扶贫政策应在哪些方面做出改进？（可多选）
- □ 基础设施
- □ 就业岗位
- □ 教育
- □ 农村危房改造
- □ 医疗卫生
- □ 其他
- □ 生态环境

D 产业发展情况

d1 您村主要生产类型为_____。（可多选）
- □ 种植业
- □ 加工业
- □ 种养结合
- □ 养殖业
- □ 服务业

d2 您村主要种植农作物是_____。
- □ 大田粮食作物
- □ 其他特色农产品

d2.1 您村主要特色农产品是否属于地理性标志农产品范畴（是否有地域代表性）？
- □ 是
- □ 否

d3 您村是否有转化当地农产品的加工企业？
- □ 是
- □ 否

d4 您村农业生产是否适合机械化操作？
- □ 是
- □ 否

d4.1 您村实现机械化程度_____。
- □ 全部实现
- □ 部分生产环节
- □ 没有机械化

d5 您村是否有农民合作组织？
- □ 是
- □ 否

d6 您村是否实现土地流转？
- □ 是
- □ 否

d7 您村农业生产是否有产前生产订单？
- □ 是
- □ 否

d8 您村是否有农资销售网点？
　　□ 是
　　□ 否

d9 您村在生产过程中是否有农技指导？
　　□ 是
　　□ 否

d10 您村从事农业生产过程中是否有市场信息渠道引导？
　　□ 是
　　□ 否

d11 您村所生产的农产品销售是否困难？
　　□ 是
　　□ 否

d12 您村是否有电商销售渠道？
　　□ 是
　　□ 否

d13 您村住房形式是否有地方（民族）特色？
　　□ 是
　　□ 否

d14 您村是否有旅游资源？
　　□ 是
　　□ 否

d14.1 您村是否开展乡村旅游活动？
　　□ 是
　　□ 否

d14.2 您村是否有独特的传统文化节庆活动？
　　□ 是
　　□ 否

d14.3 您村是否有宗族文化、乡贤文化、地方戏曲、传统技艺等特色传统文化？
　　□ 是
　　□ 否

d15 您是否愿意在本村发展旅游业？
　　□ 是
　　□ 否

E 对口帮扶情况

e1 您对本村精准扶贫帮扶队伍工作是否认可？
　　□ 认可　　　　　□ 比较认可　　　　　□ 不认可

e2 您村是否有对口帮扶单位？
　　□ 是

☐ 否

e2.1 若有，对口帮扶单位有哪些？（可多选）
☐ 省内对口帮扶单位　　　　　　　☐ 民营企业
☐ 国有企业　　　　　　　　　　　☐ 社会组织或志愿服务机构
☐ 金融机构

e2.2 若有，受帮扶单位有哪些？（可多选）
☐ 政府部门(单位)　　　　　　　　☐ 学校
☐ 乡镇(街道)　　　　　　　　　　☐ 医院
☐ 村(社区)　　　　　　　　　　　☐ 其他

e3 帮扶单位是否到村了解情况或落实帮扶工作？
☐ 是
☐ 否

e4 您村主要受到了哪方面的帮扶？
☐ 资金　　　　　　　　　　　　　☐ 技术
☐ 人才　　　　　　　　　　　　　☐ 设备
☐ 其他

e5 您村是否引进帮扶地人才？
☐ 是
☐ 否

e6 若有，是哪些方面的人才？
☐ 农业技术人才　　　　　　　　　☐ 企业管理人才
☐ 产业技术人才　　　　　　　　　☐ 行政管理人才

e7 在帮扶的过程中，您村主要输出的是哪方面的资源？
☐ 劳动力
☐ 木材
☐ 农产品
☐ 土地
☐ 其他

e8 帮扶地民营企业、社会组织和个人是否积极参加您村的脱贫攻坚行动？
☐ 是
☐ 否

e9 您村是否有帮扶企业退出现象？
☐ 是
☐ 否

e10 近年来是否有外出务工人员回乡创业？
☐ 是
☐ 否

e10.1 若有，主要选择的哪些行业？（可多选）
- □ 种植业
- □ 养殖业
- □ 乡村旅游业
- □ 工业

e11 您认为帮扶地对您村发展的促进作用主要集中在哪些方面？（可多选）
- □ 改进农业技术
- □ 改善生态环境
- □ 完善基础设施
- □ 提供就业岗位
- □ 促进工业发展

e12 您认为企业帮扶是否为您村发展的长久之计？
- □ 是
- □ 否

F 村环境问题

f1 您村农业生产生活垃圾是否统一收集处理？
- □ 是
- □ 否

f2 您村是否有公共厕所？
- □ 是
- □ 否

f3 您村是否有统一生活污水排放设施和处理办法？
- □ 是
- □ 否

f4 您村是否有专职保洁人员？
- □ 是
- □ 否

f5 您认为本村脱贫攻坚工作目前还存在哪些问题？

f6 您对本村脱贫攻坚工作有何意见建议？

附录 2

四川集中连片特困地区稳定脱贫机制和模式研究
村干部访谈提纲

访谈对象：村干部(村支书、村主任、驻村第一书记)

访谈目的：了解国家政策执行，政府经济、资源使用，社会企业帮扶调动，农户自身动力调动。

访谈范围：本村产业发展，生态宜居，乡风文明建设，如何有效治理，降低贫富差距，增加农民收入，现存问题及未来规划。

1. 对于政府扶贫政策是如何理解、宣传和执行的？
2. 政府政策资源主要投入哪些方面(产业、生态、生活保障、文化、基础设施等)？村委在其中如何配置的？农户有什么态度，村委如何协调的？
3. 社会帮扶主要在哪些方面(产业、文化、基础设施、生态、监管等)？村委怎么参与这些力量的？农户的态度如何，村委如何协调的？
4. 如何调动农户脱贫致富积极性(产业、文化、生态环境、监管、基础建设、生活保障等)？
5. 本村现有产业发展市场回报率和持续性如何，对本村是否有经济带动(如有业主，如何吸引业主来本村发展的？与业主的合作方式有哪些)？农户对于产业有什么态度，如何协调调动其积极性的？选择该产业的原因是？产业继续发展有什么问题？未来对此产业有什么规划(是否融入文化或者转型)？
6. 本村文化习俗还在传承吗？本村村规民约是什么？学校覆盖率和师资力量如何？在教育文化方面未来有何规划？
7. 本村是否适合发展乡村旅游？是否具备发展乡村旅游的规划？若有，您认为本村发展乡村旅游的主要基础是什么(政策、资源、文化)？
8. 本村基础设施状况如何？生态状况如何？污染物如何处理？农户有什么意见？生活宜居方面未来有何规划？
9. 扶贫三步化工作如何监管？资金等政府、社会力量如何具体到户或项目？本村综合服务站修建依据是？党支部书记有兼任村委会主任吗？如有，主要原因是？本村集体经济的比重和收入用途是？现今治理上有什么难点和重点呢？监管过程是否有农户参与，如何调动农户配合治理？组织治理方面未来有何规划？
10. 前期的脱贫工作中，作为村干部，您认为哪些方面和工作为乡村振兴的五大振兴提供了支持和保障？
11. 您认为本村脱贫攻坚工作目前还存在哪些问题？
12. 对于五大振兴，本村有何规划？是否有偏向优先？
13. 您认为本村在乡村振兴发展中有哪些问题？

四川集中连片特困地区稳定脱贫机制和模式研究
产业业主访谈提纲

时间：2019年10月
地点：恩阳区、理塘县、普格县
受访对象：产业业主
访谈目的：业主运营，当地政府政策结合，贫困户脱贫的连接
访谈范围：到本地的发展原因，成本投入量，市场回报率，产出效益，产业类型，投资动机以及目的，承包土地年限和价格，劳动力需求，与政策结合的具体手段，技术支持，产业稳定性，现存问题及未来规划。

1. 来当地发展的原因和目的是什么？是否为本地居民？
2. 现今投入的资金为多少？现发展的产业是什么？为什么要选择这个产业？
3. 来当地发展，政府的态度如何？获得了政府的哪些支持(经济、技术、政策、基础设施、市场等)？
4. 来村上发展村委会和当地村民的态度如何？获得他们的哪些支持？
5. 是否承包当地土地，如有，年限和价格是？
6. 对劳动力的需求有哪些，如人数、年龄、学历等？对于解决本村劳动力(贫困户)有什么条件？
7. 现发展产业的市场性如何？市场的来源是否含有订单？成交率如何？
8. 现有产业的产出如何，市场回报率大致为多少？和预期收益是否匹配？大概为多少？
9. 产业发展的稳定性如何，后期有何规划？
10. 现产业可给当地带来多少收入？
11. 产业发展到现在存在哪些问题？
12. 未来产业发展的重心和特色是？
13. 如果本村发展乡村旅游，您的产业是否能起到支持作用？能否从中取得收益？
14. 在乡村振兴政策下，对于产业经营是否有规划呢？
15. 作为业主，您认为产业对于支持乡村振兴的作用有哪些？

后　　记

　　党的十八大以来，以习近平同志为核心的党中央把脱贫攻坚摆在治国理政突出位置，团结带领全党全国各族人民，采取了一系列具有原创性、独特性的重大举措，组织实施了人类历史上规模最大、力度最强、惠及人口最多的脱贫攻坚战。通过全省上下的艰苦努力，四川省脱贫攻坚战取得全面胜利，"四大片区"现行标准下625万农村贫困人口全部脱贫，88个贫困县全部摘帽，11501个贫困村全部出列，区域性整体贫困得到解决，绝对贫困全面消除，为我国脱贫攻坚战取得全面胜利奠定了重要的基础。

　　本书以四川省曾经的集中连片特困地区为研究对象，主要解决四个问题：一是通过研究团队深入研究区域调研，全面总结了四川集中连片特困地区精准扶贫、稳定脱贫的历史状况，随即从理论层面深入探讨"集中连片特困地区稳定脱贫机制创新体系、理论创新体系和模式实践体系"，明晰了中央脱贫攻坚政策如何作用于地方、地方如何贯彻中央政策的脱贫攻坚模式；二是从地理学角度出发，基于可持续发展、人地关系协调等理论，利用定性与定量相结合的方法对研究区域乡村旅游发展的经济、环境和社会效应进行分析，并利用SPSS25.0软件，针对不同类型居民对旅游发展的效应感知，采用独立样本方差分析和单因素方差分析对不同居民与发展乡村旅游的正负面经济效益、正负面环境效益、正负面社会效益和居民参与态度与意愿之间进行差异性分析，总结当地居民对乡村旅游的感知差异，进而分析了乡村旅游是如何促进贫困村可持续发展的；三是以贫困、反贫困、产业等相关理论为基础，运用Probit回归分析、灰色关联度、案例分析等方法，探讨了研究区域产业发展在精准扶贫与乡村振兴衔接中的作用机制和路径；四是以四川集中连片特困地区的秦巴山区达川区和恩阳区、高原藏族聚居区理塘县、大小凉山彝区普格县为研究单元，从地理学角度出发，基于农村发展、空间贫困以及区域发展等理论，从微观视角构建区域脱贫攻坚与乡村振兴评价指标体系，通过熵权法测度脱贫攻坚成效与乡村振兴水平各指标权重，利用综合水平指数模型得出各贫困村脱贫攻坚与乡村振兴综合水平，最终利用耦合协调度模型测度各调研贫困村的耦合协调度，提出了两大战略的耦合衔接机制。

　　脱贫摘帽不是终点，而是新生活新奋斗的起点，2020年脱贫攻坚任务如期完成后，中央经济工作会议要求巩固拓展脱贫攻坚成果，坚决防止发生规模性返贫现象，要求做好脱贫攻坚与乡村振兴的有效衔接。本书以四川曾经的集中连片特困地区为例，以小见大，从理论和实践层面探索总结研究区域脱贫攻坚到乡村振兴机制、路径、模式和二者衔接机制，解决了区域实行脱贫攻坚战略与乡村振兴战略过程中亟待解决的几个问题，以期形成在全国范围可借鉴、可推广的经验范式。

　　本书得到了四川省乡村振兴局、达州市达川区乡村振兴局、巴中市恩阳区乡村振兴局、甘孜藏族自治州理塘县乡村振兴局、凉山彝族自治州普格县乡村振兴局及研究区多个基层单位的极大支持；书中引用了国内外学者和有关单位的学术文献和规划成果，在此一并表示深切的感谢。